선사시대의 식탁

선사시대의 식탁

질 들뢱·브리지트 들뢱·마르틴 로크 지음
조태섭·공수진 옮김

사회평론

한강문화재연구원 학술총서 3

선사시대의 식탁

2016년 5월 10일 초판 1쇄 인쇄
2016년 5월 15일 초판 1쇄 발행

지은이 질 들뤽 · 브리지트 들뤽 · 마르틴 로크
옮긴이 조태섭 · 공수진
펴낸이 윤철호 · 김천희
펴낸곳 (주)사회평론아카데미
편집 고인욱 · 고하영
표지 디자인 김진운
본문 디자인 디자인 시
마케팅 박소영 · 정세림

등록번호 2013-000247(2013년 8월 23일)
전화 02-2191-1133
팩스 02-326-1626
주소 121-844 서울특별시 마포구 월드컵북로12길 17(1층)

ISBN 979-11-85617-73-2 93920

추천사

선사학자의 연구는 불가능한 일인 듯하다. 과거를 서술한 기록을 가지고 있는 역사학자들과 달리, 선사학자들은 땅속에 묻혀 있는 간접적인 흔적들만 가지고 있다. 그러나 고인류학에서 불가능성은 크게 걸림돌이 되지 않아 보이는데, 이론이 발달하면서 기술도 발달하기 때문이다. 과거로 거슬러 올라가 보자. 적어도 3만 년 전부터 선사시대 사람들은 동굴 벽에 그림을 그렸다. 적어도 10만 년 전부터, 인류는 죽은 사람을 매장할 수 있었다. 적어도 45만 년 전부터 사람은 불을 다루게 되었고 불을 중심으로 하여 사회생활이 형성되었다. 200만 년 전에 인류는 유럽에 살게 되었다. 250만 년 전에 인류는 연모를 만들 수 있었다. 이들은 개념적인 생각을 가지고 오늘날 원숭이들이 그러하듯이 자연 유물을 도구로 사용하는 데 만족하지 않았다.

고동물학 분야에서 제기되는 모든 문제는 우리가 어떤 종류의 유적을 가지고 있는가, 그리고 우리가 어떤 유적을 해석할 줄 아는가라는 2개의 질문으로 압축될 수 있겠다. 얼마 전부터 선사학자들은 화석화된 뼈에서 DNA와 다양한 생물학적 분자를 추출할 수 있다는 것을 알게 되었다. 예를 들어 지방산을 가지고 우리들은 생리학과 신진대사의 일부를 재구성한다. 최근에 털코끼리, 동굴곰, 토끼의 뼈에서 추출해 낸 화석화된 DNA를 분석할 수 있게 되었다. 동물화석에 대한 기술이 발달하게 되면 고생물학자들이 인류화석에도 적용시켜서 연구를 하게 될 것이다. 그들은 무엇을 발견하게 될까? 그들은 어떤 불가능한 사실을 깨뜨리게 될까? 우리는 과거에서 얻은 것으로 미래에 대해서 무엇을 준비하게 될까?

수많은 유적들이 발굴되었다. 연구자들은 농경과 목축이 도입되기 이전에 사람들이 집자리에 남긴 모든 유구, 뼈, 연모, 사냥도구를 거두고 분석했다. 대부분의 연구는 생활에 필요한 식량을 획득하는 것에 집중되었다. 그러나 선사시대의 뛰어난 사냥꾼들의 영양에 대한 종합적인 주제는 지금까지 인류학자들이 거의 다루지 않았다. 이 분야는 사냥, 어로, 채집 활동의 처음이자 마지막이기도 하다. 이 분야는 일상적으로 일어나는 이러한 행위들의 동기가 무엇인지 연구하고, 이로 인한 생리학적 결과를 탐구한다.

질 들뤽(Gilles Delluc)은 25년 전부터 선사시대 예술을 연구하고 있다. 앙드레 르루와-구르앙(André Leroi-Gourhan) 교수의 가르침을 충실하게 받은 그는 가장 이른 시기의 그림 분석과 고고학 자료와 인간의 사유 너머에 있는 것들을 하나도 놓치지 않고 보고 있다. 브리지트 들뤽(Brigitte Delluc)과 함께, 그는 크로마뇽사람의 삶과 예술을 가장 잘 알고 있는 선사학자 중의 하나이다.

이 책은 선사시대의 영양에 대해서 의학적 관점과 인류학적 관점 양쪽에서 생생하고 정확하게 접근한 것이다. 여기에 신중하게 선택된 민족지학적 비교를 곁들여서, 영양학자들의 과학적인 지식과 선사학자들이 획득한 물질 자료를 대조하고 있다. 이 책은 오늘날 우리가 던지는 질문에 대답을 준다. 선사시대의 뛰어난 사냥꾼들은 누구인가? 이들에게 필요한 식량은 무엇이었는가? 이들은 여기서 어떻게 살아남게 되었는가? 그들의 음식은 우리와 전혀 달랐을까? 이들은 영양학적 질병의 희생자가 되었을까? 우리는 선사시대의 식이요법으로 되돌아가야만 할까?

이것은 내분비질환 분야에서 전문가이면서 훌륭한 선사학자인 저자들이 현대인들에게 경종을 울리는 책이며 많은 자료가 포함되어 있는 성공적인 고생리학(paléo-physiologie古生理學) 저서이다.

프랑스 국립자연사박물관장 앙리 드 룸리(Henry de Lumley)

감사의 글

이 연구는 의학과 선사학이라는 두 분야의 교차점에 놓여 있다. 이것은 어느 한 연구자가 만든 것이 아니다. 나는 브리지트 들릭(Brigitte Delluc)에게 자료와 참고문헌 목록 작성을 위해서 도움을 청했고 마르틴 로크(Martine Roques) 박사에게는 야생식물에 대한 조사(그녀도 토마 로시Tomas Rossy의 도움을 얻었다)와 지방이 포함되는 다양한 영양소, 특히 어린이와 관련된 문제에 대한 조사를 부탁했다. 아르레트 르루와-구르앙(Arlette Leroi-Gourhan)은 뷔름 빙하기 동안에 식용할 수 있는 식물의 존재에 대해서 기꺼이 알려 주었다.

고고생태학 분야에서는 나의 스승이신 앙드레 르루와-구르앙의 가르침에 걸맞게 모든 작업을 하였고, 선사시대의 영양과 관련된 의학 분야는 관련된 여러 저서들과 보이드 이튼(Boyd Eaton)이 만든 계산법과 표를 참조했다. 이튼은 이 분야의 연구를 아주 훌륭하게 열어 놓은 개척자이다. 그가 그랬던 것처럼, 나도 "우리 두 의사가 선사시대에 관심을 갖게 되어서 정말 멋지다고 생각한다. 나는 우리 조상들의 경험에서 배울 중요한 교훈들이 있다고 믿는다"(Boyd Eaton, in lit. 1994. 4. 22).

나의 친구 비알루(D. Vialou)는 인류박물관의 세미나에서 이 연구에서 도출된 첫 번째 결과를 발표할 수 있게 해 주었고 그 이후로 그의 격려는 내게 큰 힘이 되었다.

이 연구의 양면성을 생각할 때, 나는 보신스키(G. Bosinski) 교수와 귀요쏘(P.-J. Guillausseau) 교수에게 글을 읽어 줄 것을 요청했고 두 분은 기꺼이 초고를 수정해 주셨다.

나는 동료들과 친구들인 아쌍(R. Assan) 교수, 카테리노(G. Cathelineau)교수, 샤르팡티에(G. Charpentier) 교수, 뒤브뢰이(A. Dubreuil) 교수, 르페브르(P. Lefèvre) 교수, 뢰트네거(M. Leutengger) 교수, 모니에(L. Monnier) 교수, 오르세티(A. Orsetti) 교수, 파싸(Ph. Passa) 교수, 페를르뮈터(Perlemuter) 교수, 바그(Ph. Vague) 교수, 페리에-쉐르(M. Périer-Scheer) 박사, 투탱(M. Tutin) 박사, 앙리 드 룸리(H. de Lumley) 교수, 뒤아르(J.-P. Duhard) 박사, 마리-앙투아네트 드 룸리(M.-A. de Lumley) 박사, 파투(M. Patou) 박사, 로조이(J.-G. Rozoy) 박사가 제공해 준 정보를 활용했고, 당뇨병연구 교육연구회의 구성원들과 카트린 로랑(Catherine Laurent, 릴리 프랑스 연구소Laboratoire Lilly France)은 참고자료를 도와 주었다.

자크 라그랑쥬(Jacque Lagrange)는 빠른 시일 내에 이 책이 출판될 수 있도록 도와 주었다.

선사시대의 식탁에 대해 부족하고 밝혀지지 않은 부분이 분명히 있을 것이다. 레옹 팔르(Léon Pales) 교수가 고(古)병리학에 대한 자신의 박사논문에서 날카롭게 지적했던 다음과 같은 경고를 상기하는 것이 제일 좋을 듯하다. "프로그램은 방대하고 우리는 할 만큼 했다고 자만심을 가져서는 안 된다. 우리가 쓰고 있는 이 글이 미래에는 나쁜 초안이 될 수도 있다. 그래서 이것은 하나의 기여라는 목표밖에 없다"(Pales, 1934: 5).

질 들뤽(Gilles Delluc)

한국어판 서문

　　조태섭 선생과 공수진 선생이 우리의 저서 『선사시대의 식탁(La nutrition prébistorique)』의 한국어판을 출판하게 되었습니다. 이것은 우리에게는 커다란 기쁨이자 영광입니다. 그리고 우리가 레제지-드-타이약(Les Eyzies-de-Tayac)에 있는 아브리 빠또(Abri Pataud) 유적 연구실에서 두 사람을 지켜보았던 시절에 대한 기억 때문에 무척 뭉클하기도 합니다. 두 분이 프랑스 국립자연사박물관에서 선사학 박사논문 준비를 위해 연구하던 때입니다. 공수진 선생은 아브리 빠또 유적의 말기 그라베티안(gravettien) 문화층인 II층에서 출토된 석기를 연구하였습니다. 조태섭 선생은 아브리 빠또 유적의 그라베티안 문화층에서 출토된 수천 점의 동물화석 유물을 찬찬히 분류하고 체계적으로 연구하였습니다. 이 두 분의 연구는 프랑스 후기 구석기시대의 표준 유적인 이 유적의 연구에서 중요한 전환점이 되었습니다.

　　『선사시대의 식탁』은 저자들 중 한 사람인 내게는 선사시대 학자로서의 여정에서 대단히 중요한 의미가 있습니다. 그때까지 파리와 페리괴(Périgeux) 병원의 수석과장인 의사로서의 삶과 앙리 드 룸리(Henry de Lumley) 교수가 이끄는 연구실에 소속된 인류학과 선사학 박사로서의 삶을 별개로 이끌어 오다가 두 영역을 마침내 교차시키게 되었기 때문입니다. 나는 아내인 브리지트 들뤽(Brigitte Delluc) 박사와 언제나 함께 연구를 해 왔습니다. 이것은 입

중 자료에 바탕을 둔 결론으로 대단히 혁신적인 책이 되었습니다. 구석기시대 사람들은, 우리가 지금까지 믿고 있었던 것처럼, 오로지 고기만 먹었던 것이 아니었습니다.

우리는 이 책의 뒤쪽에 이 책이 발간된 이후에 밝혀진 최신 연구 자료를 덧붙였습니다. 이를 통해서 흥미로운 확증이 추가되었을 뿐 아니라 우리가 다루고 있는 주제를 새로운 방식으로 통합을 할 수 있게 되었습니다.

우리가 상상하는 선사시대 사람들은 얼어붙은 황량한 지역에서 살았고 맹수들의 먹이였습니다. 이 가련하고 불쌍한 사람들은 동굴 안으로 몸을 피하고, 동물의 살코기, 더 나아가 사람 고기를 먹었습니다. 형 로시니(Rosny aîné)부터 장-자크 아르노(Jean-Jacques Arnaud)까지, 불의 전쟁(La guerre du feu)은 아득한 옛날에 살았던 육식을 하는 이러한 남루한 사람의 모습을 대중화시켰습니다. 그러나 선사학자들은 우리의 선조들에 대해서 이제는 다른 생각을 갖게 되었는데, 이들 중 우리와 체질적으로나 지적으로나 아주 가까운 마지막 두 부류인 네안데르탈사람과 크로마뇽사람이 특히 그러합니다. 우리들은 라스코 시기의 막달레니안 사람들의 생활방식에 대해서도 잘 알고 있을 뿐 아니라, 그 이전과 이후의 수만 년에 대한 것도 잘 알고 있습니다.

여기에는 현대인들이 과다한 영양 섭취로 발생하는 질병과 싸우는 데 이끌어 낼 교훈이 있을 것이며, 특히 포도당불내성과 성인기의 당뇨병에 대해서 배울 것이 있을 것입니다.

질 들뤽

차례

제2장 슬기사람의 영양 45

일러두기

1. 책에서 인용된 인명 중에서 성만 한글로 옮겼다. 성이 같은 경우에는 이름도 같이 병기하였다.

2. 외국어표기법은 국립국어원에서 정한 규칙을 따랐지만, 유적 이름의 경우는 프랑스어 발음에 가깝게 표기했다.

3. 사람 뼈대 용어는 손보기, 1988, 『한국구석기학 연구의 길잡이』(연세대학교 출판부)의 도움을 받았고 해부학 용어는 해부학편찬위원회 공역, 2012, 『사람해부학』 3판(범문에듀케이션)과 의학검색엔진 http://www.kmle.co.kr을 참고했다.

4. 고고학 용어는 국립문화재연구소, 2013, 『한국고고학전문사전 - 구석기시대편』을 참고했다.

5. 그 밖에 도움을 받은 책은 아래와 같다.
   윤경식·김호식 대표역자, 2013, 『하퍼 생화학』 29판(범문에듀케이션).
   강신성·안태인 외 공역, 2012, 『Vander's 인체생리학』 제12판(교보문고).
   대한간호학회, 1996, 『간호학대사전』(한국사전연구사).
   대한영양학회, 1998, 『영양학사전』(아카데미서적).
   한국식품과학회, 2008, 『식품과학기술대사전』(광일문화사).
   강영희 대표편집, 2014, 『생명과학대사전』(여초).

6. 역자의 주석은 대괄호([ ]) 안에 넣었다.

머리말

약 150년 전 처음으로 선시시대 연구가 시작된 이래 선사학자들은 수많은 구석기시대 유적들을 조사하였다. 이들은 동물뼈·사람뼈·연모·사냥도구 또는 낚시도구들을 찾아서 연구하는 데 몰두하였으며, 층위에 의한 상대적인 방법이나 ^{14}C 연대측정처럼 더욱 현대적인 방법을 가지고 이 유물들을 시간적으로 배치하고자 했다. 최근에는 석기 제작과 이들의 쓰임새를 이해하고자 연구하였고 집자리와 벽화가 있는 동굴처럼 유적의 구조적인 배치를 분석하는 연구를 했다. 고동물학·고식물학·고기후학·고병리학으로 연구의 폭이 넓게 확장되었으며, 더 나아가 고음악 연구처럼 지구와 인간의 역사라는 커다란 책에 새로운 분야가 등장하게 되었다.

이 연구들의 대부분은 직간접적으로 식량의 문제와 관련이 있다. 우리가 흔히 말하는 것처럼 이 사람들이 굶어 죽지 않고 살아남기 위해서 계속 식량을 찾아 나섰던 것은 구석기시대의 뛰어난 사냥꾼들의 일상생활에서 '생존'을 위한 필수적인 일이었고, 앙드레 르루와-구르앙(A. Leroi-Gourhan, 1950: 13-95, 150-191)의 분류에 따르자면 획득하는 기술(사냥·낚시·채집·식량 전략)과 소비하는 기술(식량 준비와 보관)로 나뉠 수 있을 것이다.[1] 다시 말해서, 이것은 좁은 의미의 먹는 행위와 음식물을 소화하는 상위 단계에서 일어나는 모든 것들을 포함한다.

영양 분야의 하위 단계는 질적이고 양적인 영역이며, 식량 분배와 소비의 영역이다. 역으로 이것은 존재의 이유인 영역인데, 특정한 하나의 식량을 선택하는 것이며, 특정한 준비 방법을 선택하는 것이기도 하다. 그러나 이 문제는, 이 책에서 자주 인용되는 이튼(B. Eaton, 1985, 1988, 1990, 1991, 1992)의 혁신적인 연구를 제외하고는 특별하게 다뤄진 적이 거의 없다. 우리는 유적에서 발견된 유물들을 분석하는 것이 아니라 유물들을 시작점으로 해서 선사시대 사람의 행동방식을 분석해 보고자 하는데, 동료 선사학자들이 연구했던 문제들을 생리학과 영양의학의 기초자료들을 통해서 거꾸로 접근하는 방법을 택하려고 한다.

의학적이자 인류학적인 이 분야의 자료들이 아주 조심스러운 이유는 세 가지로 설명된다. 극소수의 의학인류학자들이 고병리학·해부학·구석기시대 예술 연구를 해 왔다는 사실 때문이다.[2] 게다가 이 연구들이 두 가지 중요한 특성과 관련이 있기 때문에 더더욱 그러하다. 첫째는 근거로 삼아서 분석을 정립할 수 있는 자료들이 너무도 적다는 점인데, 고고학 연구는 구체적인 자료들을 바탕으로 해야만 하기 때문이다. 그러나 현재는 다행스럽게도 다른 분야의 확실한 자료들이 이 부분을 보완해 주게 되었다. 이들은 전문 간행물에 세세하면서 정확하게 소개되는 경우가 많다. 두 번째 변수는 영양학 연구의 진전과 의학적 응용의 발전이다. 인류학자들은 이전에는 자신의 연구에 적당하지 않은 오래되거나, 심지어는 유효하지 않은 자료들을 갖는 경우가 많았다.

우리는 이 책에서, 오늘날 인문과학에서 필요하게 된 의학적이고 인류학적인 학제적인 연구 과정을 따르면서도 중요한 연구 결과들을 너무 지나치지 않을 정도로 모으려고 할 것인데, 이 과정은 '구석기 생리학'이라는 신생 학문을 평가하기에 타당할 것이다. 실제로 영양학은 하나의 독립적인 연구 분야가 되었으며 "영양공급 방법은 기원이 대단히 복잡하며, 인간과 자연의 상호 관계에서 만들어지는 것으로, 인간의 철학적 불안, 자아도취 또는 자신과 비슷한 존재에 대한 관심과 함께 발생하지만, 과학적 지식과 기술적 지식의 결과이기도 하다"라는 점에서 심지어 어려운 전공이 되어 버렸다(Debry, 1991 : 956).

　지난 수십 년간 선사학 연구는 유물 수습·실험·분류·유적에서 발굴된 유물의 연대 측정에서 발전했다는 점과 르루와-구르앙의 영향으로, 고민족지학

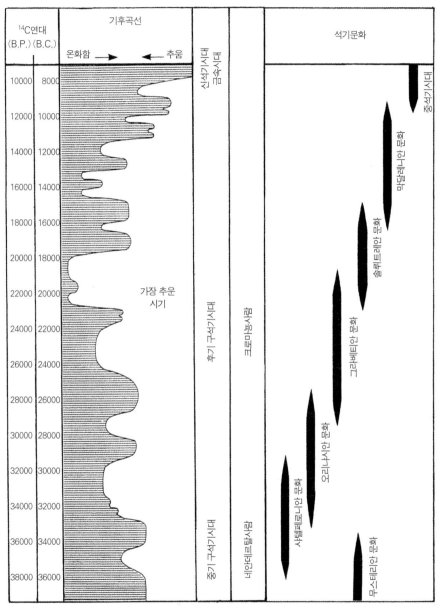

구석기시대 분류표(아르레트 르루와-구르앙, 1984)

과 옛사람들의 삶을 재구성하는 면에서 특히 진전이 있었다는 점을 염두에 둘 것이다. 따라서 민족지학이라는 살아 있는 기원에서 가져온 신중한 비교도 곁들일 것인데, 예를 들어 고동물학과 고식물학의 다양한 결과를 활용할 것이고, 사람뼈와 동물뼈를 가지고 이루어진 스트론튬, 칼슘, ^{13}C의 용량 같은 섬세한 작업의 결과를 참고할 것이며, 치아 표면에 대해서 자세하게 연구할 것이며, 고병리학자들이 과거로 되돌아가서 내리는 진단을 활용할 것이며, 선사시대 예술가들이 구성해 놓은 인간의 형태에 대한 연구를 활용할 것이다. 델포르트(H. Delporte)는 "상대적으로 예측 불가능한 기술적인 구조가 아니라 기본적인 생태학적 관계라면 분명히 증거들을 가져다줄 것이며 이들을 헤아리지 않는 것은 미친 짓일 것이다"라고 단언하고 있다(Delporte, 1978: 6).

우리는 이 자료들을 영양의학이 제공한, 문제를 해결할 가능성이 있는 지식들과 교차 대조할 것이다. 확실히 생리학과 영양의학은 최근 10여 년 동안 크게 발전했다. 이들을 응용할 수 있는 분야는 사실 어마어마하며 이것이 비만, 당뇨, 심장혈관질환과 같은 대사질환의 예방과 치료에 응용되는 것이다. 이 질병들의 빈도는 이미 염려스러운 단계인데도 전 세계적으로 더욱 걱정스럽게 증가하고 있는데, 이제는 막달레니안(Magdalénien) 사람들과 정신적으로 거의 차이가 없는 사냥-채집 집단부터 보호를 받고 있는 집단까지도 급격하고 광범위하게 영향을 받고 있다. 아주 최근에 이들 집단이 산업화된 나라들의 생활방식에 동화가 되면서, 이와 같은 질병 발생이 가속화되고 있다. 의사와 선사학자들이 심각하게 생각해야 할 주제가 틀림없다.

그러나 그 전에, 주인공인 슬기사람(*Homo sapiens*)과 후기 구석기시대의 예술가들을 데려다 놓고, 이들의 몽타주를 필요한 만큼만 크게 그려 보자. 우선 뛰어난 사냥꾼들을 대상으로 임상진단부터 시작해 보자.

제1장
슬기사람

I. 위대한 사냥꾼

아주 오래전부터, 우리가 네안데르탈사람과 크로마뇽사람이라는 뛰어난 사냥꾼들의 일상적인 식량으로 상상했던 것은, 우리들이 이 '원시적인(primi-tifs)' 조상들의 생존 기반으로 생각하고 있던 견해에 어느 정도 꿰맞춘 것이었다. 그들은 황량하고 얼어붙은 툰드라 지역의 눈 내리는 하늘 아래에서, 혹은 어둡고 연기로 꽉 찬 동굴의 깊은 곳에서 사냥한 고기를 먹었고 물고기, 장과(漿果), 뿌리, 잎을 가끔 먹는, 육식을 하는 사람들로,[3] 사는 것 자체가 힘들고 끊임없이 위협을 받았다. 그리고 그다지 지적이지 않은 사람들이었다.

지난 수십 년 동안, 연구자들은 퇴적물 연구와 소형 동물 연구를 꽃가루와 포자 연구(꽃가루학), 숯의 연구(숯연구학)에 연결시키게 되었고, 특히 후빙기시대의 낟알과 종자연구(古과일학) 덕분에 훨씬 실체적인 생각을 할 수 있게 되었다. 또한 구석기시대의 기후가 우리가 생각했던 것보다 덜 혹독했던 것을 알 수 있게 되었으며 프랑스의 선사학에서 채집에 대한 체계적인 연구가 그다지 없음에도 불구하고, 식물 자원이 영양에서 차지하는 역할을 더욱 잘 이해하게 되었다(Boone et Renault-Miskovsky, 1976: 684-687).

고인류학적 발견과 연구가 많아지면서, 네안데르탈사람(*Homo sapiens ne-andertalensis*)은 뼈의 형태뿐 아니라 행위 면에서 진정한 슬기사람(*Homo sapiens*)으로 재평가되면서, 최초의 현생 유럽인으로 여겨지고 있다. 크로마뇽사람

(*Homo sapiens sapiens*)은 체질적인 면이나 정신적인 면에서 우리와 거의 비슷한 것으로 보이는데, 문화적인 지식은 우리보다 못한 것 같다. 이들 사냥과 채집을 하는 사람들에 대한 최상의 지식도 구석기시대를 신화에 나오는 황금시대로 설정하게 하지는 못하지만(Camps, 1982: 311), 살랭(Salhins, 1976)[4]이 주장하듯이 '석기시대-풍요로운 시대'를 순록의 시대(Age de Renne)의 뛰어난 사냥꾼들의 시간으로 재평가하는 것은 가능하다. 우리들의 직접적인 조상들은 이때부터 우리와 아주 흡사한 듯하며 신석기 혁명으로 이들의 삶에서 자취를 감추게 된 장점에 대해서 다시금 생각하게 한다. 구석기시대에 서서히 진행된 '혁명'이 선사학자들의 눈에는 커다란 발전으로 보이는데, 개인이 해방되었고, 인구 팽창이 시작되었으며, 사회-경제적으로 전반적인 변화가 처음으로 시작되어서, 그 결과 경제·문화·정치적으로 역사시대를 향해서 힘차게 나가게 된다(Delporte, 1978: 6). 그러나 적어도 영양학적인 면에서는, 이 사람들 자체에 대해서 질문을 제기해야 할 이유가 많다는 것을 보게 될 것이다. 이 사람들을 간단하게 묘사해 보자.

1. 네안데르탈사람

네안데르탈사람은 머리와 뇌(1,600cc)가 컸는데, 뒷머리뼈는 머리에 쪽을 틀어 올린 것처럼 생겼고, 앞머리뼈보다 훨씬 발달했다. 이마는 여전히 뒤쪽으로 납작했고, 눈두덩(arcade sourcilière)은 두툼했다. 얼굴은 넓고 높으며 납작하고 눈구멍[眼窩]은 둥글었다. 위턱뼈는 잇몸이 돌출되어서 앞으로 튀어나와 있다. 아래턱가지는 넓고 턱은 발달하지 않았다. 치아는 크지만 위치는 제대로 자리가 잡혀 있다. 네안데르탈사람의 머리뼈는 과도하게 복원되었던 라 샤펠-오-쎙(La Chapelle-aux-Saints) 사람의 머리뼈가 보여 주는 모습보다는 덜 투박하고 원숭이와 많이 다르게 생긴 것이 틀림없다. 이 유명한 머리뼈는 오랫동안 네안데르탈사람의 대표적인 유형처럼 여겨졌지만, 에임(J. L. Heim)이 한 차례 해체하고 다시 복원하자 아주 사람 같으면서 현대적인 외형을 되찾게 되었다. 팔다리뼈는 우리와 조금 다르게 나타나기는 해도, 네안데르탈사람은 우리처럼 똑바로 서서 걸었다. 키가 자그마했던(평균신장 165cm) 이 사람들은 덩치는 현대인보다 컸던 듯하다.

이들은 30만 년 전부터 3만 5,000년 전까지 유럽과 근동지역에서 살았는데, 야생동물들과 어우러져 거의 떠돌이 상태의 작은 집단을 구성하여, 들판이나 바위그늘에 막집을 짓고 살았으며, 일상생활의 흔적들을 여러 곳에 남겼다. 물론 이들은 불을 완전히 다룰 줄 알았으며, 머리뼈 안쪽의 브로카 영역과 베르니케 영역이 발달되어 있고, 입천장이 꽤 움푹하고 말하기에 적절한 혀뼈[舌骨]가 있어서 언어가 발달했던 것이 분명하며, 문화의 수준도 꽤 높았던 것으로 보인다. 이들은 죽은 사람들을 묻어 주기 시작했다. 이들의 연모는 대부분 긁개 혹은 찌르개로 잔손질한 돌로 만든 격지이지만 때로는 르발루와(leval-lois) 유형의 연모처럼 잘 만들기도 했는데, 자신들의 조상처럼 양면석기를 계속해서 사용했다. 이들의 문화는 '무스테리안(Moustérien) 문화'라고 한다(도르도뉴 지방에 있는 르 무스티에Le Moustier 유적에서 유래된 명칭이다). 이들을 '무스테리안 사람'으로 부르는 경우도 많다. 무스테리안 사람들은 처음에는 우리와 비슷한 기후 환경에서 살았지만, 뷔름 빙하기가 시작되면서 점차 추워졌다.

2. 크로마뇽사람

크로마뇽사람들은 유럽 지역에 3만 5,000년 전 이후에 나타났다. 이들은 오스트레일리아, 아메리카에도 살았고 태평양의 섬 지역에도 나타났다. 이들은 늘씬하고 신장이 170~180cm 정도여서 현대인보다 큰 경우도 있었다. 이들의 뼈대는 우리와 비슷한데, 머리뼈의 천정이 특히 높고, 이마가 잘 발달되어 있으며, 뇌 용량은 1,400cc가량으로 네안데르탈사람보다 줄어들었지만 광대뼈가 발달한 얼굴을 가지고 있다. 아래턱뼈는 가볍고 짧으며 꽤 작은 치아들을 지니고 있었고 턱이 발달하였다. 이들은 시간이 지날수록 오늘날의 우리와 더욱 비슷한 모습으로 발달하게 되는데, 팔과 다리의 길이가 줄어들고 키가 작아지게 된다. 현대인의 키가 크로마뇽사람의 키와 다시 비슷해지는 것은 수십 년 전부터이다. 성에 따른 차이도 약해졌다(Férembach, 1979). 머리뼈는 훨씬 넓어지고 둥글어졌으며, 얼굴이 더욱 좁아졌고, 사랑니가 아래턱에서 차지하는 자리는 점점 더 좁아졌다.

이들의 수명은 매우 짧았는데, 인류보다 훨씬 전에 지구상에 나타난 일반적인 균에 감염되었기 때문일 것이다. 예를 들어 아브리 빠또 유적에서 발견된 젊은 여성은 신생아와 함께 매장되었다. 그녀는 감염 또는 과다출혈로 인한 출산 합병증으로 출산 직후에 사망한 것이 분명하고 신생아도 살아남지 못했다. 그러나 화석의 상태로 판단할 때, 슬기슬기사람의 건강 상태는 대체로 양호해서 좋은 균형 상태를 보여 주고 있다. 척추관절염과 같은 관절염·골절·치주질환이 있지만 결핵이나 초기 또는 전이성 악성골종양·골다공증·골연화증·구루병은 없으며 충치질환은 아주 드물다. 크로마뇽(Cro-Magnon) 유적에서 발견된 〈50세가량의 남자노인〉은 세포조직구증(lésion d'histiocytose X)이 있었는데, 아주 예외적인 경우이다.

자신들의 조상처럼, 이들은 사냥을 하고 채집을 했으며 자연 속에서 살았지만 역시 낚시꾼이기도 했다. 밀개·새기개·찌르개·뚜르개 같은 석기는 대부분 돌날을 가지고 만든 것이며, 투창 끝, 작살, 바늘, 굼막대, 투창기는 뼈와 사슴과(科) 짐승의 뿔로 만들기도 하였다. 이들도 역시 죽은 사람들을 매장했는데, 연모·사냥도구·동물뼈·붉은 흙 같은 부장품과 함께 매장한 경우도 꽤 많으며, 사람뼈를 사용해서 뼈연모를 만든 경우도 있었다. 크로마뇽사람의 시대는 후기 구석기시대로 분류되는데, 이 시기에 접어들면서 이들은 새기기·그림·조각·소조로 예술 활동을 시작했다. 이 시기는 지금보다 훨씬 춥고 건조한 데다가 기후변동이 심해서, 순록이 가장 선호되는 사냥감이었다. 그러나 솔뤼트레(Solutré) 유적과 라인(Rhine)강 주변에서는 말을 많이 사냥하였고, 모라비아(Moravie) 지역에서는 매머드를 주로 사냥했다. 사실 기후는 장소와 시기에 따라서 매우 다양한데, 예를 들어 프랑스에는 1만 7,000년 전의 라스코 시기처럼 오늘날과 거의 비슷한 기후가 있기도 했고(Leroi-Gourhan Arl. et al., 1979: 75-80), 지금의 북극처럼 대규모의 툰드라지대 정도는 아니지만 기온이 지금보다 몇 도 더 낮은 때도 있었다(Renault-Miskovsky, 1986; Renault-Miskovsky et al., 1989: 60-64; Leroi-Gourhan Arl., 1989: 54-59; 1992). 오늘날은 에스키모로 불리는 북극 주변 지역에 사는 이누이트족을 솔뤼트레안 사람이나 가장 추웠던 무스테리안 사람과 비교를 하거나 순록과 추운 기후에 사는 동물들의 영양에 대해 얘기할 때, 이러한 관점을 놓치지 않을 것이다.

　　1만 년 전쯤 기후가 따뜻해지면서 이끼(*Cladonia rangifera*)의 성장속도가 아주 느려지면서 귀해지게 되자, 순록의 무리가 이들의 서식지를 따라서 조금씩 북쪽으로 올라가게 되었다(A. Leroi-Gourhan, 1936). 이로써 유럽의 빙하시대가 끝나게 되었다(Sonneville-Bordes et al., 1979). 이것이 후기 구석기시대의 끝이자 중석기시대로 넘어가는 시작이 되는데, 중석기시대 이후에는 신석기시대와 금속시대가 이어지게 되었다.

　　네안데르탈사람과 크로마뇽사람은 슬기사람의 아종(亞種)이다. 이들은 곧선사람(*Homo erectus*)에서 점차적으로 갈라지게 된다.[5] 이들 가운데 동아프리카에 살던 곧선사람들이 150만 년 전에서 30만 년 전 사이에 가장 북쪽의 추운 지역을 제외하고 구대륙을 차츰 차지하게 되었다. 이들 중 일부는 벌써 키가 컸다. 케냐 투르카나(Turkana) 호수 근처에서 발견된 소년의 뼈대는 160만년이라는 긴 시간에도 불구하고 보존이 아주 잘 된 채 발견되었다. 나이는 12세로 추정되는데 신장이 벌써 170cm였다(Rowley-Conwy, 1993: 62, 그림). 이들은 시간이 흐르면서 옛유형 슬기사람(archaic *Homo sapiens*)으로 진화하였다. 이처럼 오래된 유형의 사람에서 시작된 네안데르탈사람의 계보는 유럽에서 개별화되었고, 우리가 보게 되듯이 매우 독특한 형태로 발달했다. 이들은 후기 구석기시대가 시작된 직후인 3만 5,000년 전에 사라지고 슬기슬기사람(*Homo sapiens sapiens*)으로 대체된다. 우리가 속하는 분파인 슬기슬기사람(크로마뇽사람)은 지금으로 보아서는 유럽에서 발생하지 않은 것으로 생각되는데, 팔레스타인 지역에서 발견된 몇몇 화석들처럼 아프리카의 옛유형 슬기사람에서 10만 년 전에 기원한 것 같다.

3. 3가지 논의

여기서는 여러 가지 용어에 대한 정의 중에서 3가지를 논의하고자 한다.

1) 크게 그려 본 초상화

이 갤러리는 초상화를 모아 놓은 것으로 종과 아종들을 상당히 거칠고 인위적으로 분리하고 있다. 이것은 시간의 흐름에 따라 일어나는 것으로 개인적인 차이나 장소와 시간, 파악하기 힘든 전이를 염두에 두지 않을 뿐 아니라 남성이 여성보다 신장이 크고 머리뼈의 부피도 크며 뼈대가 장대하고 피질도 두꺼우며 근육도 투박한 것 같은 성(性)에 따른 차이도 고려하지 않았는데, 실제로 선사시대 사람들은 성에 따라 차이가 많다.

2) 현생 인류만 다룬다

뼈대 면에서 크로마뇽사람과 현대인은 거의 비슷하고, 네안데르탈사람도 우리와 많은 유사성을 가지고 있다.[6] 뼈대 형태와 대뇌가 흡사한 존재들은 동일한 병리현상을 갖게 되는데, 특히 소화와 영양에서 기초적인 필요 요소가 같다. 따라서 현생 인류의 영양에 대해 알고 있는 것을 슬기사람에게 적용시킬 수 있을 것이다. 이러한 확대 적용은 곧선사람에게도 분명히 적용시킬 수 있을 것이며, 더 나아가 손쓰는사람(*Homo babilis*)에게도 활용할 수는 있겠지만, 거기까지는 다루지 않겠다.

3) 슈퍼마켓에서 길을 잃은 뛰어난 사냥꾼

이튼(S. Boyd Eaton)에 따르면 지난 200만 년 동안 인류의 유전적 자산은 크게 바뀌지 않았다. 한편 인류의 유전적 자산은 대형 영장류와 크게 다르지 않은데(Grouchy, 1981: 283-293; Chiarelli et al., 1981: 313-317), 예를 들어 침팬지와 DNA 구성에서 1.6%밖에 차이가 나지 않는다(Eaton et al., 1988: 740). 이것은 지난 수백만 년에 걸쳐서 인류와 그 조상들이 살았던 환경과 상호 작용하면서, 자연선택 과정을 통해서 아주 서서히 만들어진 다양한 특성이다. 다시 말해 이 대장정에서 크게 변화가 일어나지는 않았다. 이튼은 단지 유전적 혈색소장애, 우유 소화장애와 몇몇 드문 이상증후군이 최근 진화에서 일어난 유전적 변형의 사례일 뿐이라고 지적하고 있다(Eaton et al., 1985: 283). 아싼(R. Assan)은 곡류에 들어 있는 질소 유기물 글루텐 소화장애를 밝혔다. 인류는 반유목 생활 조건에서 진화하였고, 사회-경제적으로 동일하지 않은 환경에서 살았으며 인구 밀도는 낮았다. 강도가 높은 신체 활동을 위해 지방분이 적은 고기나 물고기와 섬유질이 많은 식물로 영양을 섭취했던 뛰어난 사냥꾼들이며 소금이나 다른 향신료를 첨가하지 않았다. 1만 년 전 무렵에 신석기시대로 접어들면서 영양보급 방법이 서서히 바뀌게 된다. 농경과 함께 정착생활이 이루어지고 처음에는 야생곡물을 채집하다가 나중에는 곡물을 제배히게 되면서 천천히 흡수되는 당을 다량으로 섭취하게 되었고 동물을 가축화시키면서 고기를 많이 먹고 비축하게 되었다. 100여 년 전에 있었던 산업혁명으로 알코올·담배·마약은 말할 것도 없이 단당류와 곡물을 많은 섭취하게 되었고, 특히 포화지방과 섬유소가 없는 으깬 음식을 지나치게 섭취하게 되었으며, 기계화·모터화·난방으로 인간의 생활 조건이 크게 바뀌게 되었다(Dupin, 1978). 이러한 급격한 변화는 아메리카 인디언처럼 현존하는 사냥-채집 집단을 특히 곤란하게 만들었다(Katzenberg, 1988). 인간의 수명과 일상생활은 분명히 많이 개선되었으며, 특히 영아사망률과 감염성질환의 심각성이 감소되었다. 그러나 대사이상에서 비롯되는 질환인 성인당뇨병, 고혈압, 심혈관질환, 암 등이 급증하게 되었고, 아

그림 1 선사시대의 뛰어난 사냥꾼들이 주로 고기를 먹은 것으로 생각하지만 이것은 선입견이다.

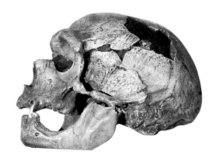

그림 2 네안데르탈사람은 첫 번째 슬기사람이다. 그들은 유럽에서 30만 년 전에서 3만 5,000년 전까지 살았다(라 샤펠-오-쌩La Chapelle-aux-Saints사람, 코레즈Corrèze).

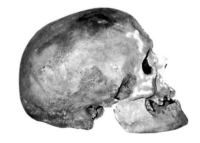

그림 3 크로마뇽사람은 슬기슬기사람이다. 그들은 모든 점에서 현대인과 거의 비슷하다(크로마뇽Cro-Magnon사람, 도르도뉴Dordogne).

주 최근에야 선진 사회처럼 영양보급방식이 바뀌게 된 이누이트족, 알곤킨족, 몽타네족, 오스트레일리아 원주민, 특히 애리조나의 피마족, 폴리네시아의 일부 부족에게까지 예전에는 알지 못했던 이런 질병들이 퍼진 것은 인류가 새로운 생활방식에 구조적으로 준비가 되어 있지 않았음을 의미하고(Alberti, 1994: 표 5), 여기에 빠르게 적응하는 것이 어렵다는 것을 입증해 준다. 따라서 선사시대의 사냥꾼과 현존하는 사냥-채집 집단의 영양 조건에 대한 지식은 현대인에게 실질적인 면에서 흥미로울 수 있겠다.

II. 구석기시대의 예술가

유럽의 구석기시대 예술에 대해 제기되는 질문들을 여기서는 다루지 않을 것이다. 그러나 이 분야와 관련된 참고문헌들을 자주 제시하도록 하겠다.

1. 2만 5,000년 전의 동물, 사람, 상징

이 그래픽 아트는 3만 5,000년 전에서 9,500년 전에 살았던 크로마뇽사람만 관련이 있다. 이들은 동굴이나 바위그늘의 벽을 동굴 예술품으로 꾸미기도 하고, 돌이나 뼈와 뿔을 사용하여 생활용품이나 예술품을 만들었다. 사용된 기술은 시작부터 다양했는데, 선을 얕게 혹은 깊게 새기고, 윤곽선만 그리기도 하고 전체를 그리기도 했다. 부조와 환조 기법도 사용하였으며 진흙으로 빚기도 하였다. 2만 5,000년 동안 그려진 그림 주제는 그다지 다양하지 않았다. 동물이 가장 많았는데, 그중에서도 특히 대형 초식동물들이 많았고, 사람의 경우는 아주 드물게 나타나는데 전체가 사람의 모습인 경우도 있지만 일부분만 사람으로 표현된 경우도 있다. 또한 사람을 표현하는 그림은 생식기 그림이 대부분이고, 남성보다는 여성의 것이 더 많았다. 그리고 지금까지도 수수께끼로 남아 있는 기호들이 있는데, 남성을 상징하는 것 같은 채워진 기호들이 있고, 여성을 상징하는 것처럼 가늘게 되어 있는 기호들이 있으며 연속적으로 이어지는 점들도 있다. 양식적인 면에서 이러한 주제들은 3단계를 거치면서 대단히 도식화되었다. 1단계는 예술 활동이 시작된 초기부터 2만 년 전까지 아주 긴 시간으로 일부분이 없거나 세밀한 묘사가 결여된 동물들을 많이 그렸는데, 원근 효과나 움직임이 표현되지 않고 표현 기법도 거칠었다. 2단계는 라스코 시기로 불리는 1만 7,000년 전의 막달레니안 문화 초기 혹은 이보다 1,000년에서 2,000년이 앞서는 솔뤼트레안(Solutréen) 문화로 매우 독창적인 시기인데, 동물들을 해부학적으로나 생태적으로 잘 관찰하였으며 세련된 독창성과 도상학적 관례에 따라 구성하였다.[7] 3단계는 동물들이 형태나 세부·태도에서 대단히 사실적으로 표현되다가 도식화된 도상으로 급작스럽게 대체되는 시기인 막달레니안 문화 중기부터 후기인 9,500년 전까지이다.[8] 그런데 동물 그림의 표현방식이 발달되지 않은 유형에서 시작하여 독창적인 단계를 지나서 사실주의로 변화하는 것에 비해서, 사람을 표현한 경우는 예외적인 경우를 제외하고는, 이것과는 반대로 발달했다고 할 수 있다. 다시 말해서 처음에는 거의 해부학적 사실주의였다가 마지막에는 아주 전형적인 도식주의로 바뀌었다는 것을 관찰하게 된다.

이 그림들이 갖는 신화적인 의미는 막달레니안 문화기, 특히 라스코 시대부터 분석이 가능한데, 이 시기에 동굴 깊숙한 곳에 성스러운 장소들이 만들어졌으며 지금까지도 보존이 잘 되어 있다. 오리냐시안(Aurignacien) 문화부터, 동물과 성(性)적인 그림들과 기호를 결합시킨 복잡한 모티브로 장식된 덩어리 돌이 나타났고, 지롱드(Gironde) 지역에 있는 빼르-농-빼르(Pair-non-Pair) 유적, 오뜨-피레네(Hautes-Pyrénées) 지역에 있는 가르가스(Gargas) 유적처럼 동굴벽화가 있는 일부 유적은 후기 구석기시대 초기로 볼 수 있기 때문에, 이 구상예술이 지니는 상징적인 메시지의 기원을 크로마뇽사람의 초기까지 거슬러 올라갈 가능성이 있다. 그런데 이 메시지와 선사시대 사람들의 영양적인 관심 사이에 관계가 있을까? 우리들은 관계가 있다고 오래전부터 생각해 왔다.

2. 사냥 그림이라기보다는 판테온

크로마뇽사람들이 예술 활동을 하게 된 동기에 대해서는 20세기 초에는 모르티에(G. de Mortillet)처럼 "예술을 위한 예술"처럼 순수하게 미학적인 관점에서 보거나 주술적인 관점으로 보았다. 특히 브뤠이(Abbé H. Breuil)가 주술적인 입장을 대표하는데, 예술을 사냥감이 풍성하고 사냥이 성공할 수 있도록 기원하는 성격으로 보았던 것이다. 1960년 이후로 르루와-구르앙은 훨씬 복잡한 종교적인 관점으로 생각했다(『선사시대의 종교Les religions de la préhistoire』). 한편 민족지적 비교를 논거로 주술적이고 번성을 위한 예술이라는 이론도 등장했다. 테스타(R. Testard)는 오스트레일리아의 토템은 자양분이고 "어떤 부족의 토템에 나타나는 동물 종류를 모두 더한다면, 이 부족의 경제적 자원의 거의 대부분을 찾을 수 있을 것이다"라고 주장했다(Testard, 1985: 275). 그러나 이러한 주술적 개념은 투창을 연상시키는 선으로 찔리고, 커다란 배 때문에 새끼를 가진 것으로 금방 알 수 있는 몇몇 동물 그림에서 검증된 것과 서로 충돌하였다. 이 이론에 따르자면, 동굴벽화 유적에 있는 동물 그림들은 이 사람들이 갈망하던 일종의 식품 저장고가 될 터이고, 사냥꾼들이 살림살이에 도움이 되고 영양학자들의 관심을 불러올 만한 사냥 그림을 구성했을 것이다. 그러나 이 이론은 많은 그림들이 발견되면서 철저하게 무너졌다. '화살을 맞은' 동물들은 전체 그림의 5% 미만으로 드물고 몇몇 동굴에만 집중되어 있다. 논란의 여지가 없는 라스코 동굴의 황소의 사례처럼 〈수태한 암컷〉은 수컷처럼 보이는 경우가 상당히 많다. 특히 고고학적 자료들은 그림으로 표현된 동물과 유적에서 발견되는 먹잇감이 되었던 동물화석 사이에 상당한 격차가 있음을 보여 주고 있다. 선사시대 집자리 내부에서 발견되는 동물뼈가 당시 지역 동물상의 절대적인 증거가 되지 못한다는 것을 기억해야 할 것이다(Delporte, 1984). 예를 들어, 라스코 동굴의 사람들은 대단히 다양한 종류의 동물을 그렸는데 동굴 벽에 그린 1,500개의 그림 중에서 순록은 단 1개이지만, 잡아먹은 동물의 거의 대부

그림 4 세밀한 연구를 통해서 선사시대의 남자와 여자의 모습을 복원할 수 있다. 여기에 있는 것은 아브리 빠또 유적의 그라베티안 시기의 젊은 어싱이다(그링크비스드Granqvist 조각).

그림 5 동굴 벽에 그려진 사람 그림은 드물다 (수-그랑-락Sous-Grand-Lac 동굴의 막달레니안 시기 새긴 그림, 도르도뉴).

그림 6 네안데르탈사람과 크로마뇽사람의 해부학적 특징은 매장유구를 통해서 잘 알려져 있다(이탈리아 그리말디Grimaldi 유적의 그라베티안 시기의 사람뼈). 가장 오래된 매장 유구는 9만 년 전의 것이다.

분은 순록이었다. 알타미라(Altamira) 동굴의 예술가들은 들소를 그렸지만 사슴을 잡아먹었고 꼬마르끄(Comarque) 동굴과 라 마들렌느(La Madeleine) 유적에서도 말 그림이 보이지만 실제로는 순록이 일상적인 먹잇감이었다. 라 바슈(La Vache) 동굴에서는 그림의 절반 이상이 말이지만 거의 잡아먹지 않았고 야생 염소를 사냥했다. 루피냑(Rouffignac) 동굴에는 155개의 매머드가 그려져 있지만 페리고르(Périgord) 지역에 살았던 크로마뇽사람들은 이 거대한 장비류(長鼻類)를 거의 사냥하지도 않았으며, 동굴 내부에 그림으로 가끔 나타나는 고양잇과 동물이나 곰도 먹지 않았다. 그러나 막달레니안 사람들이 일상적으로 소비했던 순록이나 물고기 그림은 꽁바렐(Les Combarelles) 유적과 쇼베(Chauvet) 유적처럼 예외적인 경우를 제외하고 깊은 동굴에는 거의 보이지 않는다. 일상적인 에너지 구성에서 상당한 부분을 차지했을 식물의 경우도 마찬가지이다. 덧붙여 말하자면, 현존하는 원시 예술은 내륙 지역 에스키모의 순록이나 해안 쪽 에스키모의 물개와 바다코끼리처럼 실제로 식량이 되는 종들을 표현하는 사례가 오히려 아주 많다는 점이 흥미롭다(Hoffman, 1895).

오늘날 우리들은 선사 예술가들의 동기가 본질적으로 종교적이었다고 생각하지만, 때로는 분명히 비학적인 관심도 있었을 것이라 생각하고 단순한 '사냥의 마술'보다 훨씬 복잡한 주술적인 생각이 숨어 있을 가능성도 배제하지 않는다. 우리가 예술이 종교적인 성격을 갖고 있다고 주장하는 것은 몇 가지 근거가 있다. 첫째, 2만 5,000년 동안 동물·사람·기호 등으로 주제가 단조롭다는 점이다. 둘째, 지하에 있는 성스러운 장소의 위치와 말과 짐승과 소과 짐승이 관습적으로 주인공이 되고, 측면 쪽에 염소와 동물, 사슴과 동물, 매머드를 배치하고, 동굴 깊은 곳에 곰, 고양잇과 동물과 사람을 처박아 두는 주제 구성이다. 셋째, 동일한 장소에 기하학적인 기호를 작위적으로 배치하는 점이다. 넷째, 의도적으로 언급하지 않거나(non-dit) 그리지 않는(non-figuré) 주제의 중요성인데, 지면이나 대지의 굴곡과 함몰, 풍경과 천체 모습은 없다. 다섯째, 라 마르슈(La Marche) 유적을 제외하고, 사람은 얼굴이 없거나 풍자적이다. 여섯째, 대단히 예외적으로 풀을 뜯어먹는 것처럼 보이는 동물들이 그림에 등장하기는 하지만, 사람이나 동물의 일상적인 생활과 생리적인 행위들은 표현되지 않는다. 일곱째, 새와 곤충·파충류·작은 포유류 같은 소형 동물은 아주 드물게 나타난다. 그러나 크로마뇽사람들이 그렇게 즐겨 먹었던 순록과 물고기는 동굴 예술품에서는 아주 드물고 지닐 예술품에서 훨씬 많은 것이다.

Ⅲ. 크로마뇽사람의 몽타주와 임상검사

아무리 보존 상태가 좋다고 하더라도 뼈의 연구를 바탕으로 어떤 집단의 영양 상태를 밝히는 것은 물론 충분하지가 않다. 그러나 우리는 크로마뇽사람의 외형에 대해 더욱 많은 것을 알아내고자 노력할 것이다.

1. 소년과 소녀들

인구학적인 연구에 따르면 유적에서 발견된 뼈들은 청소년의 것으로 (Massé, 1989: 30-32), 어린이나 아직 젊은 성인들의 개체가 많이 발굴된다.[9] 연구 대상들이 일단 한 살이라는 중요한 단계를 넘어서는 데 성공했다고 해도, 30세라는 나이를 넘어서는 경우는 드물다.[10] 여성의 사망률이 높은 것은 임신과 출산에 연결되었을 가능성이 있다(Masset, 1975: 69). 적도에서 극 지역에 이르기까지 여러 위도에서 비타민-칼슘 물질대사에 대해 알려져 있는 것처럼, 유럽 지역에서 살았던 피부색이 밝은 청소년 또는 청년들은 자신들의 후손과 다르게(Dastugue et al., 1976: II, 153-164) 건강 상태가 양호했다(Pales, 1930; Dastugue et al., 1976: 612-624). 이것은 여러 종류의 자료에서 드러난다. 결핵이나 암과 같은 심각한 뼈 전이성 질환이 없고, 근육이 부착되는 부분의 뼈대가 아주 단단해서 사냥·낚시·채집처럼 일상적인 육체 활동에 적합했다.[11] 뿐만 아니라 아리에주(Ariège) 지역의 니오(Niaux) 동굴이나 도르도뉴의 루피냑 동굴처럼 길게 이동해야 하는 동굴 성소에 가거나 라스코 동굴의 퓌(Puit)[동굴 내부의 한 곳으로 우물처럼 수직으로 내려간다] 바닥에 내려가기처럼 강도 높은 육체 활동도 필요했다. 욘느(Yonne)에 있는 슈발 다르시(Cheval d'Arcy) 유적이나 도르도뉴에 있는 프롱삭(Fronsac) 동굴벽화 유적은 날씬하고 훈련이 되어 있으며 동기 부여가 되어 있는 방문객이어야 접근이 가능했을 것인데, 너비가 35cm도 채 되지 않는 '좁은 통로'를 기어가야 하기 때문이다. 프롱삭 유적과 도르도뉴에 있는 라바튀(Labattut) 바위그늘 유적에서 자갈돌에 너비가 1/20~1/100mm밖에 되지 않는 가느다란 선으로 말을 새긴 사례에서 입증되듯이, 그들은 시력도 좋았다.[12] 인구는 그다지 많지 않았다. 프랑스의 인구는 후기 구석기시대 동안 5만 명 정도로(빙하기 끝 무렵에는 20만 명에서 30만 명 사이), 인구 밀도는 1km^{2}에 6명으로 가늠된다. 따라서 이들이 순록이라는 하늘이 내린 저장고를 고갈시킬 위험은 없었다(Delporte, 1978: 9-10).

2. 당시의 톱 모델

크로마뇽사람들의 예술작품은 대단히 중요한 임상자료를 제공한다. 이 시대의 사람 그림을 분석하는 것으로 비만을 나타내는 그림들을 구별할 수 있게 해 주고 이들의 유형을 명확하게 알 수 있게 해 주는 경우가 많기 때문이다.

1) 사과 모양 또는 배 모양 비만

장 바그(Jean Vague)가 1947년부터 잘 보여 주었듯이, 남자와 여자는 지방조직의 분포가 다르다는 것이 알려져 있으며, 아주 드물기는 하지만 남자 중에서 여성적인 지방조직 형태를 갖거나 반대로 여성이 남성적인 형태를 나타내기도 한다(Vague et al., 1988: 표 1).

여성의 지방 축적 여성은 남성보다 지방이 2배 이상 많은데, 허리·엉덩이·허벅지 부분에 지방세포 수가 증가되는 것은 3가지 현상에 영향을 받는다.

유리지방산을 끌어들여서 지방을 비축시키는 에스트로겐유도지방분해효소 증가와 연결되어서, 국소적으로 지방생성이 늘어난다. 유리에스트로겐은 프로아디포사이트를 지방세포로 변형시키는 것을 촉진시킨다. 반대로 남성 비만에서는 코르티솔이 상체와 복부 내장의 지방세포 수와 부피를 증가시킨다.

알파2 의존형 아드레날린성 항지질분해효소(antilipolytique adrénergique alpha-2-dépendant)가 압도적인 효과를 발휘해서 지질분해가 거의 일어나지 않는다. 그러나 여성의 경우, 트리글리세라이드 리파아제(triglycéride-lipase)의 자극으로 생성되는 최유(催乳)호르몬에 의해서 지질분해가 촉진되고, 반대로 남성의 경우는 테스토스테론(testostérone)에 의해서 이 작용이 촉진되게 된다.

델타4 안드로스텐다이온(delta-4-androstènedione)이 에스트론으로 훨씬 높게 방향화(芳香化) 반응을 일으킬 수 있기 때문에 여성형 지방 분포에서 국부적으로 에스트로겐이 영향을 줄 수 있다(Lafontan et al., 1989, 1990; Jamin, 1992).

지방 덩어리의 배치가 독특하다. 루비에르(H. Rouvière)는 일반적으로 피하에 섬유 경로로 서로가 나뉘는 지방 뭉치로 되어 있는 피하지방층이 있으며 뚜렷하게 구별되는 피하조직의 세포 조직이 있다는 것을 밝혀냈는데, 이것들은 얇은 근막으로 나뉘어져 있다. 그러나 엉덩이 부위에서는 이것이 나뉘는 것이 아니라 연속되는 것이 나타나게 되는데, 섬유 줄의 일부는 피부의 깊은 면에 붙어 있고, 다른 부분은 바로 밑에 놓이는 근막에 붙어 있기 때문이다(Rouvière, 1924: t. II, 442).

생리학적으로 배꼽 아랫부분에 지방 축적이 집중되는 것은 단순한 비만부터 배 모양으로 형성되는 여성 비만에 이르기까지 여성의 지방퇴행위축이 점진적으로 이루어지게 되는데, 이는 매우 흔하며 가족력과 관련이 있을 가능성이 알려져 있다. 볼기과잉지방, 넙적다리과잉지방, 엉덩이비대증처럼 대체로 국소적인 양상으로 존재하는 다리이음뼈(골반대)의 비대증은 먹을거리와 상관없이 반드시 정해진 위치에 나타나고(Duhard, 1989: 510-527), 임신 말기와 수유기간, 지속적인 기아 상태에서만 나타나는데, 이때는 지방의 방출 속도도 빠르고 방출량도 많다. 이러한 지방 축적은 생리, 반복적인 임신이나 원시 부족의 폐경기 직전처럼 여성의 생식 사이클과 함께 증가한다. 정착생활과 영양 과다섭취로는 이러한 현상들이 당연히 개선되지 않는다. 지방 비축은 날씨가 가물 때를 제외하고는 영양과 관련이 적으며 유아의 영양보급과 연관이 있다. 그러나 이러한 비만 유형은 미관상 좋지 않고 운동·관절·호흡 등 여러 면에서 방해가 되지만, 아주 예외적인 가족력을 제외하고는 남성 비만과는 다르게 심각한 대사성 합병증을 가져오지 않는 것으로 알려져 있다.

남성 비만은 신체의 배꼽 윗부분에 지방이 사과 모양으로 축적되고 더 안쪽으로는 내장에 지방이 쌓이는 것이 특징인데, 장 바그는 성인당뇨병과 콜레스테롤, 특히 트리글리세리드 같은 혈중 지방 축적과 고혈압과 아테롬 심장혈관계질환, 영양과다가 원인이 되는 통풍과 같은 심각한 합병증을 동반하는 경우가 잦고, 이런 유형의 가족력이 있는 경우는 더욱 그러하다는 것을 밝혀냈다. 이러한 유형의 축적도 역시 호르몬 분비와 관련이 있다. 테스토스테론은 하체에 있는 지방세포를 상당히 없애기 때문에, 이 호르몬이 과다하게 생성되면 남성은 자신이 가지고 있는 지방세포 중에서 상부와 심부 그리고 내장에 살이 찔 수밖에 없는 것이다. 피에르 바그(P. Vague)가 남성의 지방 분포와 인슐린저항의 관계를 1966년에 입증하였지만 정확한 원인에 대해서는 여전히 가설 단계이다. 장간막에서 생성된 지방산이 간에서 작용하는 것과 관련이 있는지 혹은 두터워진 지방세포가 인슐린에 대해 무감각해지는 것과 연관이 있는지에 대해서는 여전히 토론 중이다. 어찌되었든 남성 비만은 리븐(G. M. Reaven)이 'X 현상'이라고 불렀던 것과 결부되어 있다고 지금은 알려져 있다. 이 현상은 고인슐린증, 탄수화물불내성 혹은 인슐린비의존성 당뇨, 트리글리세리드[중성 지방] 증가와 고밀도의 '좋은' 콜레스테롤(H.D.L)의 감소 같은 지질 이상이나 고혈압과도 연관이 있는데, 고혈압의 경우는 이 현상에서 차지하는 위치가 그렇게 뚜렷하지는 않다(Passat, 1994: 17-24). 이러한 요소들은 선천적인 이상에서 기인하는 듯하고, 유전적인 성격일 가능성이 많아서 생명이 시작될 때부터 나타난다. 인슐린 작용에 대한 저항, 췌장의 고혈당 호르몬과 이러한 인슐린저항성은 고인슐린증을 유발한다(Reaven, 1988; Vague et al., 1990). 이러한 특징은 오늘날 선진국에서 40세 이상의 남성 25~40%에서 관찰된다. 고혈압과 지방질 이상은 심혈관계를 위협하는 요소인데, 저섬유소용해증이 원인이 되어서 혈전증이 증가하는 위험도 존재한다(Juhan-Vague et al., 1991).

　　여성을 나타내는 그림이나 남성을 나타내는 그림에서도 가끔씩 보이는 크로마뇽사람들의 비만은 본질적으로 여성 유형이다. 영양섭취 과다와 정착생활로 상황이 악화되는 남성 비만은 늦은 시기부터 표현되기 시작하지만 매우 드문데, 이것은 우리가 앞에서 영양이나 육체 활동, 생존 기간에 대해서 말했던 것과 일치한다.

2) 벽화에 그려진 남성, 여성 그리고 나머지

　　인간을 표현한 것은 도식적으로 3개의 부류로 나눌 수 있다. 남성은 드물게 나타나는데, 남성의 성기 그림이 있어야 남성으로 확실하게 판정할 수 있다. 여성은 훨씬 많이 등장하는데, 도식화된 여성 그림의 경우는 음부의 삼각형 혹은 가슴, 특히 돌출되어 있는 엉덩이의 존재를 근거로 한다. 성을 알 수 없는 사람들의 그림도 가끔 있는데, 이들은 여성적인 형태의 특성이 전혀 나타나지 않는다는 이유로 남성으로 자동 분류되기도 한다.

　　뚜렷한 방식으로 남성으로 표시된 사람은 아주 적다. 대단히 도식적인 형태로 남아 있는 이들 중 일부는, 우리가 여기서 판단의 근거로 삼고 있는 해부학적 특성이 거의 나타나지 않는다. 스페인 북부의 알타미라 동굴, 비엔느(Vienne) 지방의 라 마르슈 유적(Pales, 1976: 60-1번 관찰),[13] 피레네–아틀란틱(Pyrénées-Atlantiques) 지방의 이스튀리츠(Isturitz) 유적, 오뜨-피레네 지역의 에스뻴뤼귀(Espélugues) 유적에서도 마찬가지로 남성적 특성이 보이지 않는다. 이것은 도르도뉴 지방의 라스코 유적과 로즈리 바쓰(Laugerie-Basse) 유적, 아리에주 지방의 마다질(Mas d'Azil) 유적처럼 사람과 동물을 함께 배치한 예외적인 장면에서도 마찬가지이다. 록 드 세르(Roc de Sers) 유적(샤랑트Charente 지방)과 빌라르(Villars) 유적(도르도뉴) 두 곳에서 발견된 사람 그림은 비록 인물의 성을 뚜렷하게 그려 놓은 것은 아니지만 비교가 가능한데, 이들이 비슷한 성격의 행위에 참여하고 있는 듯이 보이기 때문이다. 뻬슈 메를르(Pech Merle) 유적에서 발견된 선으로 난도질된 사람을 이 부류에 넣을 수 있고 꾸냑(Coug-nac) 유적(로트)의 두 사람도 남성으로 분류할 수 있는데, 사냥-채집 집단에서 행위의 성적 분류에 대한 테스타의 가설에 따르자면(Testard, 1986) 이들이 피를 흘리는 행위에 참여하고 있기 때문이다. 자신들의 특성을 부분적으로 동물 세계에서 차용해 오는 복합적인 인물들도 이 부류에 포함시킬 수 있을 것이다. 일부 그림은 뚜렷하게 성이 표현되고 있는데, 아리에주 지방의 트루와-프레르(Trois-Frères) 유적에 그려진 두 사람과 도르도뉴 지방의 가비유(Gabillou) 유적에서 발견된 사람 그림이 좋은 사례이다. 보기 드물게 긴 수염을 가지고 있는 그림도 있는데, 하나는 에스뻴뤼귀 유적에서 발견된 것이고, 가비유 유적과 트루와-프레르 유적에서도 하나씩 있다.

분명히 남성 그림이기는 하지만 도르도뉴 지방의 생-시르끄(Saint-Cirq) 유적, 수-그랑-락(Sous-Grand-Lac) 유적, 꽁바렐 유적, 마들렌느 유적, 알타미라 유적, 더비셔(Derbyshire)의 크레스웰(Cresswell) 유적의 그림은 엉덩이 비만이 조금씩 있다. 로트 지방의 뻬르구제(Pergouset) 유적의 복합적인 남자와 도르도뉴 지방의 로쎌(Laussel) 유적의 중성적인 〈사냥꾼〉도 여기에 비교할 수 있겠다. 그리고 마지막으로 영양학자들이 특별히 관심을 가질 만한 그림이 2개 있는데, 상당히 풍자적으로 남성 비만에 영향을 받은 듯하기 때문이다. 하나는 라 마르슈 유적의 것이고, 또 다른 하나는 뽀르텔(Portel) 유적의 것이다(아리에주 지방).

동굴벽화 혹은 지닐 예술품에 나타나는 여성의 그림은 대단히 많아서, 스페인과 이탈리아에서부터 시베리아에 이르기까지 성기 그림만 단독으로 그린 것을 제외하더라도 100여 개가 훌쩍 넘는다. 이 그림들은 고고학적 측면(Delporte, 1993)뿐 아니라 해부학과 생리학적 측면(Pales, 1976; Duhard, 1989)에서도 연구되었다. 대단히 도식적이기는 하지만, 아주 토실토실한 그라베티안 시기(2만 5,000년 전)의 예술품들은 고도비만 여성으로 자주 표현되는 반면에 막달레니안 시기(1만 5,000년~1만 년 전)의 여성들은 우아한 편인데, 특히 막달레니안 시기의 끝 무렵이 되면 도식화된 여성의 모습을 표준화된 방식으로 표현하고 있다. 이들의 상세한 소개는 이 책의 범위에서 벗어나기 때문에, 타른-에-가론느(Tarn-et-Garonne) 지역의 라 마그델렌느(La Magdelaine) 유적과 비엔느 지방의 앙글-쉬르-앙글랭(Angles-sur-l'Anglin) 유적의 막달레니안 시대의 바위그늘의 벽에 매우 사실적으로 새겨진 풍만하지만 뚱뚱하지는 않은 사례를 언급하는 것으로 대신하겠다. 유명한 로즈리-바쓰 유적의 〈부도덕한 비너스(Vénus impudique)〉는 정상적인 여성의 비율을 가지고 있다.

우리가 인용하고 있는 뒤아르(J.-P. Duhard) 박사는 프랑스 국경과 가까운 이탈리아 리구리아 지방의 그리말디(Grimaldi) 유적의 작은 조각상까지 포함하여 프랑스의 구석기시대 여성 그림을 생리학적인 관점에서 연구했다(Duhard, 1989, 1993). 그는 발견된 정황을 분석하고 해부학적으로 자세하게 서술된 세부 목록을 제공했는데, 특히 산부인과적인 측면에서 다양한 여성의 지방 세포에 주목하면서 당시 임신 중이었거나 과거 임신했던 흔적을 읽어 냈다. 이런 접근은 다른 연구자들은 거의 설명해 본 적이 없는 새로운 관점이었다. 그에 따르면 그라베티안 시대 그림의 2/3와 막달레니안 시대 그림의 최소 1/3이 임신 중인 여성이었다고 한다.

도식화된 여성 그림은 여성의 신체를 관례에 따라서 표현한 것이다. 보신스키(G. Bosinski)는 라인강 유역 유적의 여성 그림을 연구했고(Bosinski, 1990) 브리지트 들뤽과 질 들뤽은 도르도뉴 지역의 여성 그림을 연구했다(Delluc, 1993, 1994, 1995). 이 그림들은 머리와 다리가 없는 경우가 많고 엉덩이 부분의 성기 부분이 비대한 것이 특징이며, 복부가 튀어나오지도 않고 엉덩이 주름도 없는 경우가 일반적이어서, 거칠게 비유하자면 프랑스 헌병 모자와 비슷하다. 이들 중 일부는 가슴, 거의 완전하거나 완전한 상체, 목·머리·성기 부분의 삼각형 등 해부학적 특징이 덧붙여지기도 하고, 여성적인 특징을 잘 드러내는 축약된 형태와 함께하기도 한다.

우리가 관심을 갖는 이 시기에는, 현재의 많은 '원시적인' 집단이 보여 주듯이 여성들이 자주 임신을 하고 수유기간이 길었다. 그러나 힘든 조건에서 살고 있는 사람들이 모두 그렇듯이 성적 성숙은 꽤 늦었다(Chamla, 1971: 80-81). 현존하는 사냥-채집 집단 혹은 비교적 가까운 시기에 살았던 집단의 임신 터울은 4년인 반면에, 18세기 프랑스처럼 정착생활을 하는 사람들은 겨우 2년이었다(Masset, 1989: 32). 뛰어난 사냥꾼의 예술에서 나타나는 비만한 여성의 빈도수가 구석기시대의 현실을 그대로 반영한 것은 아닐 것이다. 만일 그렇다면, 프랑스의 여성 그림을 근거로 한 뒤아르의 견해처럼, 임신 때문에 비만하게 표현되었던 66%의 그라베티안 시기의 여성과 임신과 상관없이 비만하게 묘사되었던 33%의 솔뤼트레안 여성들 가운데 실제로 비만했던 사람은 1% 정도이다. 예술가들이 여성을 표현 주제로 선택했기 때문에 지금까지 알려진 수많은 여성 그림 중에서 확실하게 남성적인 비만을 관찰할 수 없었는지도 모르지만 이처럼 괄괄하고 나이가 많으면서 고도비만이었던 '남자 같은 여자(virago)'는 대단히 드물었을 것이다.

드물게 표현되었던 남성에 비해 여성과 관련된 그림이 아주 많이 나타나는 것이 인구학적 지표를 나타내는 것은 아니다. 단지 당시 예술가들이 모델로 여성적 비만을 가진 여자를 선호했기 때문일 뿐이다. 이러한 편애의 동기에 대해 정확하게 말할 수 있는 어떤 논거도 없는데, 지나칠 정도로 주장되는 여성성 혹은 다산성 '숭배'를 증명하는 것은 아무것도 없으며, 거꾸로 몸이 마르면 불임인 경우가 드물지 않아서 마른 모델을 거부했으리라는 동기에 대해서도 명확하게 말할 수 없다(Frish, 1988). 구석기시대보다는 덜 비대하기는 하지만,

18세기와 19세기에 풍만한 여성이라는 동일한 주제가 다시 등장하는데, 이런 취향에 종교적인 동기는 전혀 없었다는 것은 말할 필요도 없겠다. 마지막으로 구석기시대의 그림은 성욕을 자극하거나 외설적인 것은 없었던 듯하다. 성행위를 확실하게 혹은 암시적으로 보여 주는 장면은 극히 드물다.

선사시대의 예술가들이 여체의 비율을 언제나 존중하지 않았고 심지어 일부분을 과장했음이 드러난다고 해도, 그려진 몸 그림에서 "과도하게 여성유형 비만이 많을 수 있는 임상학적인 모습에서 (중략) 예술가들은 오늘날만큼 다양한 임상학적인 모델들을 보았다"(Duhard, 앞의 책, 187-188).

인간형 주제(thème des humains)는 성이 분명하게 표현되지 않은 모든 그림을 포함한다. 스페인의 오르노스 데 라 뻬냐(Hornos de la Peña) 유적이나 뻬나 데 칸다모(Peña de Candamo) 유적, 꼬스께(Cosquer) 유적(부쉬-뒤-론Bouches-du-Rhône 지방)에 그려진 그림들은 인물의 성을 구별할 수 있는 근거가 전혀 없고 스페인의 로스 카자레스(Los Casares) 유적의 둥근 머리를 가진 사람들의 경우도 마찬가지이며, 도르도뉴 지역에 있는 꽁바렐 유적의 사람을 나타낸 몇 개의 선이나 생-제르맹-라-리비에르(Saint-Germain-la-Rivière) 바위그늘 유적(지롱드 지방)에 있는 미완성된 작은 사람도 역시 근거가 전혀 없다. 마지막으로 구이(Gouy) 동굴(센-마르팀Seine-Maritime 지방)의 뒤집혀진 그림처럼 구별할 수 없는 윤곽선이 있다. 가비유 유적(도르도뉴 지방)의 〈모자 달린 재킷을 입은 여성〉의 경우, 여성적인 특성을 입증하는 것은 전혀 없고 모자 달린 재킷도 그저 두건에 불과하다. 반대로 도르도뉴 지역에 있는 로쎌 유적의 〈사냥꾼〉의 성에 대해서는 논의가 가능한데, 엉덩뼈에서 여성적인 특징이 약간 나타난다. 최근 연구는 젊은 여성으로 분류하는 편이다(Duhard, 1993).

제2장
슬기사람의 영양

I. 자리매기기

우리가 슬기사람의 영양에 대해 알고 있는 것을 자세히 따져 보기 전에, 먼저 전반적인 문제점을 살펴보고, 그들이 잡식성이었는지 또는 그렇지 않았는지 질문을 던져 보도록 하겠다. 그리고 과연 식인풍습이 있었는지에 대해서도 살펴보고, 사람에게 필요한 에너지가 무엇인지 생각해 보기로 하겠다.

1. 슬기사람은 잡식성이다

사냥도구와 낚시도구는 무작위적으로 보존되고 채집에 쓰였을 바구니나 굴지봉 같은 부속품은 쉽게 썩는 성질 때문에 잘 보존되지 않는데다가, 선사유적의 고토양층에서 살을 발라내고 자른 흔적이 남아 있는 동물뼈만 많이 발견되었기 때문에, 우리의 조상들이 고기만 먹었다고 대놓고 말하지는 않지만 "털옷을 입고도 몸이 꽁꽁 얼어 버린 불쌍한 막달레니안 사람들이 동굴 속으로 피신했다는 얼어붙은 툰드라의 신화(Leroi-Gourhan Arl., 1992)"가 보여 주듯이 오랫동안 거의 고기만 먹었다고 생각해 왔다.

그러나 이들은 우리가 생각하는 것처럼 고기만 먹은 것이 아니었고, 심지어 아주 오래전부터 그렇지 않았다는 것을 5개의 중요한 논점으로 알 수 있다.

1) 갈고 찢고 자르기 위한 치아

남쪽원숭사람(Australopithèque)은 치열의 형태가 거친 것으로 보아 풀이나 씨앗을 즐겨 먹은 것으로 알려져 있다. 뺨 쪽에 있는 치아인 작은어금니와 큰어금니는 어금니(molaire)라는 단어의 의미처럼 맷돌(meule)같이 생겼는데 크고 많이 닳았으며, 이에 비해 앞니와 송곳니는 작다. 가냘픈 유형의 남쪽원숭사람(Australopithèques graciles)은 송곳니와 앞니가 더 발달하였고, 파충류와 쥐 같은 소형 동물을 먹거나 육식동물이 먹고 남긴 대형 포유류 고기를 먹어서 잡식 유형의 다양한 식습관을 가지고 있었다(Lumley et al., 1982). 손쓰는 사람(Homo habilis)의 이빨은 더욱 발달하였는데, 이빨의 크기가 훨씬 작아지고 좁아졌다. 따라서 우리는 "작은 사냥감을 뒤쫓거나 버려진 사체를 잘게 자르고 (중략) 자기 가족과 나누어 먹기 위해서 나뭇잎과 가죽으로 만든 몇 채의 막집들이 설치되어 있는 살림터로 사냥하거나 주운 무거운 고기 덩어리를 가져오는 모습을 상상할 수 있겠다. 그런데 이것은 흥미롭게도 현존하는 사냥-채집 집단의 모습이다"(Coppens, 1983). 곧선사람(Homo erectus)의 치아는 강력하면서도 전형적인 인간의 것인데, 작은어금니는 뾰족한 봉오리가 2개 있고(bicuspide) 큰어금니는 현생 인류와 비슷하다.[14] 이 치아 형태는 곧선사람의 후손들에게 그대로 전해지게 된다.

그러나 이러한 치열이 제대로 구실을 하지 못했던 몇 가지 사례가 있다. 라 샤펠-오-쌩 유적(코레즈 지방)의 '늙은' 네안데르탈사람이나 크로마뇽 유적(도르도뉴)의 노인처럼 나이가 많은 개체에서는 치아가 빠지는 치주질환이 보인다. 크라피나(Krapina) 유적(크로아티아)의 네안데르탈사람은 아래턱에 누공(瘻孔)과 치조농염(Pales, 1903: 111)이 있었으며 샹슬라드(Chancelade) 유적(도르도뉴)의 크로마뇽사람은 머리뼈 골절로 인하여 아래턱이 비대칭이었다(Bouvier, 1971: 154-155). 크라피나 유적(Pales, 1930: 165), 라 페라씨 유적(도르도뉴)과 라 샤펠-오-쌩 유적의 네안데르탈사람은 광대뼈-위턱뼈에 관절염이 있었다(Grmek, 1994: 123). 섬유질이 많은 식물과 거친 고기로 영양을 섭취하던 사람들에게 이런 질병은 꽤나 성가셨을 것이다.

2) 현미경으로 보는 치아

치아 표면의 상태는 치아를 어떻게 사용했는가에 따라 다르고, 소화시킨 음식물의 특성에 따라 다르다. 어금니는 오랫동안 씹을 수 있으며, 측면에서 강력하게 씹어서 섬유질이 많은 식물의 거친 셀룰로이드 조직을 공격할 수 있도록 해 준다. 송곳니와 앞니는 고기를 자를 때 정확하고 빠르게 찢는 역할을 하는데, 치아 자체는 저항력이 약하기 때문에 찢은 상태 그대로 삼키거나 뒤쪽 이빨로 씹어서 재빨리 부드럽게 만든다. 반(Bahn, 1985: 203-204)이 인용한 자료에 따르면, 몇몇 연구자들이 선사시대 이빨에 나타나는 마모를 식물을 먹었던 징후로 보려고 했지만 치아에 마모를 일으키는 요인은 훨씬 다양하다 (Walker et al., 1989).

치아의 사기질은 3가지 유형의 공격을 받는다. 첫 번째는 부식인데, 화학적 기원을 갖는 부식이 특히 영향을 많이 끼친다. 두 번째는 치아끼리 마찰되어서 일어나는 마멸이다. 마지막으로 세 번째는 우리가 관심을 가지고 있는 마모인데, 바람에 날려 오는 모래처럼 여러 곳에서 오는 모래와 불땐자리의 재, 그리고 나중에는 갈판에서 떨어져 나온 고운 조각 같은 단단한 입자들이 음식물에 섞여 들어가서 볼 쪽(vestibulaire) 치아머리를 덮고 있는 사기질을 마모시키는데, 현미경으로 관찰하면 뚜렷하게 나타난다(혀 쪽 치아와 입술 쪽 치아는 다른 방식으로 마모가 진행된다). 수직으로 생기는 긴 선은 빠르게 씹은 동물성 음식물과 관련이 있고, 짧게 가로로 비스듬한 선은 식물을 으깨면서 천천히 씹으면서 생기게 된다. 알갱이를 으스러뜨려서 생긴 홈이 맞물림면[交合面]에 남는 경우도 가끔 있다. 이러한 고(古)치과학적 관찰로 볼 때 인류는 잡식성 쪽으로 진화한 것으로 풀이된다. 아슐리안(Acheuléen)[전기 구석기시대] 문화부터 청동기시대에 이르기까지 "관찰 대상의 시기가 늦어질수록 가로로 된 선의 숫자가 증가하고 수직선의 숫자가 감소하는 것과 선 길이의 평균값이 줄어드는 것은 사람들이 농업에 차츰 적응을 해 나갔고 가공된 식량에 익숙해진 반면에 사냥은 쇠퇴한 것을 설명해 준다"(Puech, 1976: 708-709, 1980: 6-12, 1983; Puech et al., 1985: 28-33). 또따벨(Tautavel) 사람의 볼 쪽 치아를 현미경으로 연구해 보니 이 사람들은 무엇보다도 고기를 소비했던 것으로 확인되었다. 이들의 이빨에 남아 있는 선은 19세기 파리에 전시되었던 식육성의 '미개한(sauvage)' 남아메리카 인디언의 치아와 비슷하다(Puech, 1979: 85).

네안데르탈사람 가운데 일부는 앞니와 송곳니가 이뿌리까지 마모되었지만 어금니는 비교적 잘 남아 있고, 얼굴 형태가 매우 독특한 점 때문에 앞니를 일종의 자연적인 바이스(étau naturel)처럼 사용했다고 생각되었는데(Hublin, 1988: 38-39), 이것은 뉴욕의 미국자연사박물관에 있는 무스테리안 사람들의 생활을 재구성한 디오라마에 잘 반영되어 있다(Tattersal, 1993: 129, 그림).

3) ^{13}C과 스트론튬

최근에 이루어진 두 건의 연구로 인류의 진화 단계에서 잡식성 섭생 습관이 꽤 일찍부터 시작되었음이 입증되었다. 하나는 방사성이 아닌 ^{14}C의 안정성 동위원소에 기반을 두는 연구이고 다른 하나는 스트론튬과 칼슘의 분량을 연구한 것이다.

탄소는 3개의 자연적인 동위원소로 구성되는데, 가장 많은 것이 ^{12}C(99%)이다. ^{13}C은 1% 정도를 차지하며, 방사성인 ^{14}C는 10^{-12}%로 아주 적은데 연대측정에 사용되고 있다. 뼈에 들어 있는 콜라겐이나 뼈와 치아의 인회석에 있는 ^{13}C/^{12}C의 비율을 질량분석법으로 측정하면, 동물이 어떤 종류의 식물을 먹었는지 알 수 있다. 열대지역의 식물과 초원지대의 초본식물, 온대지역의 풀, 나무 관목이 모두 다르기 때문이다.[15] 투박한 형태의 남쪽원숭사람(Australopithèque robuste)의 인회석을 가지고 이 비율을 측정해 보니 잎사귀를 많이 먹는 초식동물인 쿠두(koudou)나 잡식동물인 비비원숭이(babouin)처럼 풀을 많이 섭취하는 완전한 초식동물의 중간에 위치했다(Sillen, 1994).

스트론튬(Sr)/칼슘(Ca)의 비율이 식물에서 초식동물을 거쳐 육식동물로 올라가는 먹이사슬을 따라 가면서 감소하는 것을 보게 된다. 스트론튬은 반감기가 아주 긴 동위원소로 칼슘과 원자량이 같으나 알려진 신진대사 기능이 없고, 칼슘은 생명에 필수적인 영양소이다. 이 스트론튬/칼슘 비율은 식물에서 높게 나타나는데 뿌리보다 잎에서 더 높다. 초식동물에서는 식물보다는 비율이 높지 않을 것인데, 초식동물 중에서는 뿌리와 땅속줄기(rhizome)를 먹는 동물에서 특히 높게 나타난다. 초식동물을 먹는 육식동물에서는 이 비율이 더더욱 낮을 것이다. 남아프리카 스와르트크란스(Swartkrans) 유적에서 출토된 투박한 형태의 남쪽원숭사람을 대상으로 이 비율을 측정해 보았더니, 하이에나와 산토끼의 중간이고 비비원숭이와 크게 다르지 않아서, 예전에 생각했던 것과는 다르게 이미 잡식성이었던 것을 보여 준다. 한편 침팬지가 과일, 어린 잎사귀, 벌레, 소형 포유류를 먹는 다양한 식습관을 가지고 있다는 것은 잘 알려져 있다.

4) 열매, 꽃, 가지

몇몇 유적에서 발견된 다른 자료들도 인류의 잡식성 식량을 확인시켜 주고 있다. 전기 구석기시대 유적인 또따벨 유적과 라자레(Lazaret) 유적과 떼라 아마따(Terra Amata) 유적의 유물층에서 핵과(核果)를 먹을 수 있는 팽나무 열매들이 발견되었고, 떼라 아마따 유적에서는 야생 포도 씨도 발견되었다. 피에트(E. Piette)는 1895년에 아리에주 지역에 있는 마다질(Mas d'Azil) 유적의 달팽이와 색칠한 자갈돌이 잔뜩 깔려 있는 층에서 다양한 종류의 씨앗들을 함께 발견하였다. 이 층은 구석기시대 직후의 층이다. 중석기시대 유적에서는 탄화된 잠두와 포도씨, 호두와 개암나무 껍데기가 자주 발견되었다. 그러나 신석기시대가 되어야 다양한 종류의 곡식 낱알이 발견되고, 석기를 곡물 수확에 사용함으로써 날 부분에 윤기가 생긴 것이 확인되기 시작했다. 또한 치아가 채식을 주로 하는 사람들과 비슷하게 닳기 시작했다(Renault-Miskovsky, 1986: 65~66).

숯을 분석하면 식용할 수 있는 열매를 맺는 나무에서 가져온 가지들을 가끔 태웠다는 것이 드러난다. 예를 들어 라스코 유적에서 발견된 참나무와 노간주나무가 있고, 랑드(Landes) 지방의 뒤뤼티(Duruthy) 유적에서 발견된 자두나무가 있으며, 마다질 유적에서 발견된 마가목도 사용되었을 가능성이 있다(Bahn, 1985: 206-207 참고). 1907년에 플리쉬(P. Fliche)가 작성한 오래된 메모에도 테이쟈(Teyjat) 유적(도르도뉴 지방)에서 밤나무 숯이 나왔다고 기록되어 있다(Fliche, 1907: 132-136; Pitte, 1986: 49-50).

그런데 무엇보다도 꽃가루 분석이 선사시대의 많은 기간 동안 식용 가능한 식물이 있었음을 보여 주고 있다. 45만 년 전에, 또따벨 유적에 살았던 곧선사람들이 부러뜨린 뼈 속의 골수와 함께 날고기나 태양에 말린 고기를 먹기 위해서 사향소 또는 야생 염소를 죄다 해체했으면서도 떡갈나무·호두나무·노간주나무·피스타치오 나무의 열매와 야생 포도의 열매를 전혀 먹지 않았다면 이것이 오히려 놀라운 일일 것이다. 일시적으로 기후가 따뜻해졌던 1만 7,000년 전의 빙간기 때 라스코 유적 주변의 식생 가운데 나무가 60%를 차지하고 있었는데, 여기에 살던 사람들이 나무의 어린 순이나 잣, 아메리카 인디언들이 하듯이 나무에 금을 내서 얻는 단풍나무의 시럽을 먹지 않았다고 해도 이상한 일일 것이다. 특히 이곳과 가까운 곳에 있는 모래 성분이 많은 산성토양 고원에서 생산되고 1850년 이래로 페리고르 지방 사람들의 기본적인 탄수화물 식량 재료가 되어 버린 밤나무는 말할 것도 없고(아를레트 르루와-구르앙의 의견), 도토리와 너도밤나무의 열매, 노간주나무의 열매, 호두와 개암나무를 먹어 본 뒤에 사용하지 않았으리라는 것도 역시 이상하다. 밤나무의 꽃가루가 흔한 형태여서 구별하는 것이 쉽지는 않다는 문제점이 있기는 하지만(아를레트 르루와-구르앙의 1994년 3월 6일 구두대화), 밤을 비롯하여 몇 종류의 도토리가 있었다면 슬기사람들이 탄수화물을 충당할 수 있었을 것이다.

5) 작업에 사용되어 마모되고

코빵스(Y. Coppens)는 고인류가 사용하던 연모에 식생활의 흔적이 꽤 일찍부터 나타났다고 생각한다. "300만 년 이전의 에티오피아에서 발견된 유적의 퇴적층에서 부분적으로 다듬어진 꽤 많은 격지들이 남쪽원숭사람의 화석과 함께 수습되었는데, 날 부분을 현미경으로 관찰한 결과, 과일과 야채를 긁고 껍질을 벗기는 데 사용한 것이 뚜렷하다"(Coppens, 1995). 손쓰는사람이 사용했던 도구에는 고기를 다루면서 생긴 '윤(poli)'이 남아 있고, 이들이 살을 발라낸 아프리카의 대형 동물의 뼈 위에는 자른 흔적이 있다. 그러나 식물성 섬유를 자른 것을 입증해 주는 부싯돌로 만든 날 부분의 미세한 흔적은, 뒤뤼티 유적에서 발견된 등잔손질된 돌날(lamelle à dos)처럼 예외적인 경우를 제외하고 대체로 구석기시대 이후의 것들이다(Bahn, 1985: 204). 야생풀을 으깨는 데 쓰였을 갈돌과 갈판은 뒤뤼티 유적, 라 바슈 유적, 마다질 유적 등 여러 유적에서 발견되었다(앞의 책: 204). 라인강 유역과 코스티엔키(Kostienki) IV 유적(러시아)(Flosse, 1991), 욘느 지역의 아르시-쉬르-뀌르 유적(Leroi-Gourhan et al., 1964)에서도 갈돌과 갈판이 발견되었다.

6) 고기만 먹는다고?

장기간 고기만 먹는 것은 불가능하다. 야생동물의 고기는 주로 단백질과 근육섬유의 질소함유물로 구성되어 있는데, 질소함유물은 식물에도 들어 있다. 우리의 신체 기관과 슬기사람의 신체 기관은 인체생리학적으로 볼 때 단백질만 있어서는 충분하지 않다. 게다가 동화작용은 에너지 차원에서 대단히 소모가 많다. 당(탄수화물), 지방(지질), 무기물, 비타민, 섬유질을 제공해 주는 다른 영양소와 다양한 음식이 필요하다.

더구나 1970년대 중반에 단백질만 섭취하는 실험적인 다이어트 식단이 일반인들에게 소개되어 크게 인기를 끌었는데, 결국 이 방법은 여러 가지 영양소를 결핍시키고 심장 박동에 이상을 일으켜서 사망을 초래하게 된다는 것이 알려지면서 중지되어야만 했다(Council of Scientific affairs, A.M.A., 1989). 극지탐험가 스테판손(V. Stefansson)은 캐나다의 북극 지역에서 이누이트족과 함께 5년을 현지인처럼 지내면서 "멋진 북극"을 체험했는데, 그는 현지 에스키모처럼 하루에 평균 2,650kcal를 완전히 육식으로만 충당하는 식습관에도 불구하고 불편 없이 지냈다. 그가 먹은 음식은 지방에서 가져온 2,100kcal에 해당하는 기름진 고기와 단백질에서 가져온 550kcal, 탄수화물에서 가져온 10~50kcal로 구성되었다(Gessain, 1981: 253-254). 그는 난파된 뒤 8개월 동안 고립되어 있었는데, "신선한 물개와 곰 고기를 먹기 좋아했던 친구들은 건강 상태가 좋았지만 동물성 지방을 거부하고 페미컨[말려서 가루로 만든 고기를 기름으로 굳힌 음식]만 먹었던 친구들은 얼마 지나지 않아서 신장염에 걸리고 그중 몇몇은 사망하는"것을 관찰했다(Key, 1973: 295-307). 단백질이 풍부한 식사는 꼭 탈수 증상처럼 혈뇨를 일시적으로 증가시키지만 신부전증 같은 혈청 크레아티닌의 변형이 관찰되지는 않는다. 따라서 이러한 '신부전증'이 고기만 먹는 식단에서 기인한 것인지는 분명하지 않다. 당뇨병처럼 신장을 공격하는 몇 가지 질병에서, 사구체 쪽에서 오는 혈액의 흐름과 압력의 증가가 관찰된다. 이러한 사구체 안에서 일어나는 여과과잉은 신부전증을 불러오는 단백뇨와 사구체 경화를 가져온다. 신장을 높은 단계로 작동시키는 것이 길게 지속되면 인체에 치명적일 가능성이 있음에도 불구하고, 때때로 엄청난 양의 고기를 먹게 되는 것은 현대인에게 남아 있는 사냥꾼의 흔적일 것이다(Kallen, 1991).

이 세상에는 동물성 음식만 소비하는 사람들만 존재하는 것은 아닌 듯하다. 오히려 채식주의(végétarisme), 완전채식주의(végétalisme), 생식주의(crudivorisme), 자연식주의(macrobiotisme)처럼 특정한 음식을 제한적으로 먹는 추종자들이 요즘에 더 많다. 흔히 말하는 것과는 다르게 에너지 배급이 충분하고 음식물이 다양하다면, 채식주의나 완전채식주의는 영양 결핍에 노출되지 않지만, 완전채식을 하면 비타민 B_{12}가 부족해진다(Debry, 1991: 967-972).

2. 자신과 같은 존재를 먹다

사람은 대개는 포식(捕食: 사냥, 낚시, 다양한 채집)이나 생산(농경이나 목축)으로 외부에서 획득하는 식량을 소비(exo-consommation)한다. 인육풍습이나 식인풍습으로 대표되는 자가 소비(endo-consommation)는 드물게 나타나지만 여기에 대한 분석은 언제나 열정적인 토론을 이끌어 낸다.[16]

동종식육행위(cannibalisme)는 침팬지에서 확인되는데, 이들도 포식자이며 생물학적으로나 행동생태학적으로 사람과 무척 가깝다. 그러나 선사시대 사람이 이러한 행위를 했다는 물질적인 증거는 드물다. 또따벨 유적에서 발견된 곧선사람이나 오르튀스(Hortus) 유적(에로Hérault 지방)에서 출토된 무스테리안 사람처럼 유적의 층 내부에서 사람뼈가 조각 난 채 발견되기도 했는데, 앙리 드 룸리와 마리-앙투아네트 드 룸리(H. et M.-A. de Lumley)에 따르자면, 이것은 자신들의 동료들을 먹었던 경우이다. 크로아티아에 있는 크라피나 유적에서는 500개가 넘는 뼈가 발견되었다. 이 뼈들은 어린이 5~6명을 포함하여 20명 이상의 네안데르탈사람들로 가늠되는데, 대부분이 깨져 있어서 "음식물을 세게 바스러뜨린 것 같은 인상"을 준다. 그런데 특히 골수가 많이 들어 있는 긴뼈들이 부서져 있고, "음식물로 그다지 중요하지 않은" 앞쌀뼈와 뒤팔뼈는 멀쩡하다(Leroi-Gourhan, 1964: 51). 그런데 뼈들 중에는 불에 탔거나 살을 발라내면서 자른 흔적이 있는 경우도 있어서, 식인행위뿐만 아니라 이차장(二次葬)에 가까운 의례가 있지 않았을까 생각하게 해 준다(Le Mort, 1988: 46-49). 이와 비슷한 것이 샤랑트 지역의 마리악(Marillac) 유적의 무스테리안 층에서 발견되었고 후기 구석기시대 유적 중에서는 바스크 지역의 이스튀리츠 유적, 샤랑트 지역의 르 쁠라까르(Le Placard) 유적, 모라비아의 프레드모스트(Predmost) 유적에서 발견되었다(Hublin, 1982). 이와 같은 식인행위는 사람을 먹기 위해 죽인 것일 수도 있고 외부사람만 먹거나(외부인 식인풍습) 가까운 사이만 시신을 먹는 것으로 제한될 수도 있으며(내부인 식인풍습) 음식 자체를 위한 것일 수도 있고 의례를 위한 것일 수도 있다. 그러나 우리가 선사시대에서 인정할 수 있는 사실들은 식인풍습을 보여 주는 사례는 드물고, 식인풍습과 관련이 없는 다양한 이유로 인하여 사람뼈가 깨지거나 불에 타거나 살이 발라질 수 있다는 점이다.[17]

이런 식인풍습과는 대조적으로 네안데르탈사람과 크로마뇽사람들은 죽은 사람을 부장품과 함께 정성껏 매장하기도 했다는 것이 알려져 있으며,[18] 크로마뇽사람들은 뼈나 이빨을 이용해서 생활용품이나 장신구, 물건을 만들 때 사람뼈를 아주 예외적으로 사용했다.[19]

3. 인체의 생리적 욕구

음식은 생명 유지와 연결된 불가피한 손실을 보상해 주고 각자의 존재 조건에 해당하는 에너지 소모에 대처하기 위한 것이다.

최근 연구를 통해서 우리는 선사시대 사람들의 생활방식을 잘 알게 되었고 게다가 이들의 생활방식이 우리와 아주 흡사하게 보이기 때문에, 1만 7,000년 전 베제르(Vézère) 계곡에서 사냥을 하고 살았던 전기 막달레니안 시기의 예술가들과 좀 더 늦게는 1만 2,000년 전쯤에 이동하는 순록을 사냥하기 위해 초여름에서 초겨울 사이에 센(Seine) 강가에 있는 뼁스방(Pincevent) 유적(센-에-마른느Seine-et-Marne 지방)을 규칙적으로 찾아왔던 후기 막달레니안 시기의 순록 사냥꾼(Leroi-Gourhan et al., 1979)들의 사례를 중심으로 서술하려고 한다. 첫 번째 사람들은 라스코 빙간기에 살았는데, 이때는 뷔름 빙하기 중간에 일시적으로 기후가 따뜻해지는 시기여서 당시 이 지역의 기후는 지금과 비슷했다. 두 번째 사람들은 첫 번째 사람들보다는 조금 더 추울 때 살기는 했지만 그래도 이때가 뷔름 빙하기에서 가장 추웠던 때는 아니었다. 구석기시대가 시작될 무렵과 2만 년 전의 솔뤼트레안 시기가 가장 추웠다.

기초대사(métabolisme de base)는 신체 기관이 기능하는 데 필수적인 것인데, 선사시대 사람들은 끼니를 거르는 경우가 다반사인 생활 조건에서도 우리처럼 휴식을 취하고 체온의 온열중성대(neutralité thermique)[몸이 편안함을 느낄 수 있는 온도 범위]를 유지하기 위하여 고심을 해야 했다. 평균적인 기초대사는 성인 남성은 하루에 1,650kcal이고 성인 여성은 하루에 1,300kcal이다.[20] 그러나 장기간 굶거나 영양상태가 나빠지면 "신진대사의 접속 부분에 분명히 무엇인가가 부족해서" 기초대사가 20~30% 감소되는데(Jacotot et al., 1992: 89), 사냥하는 집단의 특성상 식량이 풍족한 기간과 부족한 기간이 교차하는 점을 생각한다면 매우 흥미로운 일이다.

체온조절작용(thermorégulation)과 연결되어 있는 에너지 소비는 기후·계절·지방조직의 두께에 따라서 당연히 가변적이다. 체온조절작용은 당연히 에너지를 소비하지만 몸이 차가워지면 모든 영양기능을 늦추고 결과적으로 기초대사도 줄어들게 된다. 그러나 체온이 상승할 경우, 1℃가 오를 때마다 에너지 소비는 10% 증가한다. 추위는 소름을 돋게 하는데, 피부근육을 수축시켜서 강도 높은 근육 운동과 비슷한 정도에 다다를 정도로 에너지 소비를 증가시킨다. 따라서 선사시대 사람들은 따뜻한 옷이 필요했고 이것을 만드는 데 대단히 많은 정성을 기울였으리라는 것을 잘 알 수 있다. 이것을 입증해 주는 5개의 논거를 들 수 있다. 첫째, 바느질에 쓰였을 뚜르개와 송곳이 유적에서 많이 발견되었고 특히 솔뤼트레안 문화부터 실을 꿰어 쓸 수 있는 바늘귀가 달린 바늘이 출토된다는 점이다. 둘째, 매장 유구에서 구슬, 이빨 혹은 조가비로 장식되어 제작된 의복의 형태와 모자가 출토된다는 점이다. 셋째, 아리에주 지역의 퐁타네(Fontanet) 동굴유적의 뻘 층에 가죽으로 감싼 발자국이 찍혀 있었다는 점이다. 넷째, 두텁고 부드러운 순록의 가죽과 솜털이 잔뜩 난 동물 털의 단단하고 짧은 부분이 활용되었는데 바깥부분의 털은 중심부가 공기로 가득한 옴폭한 부분으로 에워싸여서 특히 열을 차단시켜 줄 수 있다는 점이다. 그리고 마지막으로 북극지역의 가죽신을 만들 때 지금도 쓰이는 순록의 두터운 가죽이다.[21] 이것은 민족지적 비교를 할 필요도 없는데, 유럽과 아메리카 북쪽의 영구동토 지역에 살았던 사람들은 얼마 전까지만 해도 순록이나 카리부 사슴을 기반으로 해서 생활을 했으며(Leroi-Gourhan, 1936), 라프란드 사람(Lapons)도 마찬가지이며, 라르테(E. Lartet), 다우킨스(W. Boyd Dawkins)와 테스튀(L. Testut)가 막달레니안 사람의 후손이라고 믿었던 이누이트족도 동일하다.[22]

1일필요영양섭취량(ration alimentaire)으로 권장되는 값은 평균기온 20℃의 온대기후에서 중간 정도의 강도로 신체 활동을 하는 어른을 기준으로 계산을 하는데, 이것은 꽤 높은 기온으로 파리의 7월과 8월 평균기온에 해당된다. 온도가 낮아지면, 처음 10℃까지는 1일 에너지의 5%가 증가되어야 하고 그다음부터는 3%씩 늘어나야 한다(Geigy, 1963: 513, 표). 그러나 기온이 0℃로 떨어지면 활동 없이 노출된 사람의 경우에는 이 에너지 소비가 3배가 될 수도 있다(Bour, 1975: 4321).

막달레니안 시대의 평균기온이 현재의 아퀴텐(Aquitaine) 지방의 평균기온보다 5℃ 정도 낮았다고 추정한다면(현재 노르웨이의 기후와 거의 비슷하다), 이것은 1일식량섭취량이 겨우 몇십kcal가 늘어나는 정도인 2.5%의 에너지 증가에 불과하다. 따라서 평균기온의 저하는 신체에 크게 영향을 주지 않지만 이것은 적절하게 의복을 입고 있는 것이 전제가 된다. 캐나다의 벌목꾼이 매일같이 많은 음식물을 먹는다면, 이것은 그가 벌목꾼이기 때문이지 그가 캐나다사람이기 때문이 아니다. 사람은 극한의 기후 조건에 적응을 하고 기후의 변화는 매우 느리다. 수만 년의 시간이 '더운' 무스테리안 시기와 '대단히 추운' 솔뤼트레안 시기와 막달레니안 시기를 갈라놓는다. 따라서 슬기사람의 식량이 뷔름빙하기의 기후 변동에 따라서 양적으로 변화되었다는 것을 볼 수 없겠지만, 질적으로 변화되었다는 것은 볼 수 있을 것이다. 사실 식물은 기후 변화에 매우 민감해서 추위로 종들이 사라지고 군집이 줄어들게 되는데, 예전에 이누이트족이 했던 것처럼 이럴 경우에는 식량에서 고기류가 차지하는 비율이 필요 에너지의 80% 가까이 늘어나게 되는 것을 보게 될 것이다. 그러나 수정해야 될 부분이 있기도 한데, 이것이 늘 동물성 식량 섭취를 늘리는 방향으로 일어났던 것이 아니기 때문이다. 예를 들어 바위그늘이나 동굴 입구에 불을 붙여서 유지하는 단순한 불땐자리를 사용하게 되면, 오븐효과로 빠른 시간 내에 주변 온도가 상당히 올라가게 된다(이글루의 열기와는 다르다). 주변 온도가 올라가면 피부의 혈관이 확장되면서 피부의 혈액 순환이 증가하고 땀을 흘리게 되는데, 여기에도 역시 에너지가 필요하다는 점을 기억하도록 하자.

　격심한 노동도 에너지 소비의 다른 원인이 된다. 이 활동은 하루와 계절에 따라서 상대적으로 변하는데, 이러한 차이는 선사시대 사람에게서 특히 뚜렷하게 나타난다. 하루 일과 때문에 조정되는 것이 아니라 사냥과 낚시라는 계절성 활동 때문에 달라지는 것이다. 이것은 순록과 연어의 이동과 많은 관련이 있고, 끊이지 않고 계속되는 채집 활동과도 연관이 있다는 것을 잊지 말아야 한다. 이러한 불규칙성과 계절성이 신체 내부나 외부에 저장이라는 문제를 가져오게 되는 것인데, 자연 환경이 풍족하면 저장 정도를 제한시킬 수 있지만, 새로운 생활방식에 내재하는 위험요소를 동반하여 정착·농사·저장·목축이 나타나는 신석기 혁명 때가 되어서야 비로소 해결이 될 것이다. 신석기시대가 되면 다양한 갈망이 탄생하고 기후 변화에 따라서 기근이 발생하고 기본적인 영양 조건이 비꿔고 신체 활동의 강도는 야해졌지만 활동 기간이 늘어나는 등 신체 활동의 조건이 크게 바뀐다. 근육 활동의 종류에 따라서 에너지 소비가 빠르게 증가하는 사례들이 있는데, 수면은 1시간에 60kcal가 필요하고, 활쏘기는 90kcal, 걷기는 100kcal, 하이킹은 180kcal, 가사노동은 140kcal가 필요하다. 수영은 350kcal, 달리기는 635kcal, 빨리 달리기는 1,400kcal가 필요해서 격심하게 작업을 한다면 1일필요에너지량이 4,000kcal를 넘을 수도 있다(Dupin et al., 1981, 1988: 146; Jacotot et al., 1992: 88, 표 14). 그러나 모든 수치들은 나이, 키와 몸무게 혹은 신체 표면 등에 따라서 개인차가 있으며, 훈련된 정도에 따라서 다르기 때문에 분석 대상에 따라서 편차가 크다.

　에너지 소비의 세 번째 요인은 식량 섭취와 직접 연결되는데, 이것은 음식

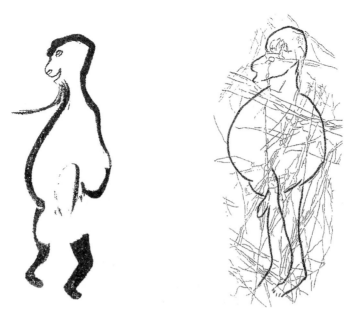

그림 7 크로마뇽사람들이 그린 여성 그림의 대부분은 살이 약간 찌거나 여성 비만을 보여 준다(도르도뉴 로쎌 유적 그라베티안 시기의 조각).

그림 8 남성유형의 비만은 선사시대 예술에서는 아주 드물다(막달레니안 시기의 아리에주 포르텔 유적의 그림과 비엔느 라 마르슈 유적의 얇은 판 위에 새긴 그림)(브뤠이H. Breuil 와 팔르L. Pales).

그림 9 선사시대 남성은 사냥과 낚시를 했고, 여성은 채집을 했다(도르도뉴 샤또 데제지 Château des Eyzies 유적에서 나온 뼈 위에 새긴 그림. 막달레니안 시기).

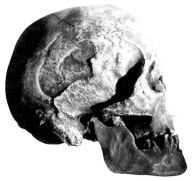

그림 10 샹슬라드(Chancelade) 유적의 막달레 니안 사람은 오른쪽 옆머리뼈에 골절이 있었는 데도 살아남았다. 그가 회복되는 동안, 식량 지 원이 필요했던 것이 분명하다.

그림 11 크로마뇽사람들은 자신들이 성스러운 장소로 삼은 동굴 속으로 어려운 잠입을 자 주 시행했다.

물의 특이동적작용(Action dynamic spécifique: A.D.S.)이다. 이 작용은 음식물의 섭취와 소화에 해당되고, 식사 후 몇 시간 내에 일정한 분량의 에너지가 소비되는 신진대사로 사용되는 것도 해당된다. 이 대가는 영양소에 따라서 변한다. 섭취된 탄수화물 100kcal는 6kcal에 해당하고 섭취된 지방 100kcal는 10kcal에 해당하지만 동일한 양의 단백질을 소비하면 30kcal까지 올라간다. 따라서 우리는 사냥꾼-채집꾼의 식량 중에서 단백질이 에너지의 거의 1/3을 제공하기 때문에 대단히 특별한 가치가 있다는 점을 기억해야 할 것이다. 단백질은 희생이 큰 영양물로, 포식하기 어려운데다가 주된 에너지의 역할이 없고 축적할 수도 없다. 근육, 뼈바탕질, 피부와 손톱-발톱, 세포막과 같은 일부 조직의 생성과 유지를 주로 담당하며 콜로이드삼투압, 효소 구성, 호르몬을 위한 아미노산의 제공, 항원과 항체 등 다양한 구조에 개입한다. 게다가 사람에 따라서 편차가 있는데, 분석 대상자들의 이전 영양 상태에 따라 크게 변화한다.

어린이, 임산부 혹은 수유 중인 여성은 필요한 에너지가 증가하는 것이 특징이다. 하루에 필요한 에너지는 젖먹이의 경우 생후 3개월까지 700kcal인데, 두 살마다 400kcal씩 늘어나서 15세 무렵이 되면 소년의 경우는 3,100kcal에 도달하고 소녀의 경우는 2,600kcal가 된다. 그러나 16세에서 19세 사이의 나이에는 육체노동자만큼 에너지가 필요할 때도 가끔 있다. 기초대사는 생의 이른 시기에는 매우 높다가 성인이 되면 안정되다가 차츰 줄어든다. 예를 들어 한 살 때에는 신체 면적 1m²에 1시간당 55kcal가 소모되고 5세에는 53kcal가 소모되며 10세에는 49.5kcal가 소모된다. 15세에는 45.3kcal이 필요하며 20세에는 41kcal로 된다(앞의 책: 87, 표 13; 91). 임산부의 경우는 신진대사가 임신 6개월부터 뚜렷하게 늘어나서 출산할 때까지 계속 증가하는데 산욕기 이전보다 20% 높다. 이러한 증가는 여성 신체 기관에서 임신을 자극하는 몇몇 효과로 만들어지는 것이 아니라 태아의 발달로 인하여 일어나는 것으로 보이는데, 구석기시대에는 임신이 훨씬 잦았던 것이 분명하다(Jacotot et al., 1992: 89). 따라서 임산부는 하루에 150kcal의 추가 에너지가 필요한데, 이전의 영양 상태가 좋지 않았었고 특히 청소년기에 결핍되었던 것이라고 한다면 285kcal가 더 필요하다. 모유 수유를 하는 어머니가 하루에 800ml의 모유를 만들려면 하루에 500kcal를 늘려야 하는데, 사냥-채집 집단에서는 수유기간이 1년을 넘기도 한다.

현재 성인의 필요 에너지는 서구 국가의 경우, 하루에 남자는 2,700kcal이고 여성은 2,000kcal이다(Dupin, 1981, 1988). 나이가 들면서, 필요 에너지가 점점 줄어드는데, 예를 들어 25세에는 2,700kcal, 45세에는 2,550kcal, 55세에는 2,150kcal가 된다(Geigy, 1962: 513). 한창 때보다 유연성이 떨어진 소수의 구석기시대 늙은 사냥꾼들은 자신들이 필요로 하는 에너지가 감소하는 것을 보았을 것이다. 그러나 선사시대의 인구분포를 보거나 선사시대의 기대 수명이 짧았기 때문에 이렇게까지 오래 살지는 않았을 것이고 선사시대의 사냥-채집하는 사람들(사실 정확하게는 사냥-낚시-채집하는 사람들이 되겠지만)은 주로 청소년이나 청년이었다고 가정된다. 그 당시는 기후 조건이 다르고 육체 활동이 많았으며 기계화되고 모터가 달린 수단이 없었고 오늘날 우리가 알고 있는 난방 시설이 없었다. 그리고 무엇보다도 이들이 20세 전후의 나이이기 때문에 지금보다 높은 단계의 1일필요에너지량을 산정해도 크게 무리가 없을 것이다. 남성의 경우 하루 3,000kcal, 여성의 경우는 하루 2,500kcal가 최소 수치로 보인다. 평균값을 사용하는 것은 무엇을 감추려고 하는 것이 아니라 계산을 단순화하기 위한 목적이므로, 여기서는 이 3,000kcal라는 값을 평균값으로 사용하고자 하는데, 뷔름 빙하기의 대체로 추운 기후 조건 아래에서, 유럽 사람들은 위도와 고도가 차이 나는 여러 지역에서 계절에 따라 다르고 식량 획득 활동의 빈도와 강도도 불규칙했기 때문에 이들에게 유일한 값을 고정시키는 것이 어렵다. 게다가 1만 8,000년 전에는 강수량과 항풍은 말할 것도 없고 해수면이 지금보다 100m나 낮아서 당시에는 바다까지의 거리가 오늘날보다 훨씬 더 멀리 떨어져 있었다(Labeyrie, 1993: 186).[23] 반유목 상태에서 생활하던 집단이 이러한 끊임없는 변화에 맞닥뜨려야 했기 때문에 우리가 사용하는 모든 연구 방법이 대단히 막연한 성격이라는 점이 잘 드러난다. 그럼에도 불구하고 3,000kcal로 어림잡은 숫자는 계산하는 데 실용적인데, 이것은 이튼이 제안한 수치이기도 하다.

Ⅱ. 식량 자원

1. 그렇게 머나먼 길을

매우 일반적인 복원으로 슬기사람이 어떤 경로를 거쳐서 왔는지 알 수 있고 그들 앞에는 어떤 길이 펼쳐져 있었던지 알 수 있다. 그리고 이를 통해 최초의 현생 인류인 이들의 영양과 관련된 몇 가지 측면을 보다 잘 이해할 수 있을 것이다.

포유류의 조상은 초식동물이었고 식충류였으며, 무척추동물을 먹었다. 영장류의 시대가 발달하면서 식물성 먹이가 보다 중요해지게 된다. 2억 4,000만 년부터 6,000만 년 전까지 중생대에는 이들의 식량에서 과일이 중요한 부분을 차지했던 것으로 보이지만, 이빨의 형태는 식물성 먹이와 동물성 먹이 양쪽에 모두 적당했다. 사람 계열(lignée humaine)과와 원숭이 계열이 분기된 이후, 초기 인류는 원시적인 연모를 사용하게 되는데, 손쓰는사람은 자갈돌석기를 사용했고 곧선사람은 양면석기를 사용했다. 이렇게 되면서 초기 인류의 음식이 조금 다양해지는 것으로 나타나며, 동물성 먹이를 사냥을 해서 획득한 것인지, 죽은 짐승을 주워 온 것인지, 혹은 두 경우 모두에 해당하는지 알 수는 없지만, 유적에서 아주 많이 발견되는 동물의 뼈로 판단하건대, 날카로운 격지로 동물의 고기를 베어낼 수 있었다(Bosinski, 1995). 식물이 열매와 씨앗의 형태로 발굴되고 있어서 당시 사람들이 식물성 음식물을 먹었음이 입증되었다. 그리고 식물성 식량이 곧선사람과 이른 시기의 슬기사람에게 필요한 하루 열량의 50%를 차지하는 것으로 추정되었다(Howell et al., 1963; Issac et al., 1981; Eaton, 1985에서 인용). 무스테리안 사람뿐 아니라 크로마뇽사람도 의도적으로 특정한 동물을 사냥감으로 택하는 선택 사냥을 많이 하였는데, 우리가 보게 되듯이 식물성 식량을 전혀 먹지 않은 것은 아니다. 유적에서 발견되는 물고기뼈로 볼 때 물고기는 아주 늦은 시기가 되어서야 잡은 듯하다. 아슐리안 문화와 무스테리안 문화, 그라베티안 문화에서는 그저 흔적만 있는 정도이고,[24] 막달레니안 문화가 되어서야 많아지게 되었다.[25] 그러나 물고기뼈는 약하기 때문에 늘 보존이 된 것은 아닐 것이다(Cleyet-Merle, 1984~1985, 1990; Delluc, 1992: 449, 주 14; Delpech, 1983). 신석기시대에 농사와 목축이 등장하면서 다당류와 지방이 많은 고기를 먹게 되고 음식물을 저장할 수 있게 되면서, 그 이전에 형성되어 있던 음식물의 균형 상태가 조금씩 변화하게 되었다. 고기의 소비는 급격하게 감소하고 식물성 음식이 식량의 90%를 차지한다(Eaton, 1985: 284). 따라서 슬기사람의 기본적인 식량원이 사냥한 고기와 야생식물이라는 점을 환기하도록 하자.

영장류 중에서 소형 원원류(原猿類)는 곤충과 무척추동물을 먹는다. 나무 위에 사는 영장류와 대형 원숭이는 식물을 많이 먹는데, 열대우림지역에서는 특히 쌍떡잎식물의 과일·뿌리·싹·잎을 먹는다. 인류의 선조들은 초원지대에 살았는데, 먹이를 찾기에는 네 발로 걷는 것보다는 두 발로 걷는 것이 훨씬 효율적이었다. 남쪽원숭사람의 어금니는 사기질이 두터웠으며, 손쓰는사람보다 먼저 살았다. 손쓰는사람은 어금니의 크기가 훨씬 작을 뿐 아니라 사기질도 훨씬 얇았다. 영양 섭취가 발달하고 연모가 발달하면서 커다란 변화가 일어났다. 곧선사람은 키가 훨씬 컸고 사냥과 채집에서 성에 따른 노동 분업이 있었을 것으로 추정되는데, 불도 사용할 줄 알게 되었다. 이들은 아프리카에서 유라시아 대륙의 온대 지역으로 조금씩 확산되었다. 이런 움직임은 커다란 변동 없이,

적어도 10만 년 전의 슬기사람까지 계속되었다. 슬기사람들의 생활 영역은 차츰 확장되었고 4만 년 전 이후에는 지구의 거의 모든 지역에서 살게 되었다. 현대인은 유전적인 면에서 슬기사람들과 아주 비슷하다. 현생 아메리카 인디언들은 현생 아프리카인이나 아시아인보다 아메리카 대륙에서 발견되는 구석기시대 사람과 유전적으로 훨씬 가까운 것으로 나타난다. 유럽인들은 현생 아프리카인이나 아시아인보다 2만 5,000년 전에 살았던 크로마뇽사람과 유전적으로 훨씬 가깝다. 베링해협, 시베리아, 알래스카처럼 고기를 많이 먹는 추운 지역을 제외하고는 크로마뇽사람은 동물성 식량과 식물성 음식을 열량적인 면에서 비슷하게 먹었다. 빙하가 물러가면서 일어난 기후적인 요인과 남획으로 동물성 식량의 원천은 고갈되었다. 따라서 생존을 위해서는 식량을 생산하는 것이 반드시 필요하게 되었다. 뼈의 스트론튬 분석이 보여 주듯이, 해양성 식량과 야생곡물을 먹게 되었고 식물성 음식 섭취가 증가하는 반면에 동물성 음식의 소비는 줄어들었다. 마찬가지로 ^{13}C의 수치도 일부 이스라엘 사람들이 1만 년 전에 농사를 짓기 시작했다는 것을 알려 주고 있다. 농사는 근동아시아와 중국, 중미 지역과 페루에서 나타나서 1만 년 동안 주변 지역으로 확산되었다. 고기는 10%가 넘지 않는 열량을 제공하게 되었고 이용할 수 있는 식물 종의 숫자도 감소되었다. 영양공급 체계가 바뀌었고 이 체계는 산업혁명까지 거의 변하지 않게 되는데, 포화지방이 많이 들어 있는 고기를 먹고 단당류를 섭취하고 채집 생활을 하는 사람들과 비교될 정도로 다양한 식물성 음식을 먹게 되었지만 이것들은 섬유질이 없는 식물 자원이었다. 신석기시대 이후로 우발적인 풍토병 감염과 외상사고 위험에다가 전쟁의 빈발로 기근과 유행성 전염병이 창궐하였다. 오늘날 기대수명은, 위생과 치료의 발달에 힘입어, 예전의 30세에서 40세 이상으로 훨씬 늘어나게 되었다.

이러한 문화적 변화는 부유한 국가에서 사망의 주된 원인이 되는 동맥아테롬, 본태성고혈압, 여러 종류의 암, 비만, 성인당뇨병과 같은 만성퇴행성질병을 가져오게 되는데(Eaton, 1990: 28-30), 전문가의 시각에서 보자면 이것들은

'21세기 질병'이다.

2. 슬기사람의 식사

슬기사람은 섭식의 정의에 따르자면 동물성 식량과 식물성 식량으로 영양을 취하는 잡식성이 분명하다. 그러나 이 두 가지 식량 자원이 언제나 일정했던 것은 아니다. 민족지적 비교와 수치해석연구를 통해 구석기시대의 식량유형 복원을 시도해 볼 수 있다.

1) 전 세계의 크로마뇽사람

민족지 연구의 가치는 세 가지 이유로 해서 그리 높지는 않다. 무엇보다도 비교의 대상이 되는 집단이 중기 구석기시대와 후기 구석기시대의 사람들보다 훨씬 덥거나 훨씬 추운 기후에서 살고 있는데다가, 이들이 그들보다 이미 진화했거나 진화하고 있기 때문이다. 두 번째로 슬기사람은 비현실적인 '초현실주의자들의 말장난(cadavre exquis)'의 하나로 생각하지 말아야 하고, "공간과 연대기를 무시한 채 만들어진 형태적 연속으로만 존재하는 구석기시대에 있었던 무엇인가 신화적인 존재"(Leroi-Gourhan, 1945: 57)로 여겨서도 안 될 것이며, 이누이트족, 오스트레일리아 원주민, 호텐토트(Hottentot)족을 조금씩 섞어서 만든 일종의 짜깁기처럼 여겨서도 안 되기 때문이다. 마지막으로 민족지적 관찰은 대부분의 경우 수치적으로 해석되지 않기 때문이다. 그러나 사회·문화·삶과 예술 분야에서 시공간을 초월하는 인간 정신의 보편성과 다양성의 진가를 인정하려면, 외부 자료를 활용해서 내부 분석을 명확히 하는 것이 필요하다(Lorblanchet, 1989: 62). 따라서 네안데르탈사람과 크로마뇽사람의 식습관이 과연 어느 범주에 속하는지를 정하려면, 농사를 짓지 않는 민족의 식량 사례에서 식물성 식량에 대해서 말할 수 있는 것을 찾으면서 참고가 될 수 있는 기준점이나 몇 개의 사례를 선택하는 것은 적절하다고 생각된다.

칼라하리의 반건조 지역에 사는 부시맨 여성들은 굴지구와 가방을 메고 매일매일 채집을 나서서 잎사귀·과일·야생열매·아몬드를 거두고 포도와 땅에 떨어진 견과를 모으며 덩이줄기와 알뿌리를 캔다. 이러한 식물성 식량은 이들의 식량 자원 전체에서 80%를 차지한다. 단백질·지질·탄수화물을 가지고 있는 식물들은 이 지역에서는 일 년 내내 자란다. 사냥으로 얻는 수확은 일상적인 것이 아니기 때문에 축제의 기회가 된다(Nanty et al., 1987: 28-37).

오스트레일리아 사람들은 예전에는 300종의 식물을 식별할 줄 알았고 과일, 뿌리 혹은 알뿌리줄기를 먹었다. 남자들이 하는 사냥 외에 채집이 가족 식량의 70~80%를 차지했으며, 여자와 아이들은 과일, 견과, 야생열매, 열매, 참마와 소형 온혈(혹은 냉혈)동물을 저녁식사로 마련하기 위해 황량한 땅을 하루 종일 뛰어다녔다(Hugues, 1980: 10-11).

북아메리카 대륙의 대평원에 사는 아메리카 인디언의 경우, 막달레니안 사람들이 식량의 원천이자 다양한 재료의 원천으로 삼았던 순록(Hall et al., 1980)과 비슷한 역할을 할 수 있는 들소가 주변에 많은데도 불구하고, 채집이 그들의 식량공급에서 '필수적인 토대'였다. "인디언들은 덩이줄기와 알뿌리를 땅에서 뽑고 [그리고] 모든 것을 모은다"(Mauss, 1947, 1967: 196). 그러나 지역에 따라 순록이나 작은 사냥감 혹은 연어에 경제 기반을 두는 아메리카 인디언들도 있었다(Jacquin, s.d., 1980에 따름: 86-87, 지도).

말로리(J. Malaurie)에 따르면, 이누이트족은 1950년에서 1951년 사이 1년간 날것이거나 익히거나 말리거나 훈제한 물개나 바다코끼리 고기를 2~3kg 먹었는데, 그중 1/4은 지방성분이다. 그리고 1835~1855년의 관찰자에 따르자면 심지어 2배 이상을 먹었다고 한다. 간과 다른 내장, 피와 위장 안에 들어 있는 것은 말할 것도 없고, 물고기와 새를 먹었다. 지방과 뼈의 골수는 규칙적으로 먹었다. 짧은 여름 동안에는 알이나 홍합, 크랜베리 열매, 9종류의 뿌리와 3종류의 해초를 날로 먹거나 아주 살짝 익혀서 식량을 보충했다(Malaurie, 1976: 302-303; Gessain, 1981: 196). 그린란드 서쪽의 노쟈미우트(Naujâmiut) 이누이트족은 1968년부터 1969년까지 조사를 했을 때, 그 지역에 살고 있는 122종에 가까운 식물 중에서 30여 종의 이름을 알고 있었고, 이 중에서 6종류 정도는 열매(크랜베리), 뿌리줄기(감자가 도입된 이후 먹지 않음), 볶은 열매를 우려내는 것은 물론이고, 끓이거나 으깨서 섭취했다(Le Mouël, 1978: 80-88, 238-239).

동부 시베리아 사람, 이누이트족과 북서해안의 아메리카 인디언들은 과육이 많은 식물을 거의 먹지 않았지만, 야생 백합과 같은 비늘줄기와 다양한 크랜베리는 먹었다. 이들은 이 식물들을 건조시키거나 비계에 섞어서 식량으로 저장했으며, 북태평양 지역에서는 순록의 피·내장·비계·야생열매와 동물이 반쯤 소화한 것들을 섞어서 만드는 순대의 형태로 저장하기도 했다. 콜롬비아 인디언들도 겨울을 나기 위해 해초들을 건조시키고는 했다. 북극권에 사는 사람들 일부는 자작나무와 버드나무의 어린잎이나 순록 이끼를 먹었으며, 알래스카에서는 야생 수영을 먹었고, 그린란드에서는 안젤리카의 줄기를 먹었으며, 캄차카와 알래스카에서는 들쥐가 모아 놓은 열매와 알뿌리줄기를 먹기도 했다. 극동아시아에서는 해초, 특히 다시마 종류를 많이 사용했는데, 이것이 바닷가에 사는 이누이트족 식량의 기본을 구성했다는 점이 알려져 있다. 버섯류도 유럽에서 동부 시베리아 지역을 거쳐 중국에 이르기까지 광대한 지역에서 식용되고 있다(Leroi-Gourhan, 1945: 184-186).

제2차 세계대전 직후에 엉페래르(J. Emperaire)가 연구했던 티에라델푸에고(Terre de Feu)의 황량한 섬 지역에 살고 있던 마지막 알라카루프(Alakaluf)족은 이누이트족과 마찬가지로 사냥감과 낚시할 물고기를 알고 있었으며 "매우 제한되고 상황이나 계절에 따라 달라지는" 야생 체리·끓인 뿌리줄기·버섯·대다수가 달지 않은 야생열매·싹 또는 꽃·고사리의 돌돌 말린 어린잎과 2종류의 해초와 같은 식물성 식량을 알고 있었다(Emperaire, 1955: 142-149).

마지막으로 아이누족은 앞에서 언급한 지역보다는 훨씬 기후가 따뜻하고 산이 많은 큰 섬에 사는데, 겨울에는 시베리아처럼 춥지만 여름에는 식생이 무성하게 뒤덮인 지역이다. 제2차 세계대전 직후만 해도 연어와 바다생선을 잡는 어부와 사슴·곰·해양 포유류 사냥꾼이 있었다. 이들은 풍족한 주변 식생에서 얻을 수 있는 것들을 채집했다. 그리고 농사까지는 아니지만 채소밭이라고 볼 수도 있는 것을 가꾸기도 했다. 싹과 잎사귀, 뿌리와 알뿌리, 수많은 과일은 물론이고, 특히 야생 포도, 다양한 야생열매와 견과, 지역 경제에서 중요한 역할을 했던 도토리도 많이 채집했다. 식물학자인 아를레트 르루와–구르앙은 도토리 채집은 프랑스의 브레타뉴(Bretagne) 지역과 중부 유럽, 동아시아 지역에 이르기까지 신석기시대에 시작되어서 18세기까지 계속적으로 이루어졌다고 말한다. 자작나무 수액은 그대로 마시거나 발효시켜서 먹었다. 가을에는 "눈이 몇 달씩 다시 대지를 덮기 전에 뿌리, 알뿌리와 건조한 열매들을 모았다"(Leroi-Gourhan et al., 1989: 61-67). 이러한 식량구성은 북극권 지역의 주민이나 아메리카 대륙의 최남단에 사는 사람들보다는 슬기사람의 식단에 훨씬 가까운 것이 분명하다.

결론적으로 아를레트 르루와–구르앙이 1937년 부와(D. Bois)의 조사를 인용하면서 환기시켰던 것처럼(Arl. Leroi-Gourhan, 1945: 184), 농경으로 재배되는 식물의 선택보다는 분명히 좁기는 하지만, 식용할 수 있는 식물의 범위는 대단히 넓고, 이들은 단백질의 함량이 훨씬 풍부한 경우가 많다. 아시아에서만 사용되는 꽃을 제외하고, 녹색 식물(줄기와 잎)과 과육이 많은 식물(알뿌리, 뿌리, 과일과 대형 열매)은 날것으로 먹거나 끓이거나 구워서 먹거나 튀겨서 먹는 겨울을 나기 위한 비축식량이 된다. 하루의 식량에서 각각의 구성 비율은 소비되는 식물의 풍성함이나 숫자와 다양성이나 기후 조건, 계절성에 따라서 결정되지만 문화적으로 선택되기도 한다.

2) 필수적인 몇몇 숫자

현대인이 먹는 음식물은 동물성 식량과 식물성 식량의 분량과 비율에서 매우 다양하다. 예를 들어 1인당 하루에 소비하는 동물성 식량의 비율은 부룬디에서는 50kcal(하루 2,217kcal 중)를 섭취하고 덴마크에서는 1,568kcal(하루

3,529kcal중)까지 섭취한다(자료출처: F.A.O., 1983년~1989년 결과, Quid 1990 제공).
1950년 이후에 농사와 목축을 하지 않고 생계를 이어 가는 50개 부족의 자료
를 가지고 사냥감과 야생식물을 바탕으로 하는 식량을 세밀하게 분석할 수 있
었는데, 1일평균 고기류 섭취는 부족에 따라서 크게 차이가 났다. 탄자니아의
하드자(Hadza)족은 20%이고, 칼라하리 사막의 부시맨 중 쿵(Kung)족과 케이
드(Kade)족은 20~37%였으며, 필리핀의 타사다이(Tasaday)족은 42%였다. 아
넘랜드(Arnhem)의 오스트레일리아 원주민은 강이나 바다 근처에 사는 부족의
경우 물고기가 40%를 차지했고 이누이트족은 90% 혹은 그 이상이었다. 에스
키모라는 말은 이누이트족이 아니라 아메리카 인디언의 말에서 온 것으로, 날
고기를 먹는 사람들을 의미한다(Eaton et al., 1985의 참고문헌; Farb. et al., 1980:
117).

이러한 관찰을 염두에 두고, 처음으로 식량의 영양을 평가하여 25종류의
사냥감 1g의 평균열량과 농산물이 아닌 식물 중에서 정상적으로 수분을 섭취
한 야생식물 44, 열매 2, 견과 2, 뿌리 11, 알뿌리 1, 싹 2, 줄기 1, '멜론' 2, 작은
알뿌리 1, 야생열매 2, 송로버섯 1, 과일 11, 곡물 1종의 1g당 평균열량을 구할
수 있다.[26] 고기는 1.41kcal/g이고, 식물은 1.29kcal/g이다.

극한 환경 조건을 제외하고 사냥-채집 생활을 영위하는 성인의 경우, 하루
필요량은 평균적으로 동물성 35%와 식물성 65%의 비율로 정한다. 하루에 필
요한 3,000kcal를 얻는 데 필요한 동물성 식량의 무게(pA)와 식물성 식량의 무
게(pV)는 아래와 같은 공식으로 계산된다.

$$(1.41 \times 0.35pA)+(1.29 \times 0.65pV)=3,000kcal$$

이것은 동물성 식량의 무게(pA)와 식물성 식량의 무게(pV)를 합쳐서
2,252g의 식량에 해당한다. 동물성 35%-식물성 65% 비율을 선택하면, 그 총
합은 788.2g의 고기와 1,463.8g의 식물이 된다(최근의 계산도 689g과 1,279g으로

그림 12 막달레니안 시기의 동굴 예술에 나타나는 동물은 사람들이 잡아먹었던 동물이 아니다. 이것은 성스러운 장소를 장식한 것이지 사냥한 것을 그린 캔버스가 아니다(도르도뉴 라스코 유적)(사진 글로리A. Glory).

그림 13 선사시대 사람들은 순록을 많이 잡았지만 말, 첫소, 들소, 야생 염소도 잡았다. 사냥한 야생고기는 단백질이 풍부하고 지방이 적게 들어 있는 경우가 많다(도르도뉴 꽁바렐 유적의 막달레니안 시기 새긴 그림)(사진 르루와-구르앙A. Leroi-Gourhan).

그림 14 크로마뇽사람들은 낚시도 많이 했다. 유적에서 연어의 뼈가 자주 발견된다. 생선은 단백질과 지방을 제공한다(도르도뉴 아브리 뿌아쏭Abri Poisson 유적의 그라베티안 시기 조각품).

매우 비슷한 수치가 나왔다). 이런 유형의 1일섭취량은 〈표 1〉처럼 35%의 단백질, 22%의 지방, 43%의 탄수화물로 구성되었음이 밝혀졌다(Eaton et al., 1985: 285-286, 표 2, 3).

최근에 만들어진 두 번째 산정은 첫 번째 때와 마찬가지로 동물성 35%-식물성 65%의 비율을 기준으로 했다. 58개의 사냥-채집 부족에서 구한 자료 중에서 43종의 사냥감과 153종의 야생 식물을 통합했는데,[27] 첫 번째 산정에서 얻은 결과들을 확인하고 수정할 수 있

표 1 동물성 식품 35%-식물성 식품 65%를 포함하는(하루 3,000kcal를 위한) 선사시대 식량 표본. 식물성 지방과 식물성 섬유소의 비중이 상당히 많아서 흥미롭다.

영양소	섭취량/일(g)
단백질 소계	251.1
동물성 단백질	190.7
식물성 단백질	60.4
지방 소계	71.3
동물성 지방	29.7
식물성 지방	41.6
탄수화물 소계	336.6
식물성 섬유소	45.7

었다. 또한 후기 구석기시대 사람들의 열량 섭취와 현존하는 아메리카 인디언의 열량 섭취를 비교할 수 있게 해 주었고, 나아가 전문가들이 추천하는 열량 섭취 비율과도 비교할 수 있게 해 주었다(Eaton et al., 1988: 741, 표 1). 괄호 안에 들어 있는 숫자들은 추후 신중하게 수정할 필요가 있음을 의미하고(Eaton et al., 1992: 818, 표 9), 불포화지방산(acide gras polyinsaturé)과 포화지방산(acide

표 2. 선사시대 모델과 전문가 추천 모델의 비교(S. Boyd Eaton에 따름). 오늘날의 음식에서 지방 과다와 지방산의 나쁜 비율(포화지방산이 너무 많음), 소금 과다섭취, 섬유소와 칼슘의 부족이 주목된다.

영양소	후기 구석기시대	아메리카 인디언	전문가
단백질(%)	33	12	12
탄수화물(%)	46	46	58
지방(%)	21(20~25)	42(36~40)	30($<$30)
다가불포화지방산/포화지방산	1.41	0.44($<$0.50)	1
콜레스테롤(mg)	520(480)	300~500(480)	300($<$300)
섬유소(g)	100~150	19.7	30~60
소듐(mg)	690	2,300~6,900	1,100~3,300
칼슘(mg)	1,500~2,000	740	800~1,600
아르코빈산(mg)	440	87.7	60

gras saturé)은 비율로 표시되어 있다.

사냥-채집하는 사람들(chasseurs-cueilleurs)('육식자prédateur'라는 용어는 경멸적인 의미를 갖는다)이 먹는 식량 구성을 참고하여 슬기사람에게 적용해 보겠다. 슬기사람은 단백질, 특히 동물성 단백질을 많이 먹었다. 사냥으로 구한 야생고기는 100g당 기름기가 얼마 되지 않지만 오늘날 가축화된 동물의 아주 부드러운 고기 속에는 25~30%의 기름기가 들어 있다. 복합당이 많이 들어 있는 적당한 분량의 탄수화물을 적당하게 섭취했으며, 심상혈관에 '좋은' 불포화지방산과 '나쁜' 포화지방산의 비율이 좋게 구성되어 있는 지방을 약간 섭취했다. 콜레스테롤은 전문가들이 보기에는 권장치를 살짝 넘게 먹었고, 식물성 섬유소가 많이 들어 있는 음식을 충분히 먹었다. 염분은 거의 섭취하지 않았는데, 아주 더운 기후를 제외하고, 완벽하게 정상적인 생활을 영위할 수 있고 고혈압을 예방하는 데 아주 유리하다. 반복되는 임신과 수유기간이 긴 것을 고려할 때도 1일필요량을 충분히 충당할 수 있는 분량의 칼슘을 섭취했다. 비타민 C의 함량이 높은 음식을 먹었고, 식물성 식량을 많이 먹었을 것으로 생각된다.

열량의 35%를 사냥한 고기에서, 나머지 65%를 야생식물에서 가져오는 식량체계의 경우로 산정된 자료들을 바탕으로, 동물성과 식물성 비율의 다른 분포들을 계산할 수 있다(부록 도표 1 참조). 아래 표(Eaton et al., 1985: 287, 표 4)는 1일 3,000kcal를 얻기 위한 열량의 출처를 식량의 기능에 따라서 나타낸 것이다.

표 3 식물성 식량과 동물성 식량의 분포에 따라서 식량체계의 분포를 보여 주는 선사시대 표본(이튼에 따름). 온대지역의 식량체계는 식물성이 많이 포함된다(왼쪽). 추운 기후의 식량체계는 동물성이 많다(오른쪽). 마지막의 경우(80%-20%)는 탄수화물의 비율이 14%로 매우 낮은데, 사람의 조직은 적어도 50%가량의 탄수화물이 필요하다. 따라서 다른 경로를 통해 탄수화물을 만들게 되는데[포도당신생성] 여기에 쓰이는 것이 지방이다. 이렇기 때문에 선사시대 사람들은 지방을 '사냥'하게 되는 것이다.

동물성/식물성 분포	20%-80%	40%-60%	60%-40%	80%-20%
단백질(%)	24.5	37	49	61
탄수화물(%)	55	41	28	14
지방(%)	20.5	22	23	25
다가불포화지방산/ 포화지방산	1.72	1.33	1.08	0.91
콜레스테롤(mg)	343	673	991	1,299

〈표 3〉을 바탕으로 아주 일반적인 비율과 80%-20%로 구성이 된 두 가지 경우에 대해서 검토해 보겠다.

먼저, 1일평균열량 계산은 정확할 수도 있지만, 이론적인 가치를 가질 수밖에 없다. 여기에는 두 가지 이유가 있다. 먼저, 우리들의 연구 자료는 사냥-채집 집단을 가지고 이루어진 것이다. 이들이 동물성 식량과 식물성 식량을 조달하는 것은 여러 가지 매개변수에 따라서 달라지는데, 장소나 계절·기후에 따라서 다르고 분석 대상이 되는 시기에 따라서도 차이가 있으며, 특히 지속된 기간이 수천 년이 되기 때문이다. 우리와 가까운 곳에서 식량 소비 패턴이 아주 빠르게 변했던 사례를 들어 보기로 하자. 프랑스인의 평균1일열량섭취는 200년 사이에 1,753kcal에서 3,444kcal로 늘어났다. 이 중에서 식물성 식량이 1,460kcal에서 1,650kcal로 조금 늘어난 반면에, 동물성 식량은 293kcal에서 1,794kcal로 껑충 뛰어올랐다(Toutain in Brémond et al., 1983: 91). 따라서 여기서 우리가 사용하는 평균값은 흥미로운 출발의 기반이 될 뿐이라는 것을 염두에 두면서, 슬기사람의 생활이 불규칙했고 지속 기간이 상당히 길었다는 점도 놓치지 않을 것이다.

두 번째 경우인 80%-20% 분포는 환산하자면 고기 1,732g과 식물 433g에 해당하는 것으로 아주 극단적인 상황에 해당된다. 이런 구성에서는 다음과 같은 특징이 나타난다.

단백질 섭취가 대단히 많다. 극단적인 80%-20% 분포는 437g의 단백질을 함유한다. 소변의 생성과 이를 동반하는 필수적인 수분 상실로 인해서, 규칙적인 식사로 사람이 섭취할 수 있는 단백질의 최대 한계는 400g 정도이다. 이것은 80%-20% 식량체계에서는 물개(고기 100g 중에 지방 4g이 있으며(Eaton, 1992: 815, 표 1), 몸에 아주 좋은 오메가3 지방이 많이 들어 있다), 바다코끼리 혹은 사슴처럼 잡아먹는 사냥감에 훨씬 기름기가 많이 들어 있다(Eaton et al., 1985: 287). 이러한 극단적인 경우는 아주 추운 지역에 사는 사람들에게만 적응시킬 수 있다. 이들은 400g의 단백질을 얻기 위해서 2kg 이상의 고기를 먹었지만, 식물성 음식은 기껏해야 몇 백 그램만 먹었다. 민족지학자들에 따르자면, 이것이 이누이트족이 평균적으로 먹던 하루섭취량이라고 한다. 기온이 낮아지면 동물성 식량이 차지하는 비율이 높아지고 전체 섭취량도 많아지게 된다. 동물성 35%-식물성 65% 체제에서 하루에 3,000kcal를 얻기 위해서 동물성 식량을 2,092g 먹던 것이 80%-20% 체제에서는 2,202g으로 늘어나게 되는 것이다(Eaton, 1992: 817, 표 6, 7).

따라서 탄수화물 섭취는 아주 낮아진다. 전문가들이 권장하는 비율은 50%가 넘지만 실제로는 하루열량의 14%만 먹는다. 따라서 근육과 뇌의 기능 등 인체가 필요로 하는 탄수화물을 충족시키려면 다른 곳에서 탄수화물을 찾아야 하는데, 지방을 이용하여 포도당을 만들어 내는 과정을 충당해야 한다는 것을 의미한다. 이것은 나중에 다시 살펴보기로 하자.

후기 구석기시대에서, 이런 유형의 식량 구성은 겨울이나 후기 구석기시대 초반에 가능했을 것이고, 솔뤼트레안 문화 혹은 막달레니안 문화 초반처럼 가장 추웠던 시기 후기 구석기시대 후반에 가능했을 것이다. 이때는 사향소

(*Ovibos moschatus* Blainville)와 같이 아주 추운 곳에서 살 수 있는 짐승만 발견
되는데, 사향소는 반추동물 중에서는 고도와 위도가 가장 높은 곳에서 사는 동
물로, 구석기시대 예술에서 아주 드물게 나타나며 북유럽에 있는 유적에서 주
로 발견되었다(Gessain, 1981: 98, 지도; Delpeche, 1983: 192).[28]

음식물 섭취에서 동물성 식량이 차지하는 비율은 기후, 사냥감의 풍부한
정도에 따라서 달랐고 그 밖에 다른 요인들도 영향을 주었다. 뺑스방 유적(센-
에-마른느 지방)의 사례는 이러한 다양성을 잘 보여 준다. 이 유적은 순록과 같
은 사슴과 짐승들이 냇물을 걸어서 지나가는 여울목에서 잠복 사냥을 하기 위
해서 사냥꾼들이 여러 번 찾아왔던 곳으로, 이 유적에서 발견된 뼈는 대부분
순록의 뼈이다. 이 자료를 가지고 동물성 식량을 얼마나 먹었는지 가늠하기 위
한 연구가 시도되었다. 막집 3채가 있는 36구역과 1호 집자리가 있는 구역으
로 구별되는데, 두 구역 모두 완벽하게 발굴이 되었다고 평가받는다. 두 구역
에 사냥꾼들이 5개월씩 머물렀고, 36구역의 막집 3채에 15명의 사냥꾼이 거
주했고 1호 집자리에도 15명이 있었다고 가정을 했다. 순록 한 마리가 50kg
의 고기를 제공할 수 있다고 설정하면, 36구역에 살던 사람들은 하루에 각자
1,850g을 분배받을 수 있었고, 1호 집자리에 살던 사람은 하루에 각자 300g을
받을 수 있었다. 막집 옆쪽에 있던 쓰레기 버리는 곳에서 모든 부위의 뼈대들
이 발견되었기 때문에, 사냥터에서 잡은 동물들을 통째로 살림터 근처로 가져
오거나 토막을 내서 운반해 왔을 것으로 추정한다(Leroi-Gourhan, 1984: 68-69).

순록은 계절에 따라서 뿔에 나타나는 것처럼 생체구조가 변하고 이동을
하는 등 행동 양식이 크게 바뀌기 때문에 대단히 많은 노동이 뒤따랐다. 간단
히 말해서, 남부 지역에서는 순록 장거리 이동을 하는 대신 일정한 지역 내에
서 순환을 했다. 몇 마리로 구성된 작은 규모의 집단이 물줄기와 국지적인 늪
지를 따라서 누비고 다닌다. 북극권 지역에서는 순록이 대규모의 무리를 이루
고 계절에 따라서 식물로 절반쯤 덮여 있는 지역부터 완전히 덮여 있는 지역까
지 수천km를 두루 돌아다니는데(Guillien, 1977: 153-154, 157-159), 캐나다에서

는 기온이 13℃가 넘어가면 카리부 사슴이 해마다 같은 경로를 통해서 북쪽으로 올라간다.

3. 후기 구석기시대의 메뉴

1) 풍부한 단백질 섭취

단백질은 평균적으로 꽤 많이 섭취했다. 단백질은 폴리펩티드 집합으로 구성되며 기본 단위는 아미노산이다. 35%의 동물성 식량과 65%의 식물성 식량으로 구성되는 식량체계에서 단백질 섭취량을 무게로 환산하면 251.1g이 되는데, 이 중에서 190.7g은 동물성 단백질이고 60.4g은 식물성 단백질이다. 식물성 단백질이 그래도 24% 가까이 되지만, 겨울과 아주 추운 시기에 동물성 80%-식물성 20%로 구성되는 식단에서는 식물성 단백질이 거의 0이 된다. 동물성 단백질은 꼭 필요한 '필수'아미노산 8개가 들어 있는데, 성장기에 있는 젊은이와 질병이나 부상에서 회복기에 있는 사람에게는 반드시 있어야 한다 (한참 자라야 하는 어린이에게는 10개의 필수아미노산이 필요하다). 크로마뇽사람은 식량을 생산하던 후손보다 키가 10cm 이상 컸던 것으로 볼 때, 이들이 단백질이 결핍되거나 아미노산이 부족한 음식을 먹어서 성장에 문제가 있었던 것은 아닌 듯하다.

단백질은 쉽게 동화되며 뼈대·근육·피부·표피성 기관·세포막·효소·호르몬·항원과 항체·강력한 삼투압의 힘을 이용한 수분의 움직임 등 생체 조직의 발달과 유지에 필수적이다. 극한적으로 열량이 필요한 경우에는 근육이 포도당신생성 작용에 개입할 수 있다. 100g의 글리코겐을 만들기 위해서는 단백질 150g, 즉 600g의 근육이 필요하다. 단백질은 신체 기관에서 계속해서 소모되며 성인의 1일필요량은 몸무게 1kg당 1g 정도이다. 탄수화물이나 지방과는 다르게 단백질을 소화시키면서 포만감을 느끼지는 못하는데, 포만감을 느끼려면 엄청난 양을 먹어야 한다. 이들이 열량 면에서 하는 역할은 미미하다. 단백질을 동화시키는 데는 많은 에너지(A.D.S.)가 소모된다. 이것은 신체 기관에 저장될 수 없어서 아메리카 인디언과 이누이트족은 살림터 가까운 곳이나 이동하는 경로 중간에 건조하고 추운 땅에 '고기 은닉장소(caches à viande)'를 팠다(Gessain, 1981: 168, 292의 각주 64). 구석기시대 사람이 먹던 동물성 단백질은 현대인이 먹는 것과 두 가지 점에서 달랐다. 첫째, 현대인이 먹는 동물성 단백질은 가축에서 얻는 것으로 지방성분이 많은데, 지방이 많아야 고기의 맛이 부드러워지기 때문에 축산가들은 지방 기름이나 마블링된 고기를 원한다. 둘째, 비싼 원가인데, 1kg의 동물성 단백질을 만들려면 10kg의 식물성 단백질이 필요하다. 현대인이 안고 있는 고민을 구석기시대 사람들은 이런 방식으로 풀었다. 첫 번째 문제는 구석기시대 사람들이 먹는 고기 자체가 사냥과 물고기잡기로 잡은 야생고기이기 때문에 화학적 조성 자체가 가축과 다른데, 야생고기에는 지방이 적게 들어 있다. 두 번째 문제는 사냥과 물고기잡기를 통해서 자체 조달해서 해결했다. 구석기시대 사람들은 천연 자원을 사용했지만 이들을 반복해서 사용하지는 않았다. 따라서 이들이 사용한 자원은 시간과 공간에 따라서 변화했다. 식물성 자원도 단백질을 제공해 주었고 이들의 역할도 무시하지 못했을 것인데, 이 부분은 탄수화물을 살펴볼 때 함께 보도록 하겠다.

(1) 몇 가지 분석

야생동물의 고기 혹은 물고기잡기로 잡은 물고기의 화학적 조성은 단백질이 풍부하고 지방이 적은 것이 특징이다. 탄수화물 분량은 무시해도 될 정도이다. 〈표 4〉는 야생동물 고기와 잡은 물고기 고기의 주요 조성과 그들의 평균조성을 여러 개의 자료에서 뽑아낸 몇 개의 사례들이다. 그리고 비교를 위해서 가축 몇 종류와 유제품의 사례도 함께 정리했다(Eaton et al., 1985, 1992). 여기서 제시되는 수치들은 별도로 명시되지 않으면 익히지 않은 음식이다. 솔직히 말해서 여러 연구자들이 정확하게 같은 수치를 제공하는 것은 아니다. 이들의 값은 동물의 어느 부위를 먹었는가에 따라서 달라지는데, 특히 지방 함유량의

표 4 동물성 식량과 모유의 성분. 야생동물의 고기에서 지방이 특히 적고 연어는 '좋은' 지방이 풍부한 것이 주목된다. 비교자료인 순록의 젖이 영양가가 높은 것이 흥미롭다. 그런데 선사시대 사람들이 순록의 젖을 먹었을까?

출처	열량 kcal/100g	단백질 g/100g	지방 g/100g
야생동물			
순록	127	21.8	3.8
들소(미국)	105	26.4	2.8
말	110	21	2
사슴	120	20	4
멧돼지	110	21	2
야생 토끼	133	22	5
야생 오리	126	22	4
뇌조	114	25	1.4
알	158	12.8	11.5
대서양 연어	203	22	12.4
숭어	96	19.2	2.1
물개	145	28.6	4
야생동물 21종의 평균치	140.8	24.3	3.8
야생동물 41종의 평균치	132.7	22.7	4.2
가축			
소	289	17.5	23.8
양	235	18	17.5
돼지	275	16.7	19.4
가축 평균	244	17.5	18.7
유제품			
우유	65	3.3	4
순록의 젖	238	10.3	19.7
에망탈 치즈	404	28.6	31.3
모유	65	10.6	4.5

차이가 많다. 가장 대표적인 사례인 순록의 뒷다리와 관련하여 나중에 살펴볼 것이다(Geigy, 1963; Renaud et al., 1963; Watt et al., 1963, 1975; Eaton et al., 1992: 815, 표 1, 2; Randoin et al., 1993).

(2) 몇 가지 설명

구석기시대 사람들은 현대인만큼 동물성 식량을 소비했다. 야생고기는 가축보다 다양한 종류의 단백질이 훨씬 풍부한데, 혈소판을 형성하는 근육 마이오신과 혈액 섬유소원, 우유의 락토글로불린이 있었을 것이고, 콜라겐을 형성하는 경성복합단백질이 있으며, 혈액의 혈청글로불린과 달걀 흰자위의 단백질이 있다. 그리고 젖에 들어 있는 락토알부민을 섭취했을 수도 있다. 야생동물은 가축보다 비대하지 않아서 열량은 훨씬 적지만 아미노산의 구성은 동일하다. 야생고기는 마블링이 있는 우리의 고기보다 맛도 덜하고 훨씬 질기겠지만, 씹는 근육을 발달시키고 잇몸에 탄력을 주며 치아를 깨끗하게 해 줄 것이다. 이 점은 육식동물이 누리는 이점과 마찬가지이다.

이튼에 따르자면, 동물성 식량 35%를 함유하는 식습관은 하루 788.2g의 고기에 해당하고 80%를 제공하는 식습관은 고기량이 1,732g까지 늘어나게 된다. 르루와-구르앙은 뺑스방 유적의 사례를 계산해서 막달레니안 사람들도 거의 비슷하게 먹었다는 결론을 이끌어 냈다. 그가 이렇게 판단을 내린 근거는 다음과 같이 요약된다. 8개의 집자리에 각기 5명이 거주하고, 체류 기간은 50일에서 150일 사이이며(600일), 순록은 74마리이다. 순록 1마리당 30kg의 식량을 계산하면, 총 2,220kg, 즉 1인당 하루 450g이 된다(Leroi-Gourhan, 1976).

우리는 동물의 젖을 사용했는지 여부에 대해서 입증할 자료가 전혀 없는데, 이것은 신석기시대에 포유동물들이 점진적으로 길들여지면서부터 시작된 것으로 보는 것이 옳겠다(Helmer, 1992). 모든 사냥-채집 집단이 알을 좋아한다는 민족지적 자료를 제외한다면, 유럽의 구석기시대 사람들이 알 종류를 먹었는지에 대해서도 알지 못하는데, 알의 껍질은 보존이 거의 안 되는 자료이기 때문이다. 뺑스방 유적의 집자리에서 종을 알 수 없는 중간 크기(4~5cm가량의 길이)의 알 껍데기 2개가 발견되었다(Leroi-Gourhan, 1984: 66, 그림 37). 알은 단백질과 지방을 동시에 제공하는데, 100g의 알에서 단백질 12.8g과 지방 11.5g, 즉 158kcal를 얻는다.

동물의 몸무게는 지방 함유량의 차이로 계절과 성에 따라서 다르다. 순록은 여름 방목 이후에 살이 찌고(Rutherford et al., 1922), 겨울에는 몸무게가 25% 줄어드는데, 특히 발정기에 그렇다. 수컷 연어도 강을 거슬러 올라가는 시기에 많이 홀쭉해진다. 아메리카 들소의 경우는 그 차이가 크기로 아주 유명하다(Speth, 1987). 야생고기의 해부학적 위치는 성분 조성에 영향을 주는데, 순록의 뒷다리는 앞다리보다 훨씬 기름지고 열량이 높지만, 단백질 함유량은 같다.

고기를 직접 불에 구워서 준비하는 것은, 우리가 뒤쪽에서 보게 되듯이, 탈

수 작용으로 단백질의 함량과 열량을 높여 주는데, 지방은 불에 의해서 일부가 제거되기는 하지만 함량이 크게 달라지지는 않는다. 어리고 연한 고기의 아미노산은 탄수화물과 함께 그 유명한 마이야르 반응(réaction de Maillard)과 연관이 있는데, 마이야르 반응은 1912년에 낭시(Nancy)에서 발견된 반응으로 음식물 특유의 향을 만들고 높은 온도에서 강하게 발생하는 구운 맛을 생성하는 데 관여한다(This, 1983: 10; This, 1993: 30). 열이 가해지면 단백질이 덩어리가 되고 근육섬유소가 분리되면서 콜라겐과 엘라스틴은 젤라틴으로 변성되는데, 이것이 고기를 부드럽게 해 주는 것이다. 그리고 각각의 동물마다 고유한 맛이 생기는 것은 잔존하는 지방 때문인데, 테르펜 향기는 물에서 거의 녹지 않고 지방에서만 용해되기 때문이다. 이런 반응은 오로지 음식물을 익히면서 생긴다. 날고기는 기름기가 적기 때문에 맛이 거의 없으며(앞의 책), 야생고기는 복잡한 준비 과정이 필요한 경우가 많다. 따라서 소금과 향신료를 사용하지 않았던 슬기사람은 약간 무미건조한 음식물을 가졌을 테지만, 이것도 그렇게 먹기에 나쁘지는 않았을 것이다. 순록의 허벅지를 구워서 먹던 습관은 부쉬(J. Bouchud)의 연구로 입증이 되는 듯한데, 아브리 빠또 유적에서 1,600kg이나 되는 동물 뼈가 출토되었는데, 그중 98%는 순록이고 나머지는 사슴과 산양(chamois)이나. 부쉬는 이 뼈들을 연구했는데 "해년뼈 가운데 많은 수가 불에 탄 것에 비해서 뼈몸통 조각이 불에 탄 것은 드물다"는 것을 발견했다(Bouchud, in Delpech et al., 1974: 54). 뼈대의 몸통은 그 주변을 고기 덩어리가 둘러싸고 있기 때문에 불에 직접 영향을 받지 않은 것이 분명하다.

    야생동물 고기의 성분 구성은 여러 대륙에서 대체로 비슷한데, 특히 아프리카, 아시아, 북미 지역이 유사하다. 그러나 열대지역의 동물들은 겨울잠을 자지 않고 보온이 필요하지 않기 때문에 이들의 지방 함량은 계절에 따라서 거의 달라지지 않으며 북미 지역처럼 더 추운 지역에 사는 짐승보다 영양 성분이 평균적으로 약간 적게 제공된다. 추운 지역에 사는 동물 고기는 100g당 지방이 4.8g 들어 있는데 열대지역 동물 고기는 100g당 지방이 3.7g 들어 있다.

단백질은 추운 지역에 사는 동물의 고기 100g당 24.1g이 들어 있고 열대 지역 동물의 고기에는 19.9g이 들어 있으며, 열량도 100g당 144.5kcal에 비해서 132.2kcal로 조금 적다(Eaton et al., 1992: 815, 표 1). 겨울잠을 자는 포유류는 교감신경계로 조절되는 갈색지방조직을 지니고 있으며, 특히 가슴과 신장 주변에 지방조직을 가지고 있다. 이것은 음식물을 대사화시키고 추위에 맞서서 싸우는 데 필요한 열량을 소비하는 열발생을 담당한다(Simon, 1989: 13-15).

목축업자들이 생산하는 고기는 열량이 2배 이상 많은데, 이것은 이 고기에 눈에 보이는 지방이나 몸에 좋지 않은 숨겨진 지방이 5배 이상 들어 있기 때문이다. 동물을 인위적으로 선택하고 신체 활동은 거의 없으며 영양가가 높은 먹이를 먹이기 때문이다. 순록, 사향소, 해양포유류와 같은 몇몇 경우를 제외하고, 야생동물은 지방이 적으며 그 함량도 계절에 따라서 달라진다. 그렇기 때문에 고기 비계로 덮어씌운 뒤에 굽거나 훈제하거나 양념에 재운 뒤에 소스와 함께 조리해서 먹는 것보다 야생고기들이 뻑뻑하고 부드럽지 않으며 별로 맛이 없는 것처럼 느껴지는 것이다.

생선은 다른 동물만큼 단백질을 가지고 있지만, 기름기가 가장 많은 생선이라고 하더라도 기름기가 가장 적은 가축보다 지방을 적게 가지고 있다. 게다가 생선의 지방은 사람의 동맥 전체를 지키는 데 유익하다.

식물의 단백질 함유량은 야생동물 고기의 평균 1/4이다. 이들은 대체로 단백질의 품질이 좋지 않고 트립토판, 리진, 메티오닌과 같은 몇 종류의 아미노산이 꽤 빈약하게 들어 있지만, 여러 종류가 결합되면 부족한 점을 부분적으로 보완할 수 있다. 식물성 단백질의 생물학적 이용 가능성은 동물성 단백질보다 적다. 동물성 단백질은 96%가 생물학적으로 이용될 수 있지만 식물성 단백질은 70%이다. 그러나 이 정도의 기여라도 완전히 무시할 정도는 아니다. 사냥과 물고기잡기로 식량을 획득하는 것이 불규칙한 것처럼, 채집으로 얻는 식량도 불규칙한 특성이 있고 계절의 영향도 받는다. 건조시킨 식물 가운데 일부는 열량이 높고 잠두, 콩, 녹두와 같은 콩과(科) 식물은 단백질 함유량이 고기와 양

그림 15 곰은 꿀을 찾을 줄 안다. 80여 명의 꿀을 따는 사람들이 스페인 동부지역의 바위그늘에 그려져 있다(뉴욕 미국자연사박물관의 디오라마).

그림 16 선사시대의 식량에서, 식물은 우리에게 그러하듯이, 탄수화물을 제공하고 때로는 단백질도 제공해 준다. 그러나 예술가들은 이것을 거의 표현하지 않았다(도르도뉴 지방 로슈레이Rochereil 유적에서 발견된 뼈에 새겨진 그림).

그림 17 선사시대 유적에서, 골수를 빼기 위해서 깬 뼈들이 많은 것은 사람이 지방을 찾는 것을 입증하는 논거 중 하나이다(뺑스방 유적의 막달레니안 문화층, 센-에-마른느 지방).

적으로 같거나 강낭콩, 호두, 개암열매는 단백질이 거의 비슷하게 들어 있다. 게다가 단백질과 탄수화물 혹은 지방이 한꺼번에 들어 있어서 특히 흥미롭다. 19세기의 대기근 이후 지금도 널리 사용되는 밤은 단백질은 조금밖에 없고 대부분이 탄수화물이다.

선사시대 사람들이 야생동물의 고기를 상당히 많이 먹는데다가 고기 자체가 고요산혈증 성격을 갖고 있는 것으로 유명한데도 불구하고, 당시에는 통풍성 관절염, 요로결석과 같이 통풍과 관련된 질병이 나타나는 사례가 없었음을 그냥 인용하는 정도로 그치겠다. 푸린의 함량은 야생동물이나 가축에서 40mg/100g가량으로 거의 비슷하지만 푸린의 이화작용은 주기가 짧기 때문에 사냥에서 돌아와서 잔치를 벌이면서 급속하게 소진되었을 것이다. 푸린은 간과 콩팥에 두 배가 들어 있고 연어와 오리에서는 1/2에 불과하며 알과 모유에는 없다(Geigy, 1963: 표). 통풍은 때로는 가족력의 성격이 있고 남성 비만과 결합되는 경우가 많은데, 구석기시대 사람을 표현한 예술품에서 남성 비만이 드물게 표현되었다고 앞에서 말한 바 있다. 루돌프 피르호(Rudolf Virchow, 1821~1902)는 고병리학의 역사가 길지 않은데도 매우 유명한데, 그는 동굴곰의 목등뼈 관절질환에서 흔하게 나타나는 상처를 동굴의 통풍(Höhlengicht)이라고 이름 붙였다. 이와 같은 증세가 뒷날 크로아티아의 크라피나 유적의 네안데르탈사람과 프랑스 라 샤펠-오-쌩 유적의 네안데르탈사람에서 발견되었고 슬기사람에서도 발견되었다. 사실 이것은 통풍이 아니라 대사성질환과 동굴의 습기로 인해 생기는 증상인데, 잘못 분류된 것이다(Pales, 1930: 10; Grmek, 1994: 80). 뺑다르(Pindare)는 통풍과 관련해서 가장 오래된 사례는, 기원전 466년에 사망한 시라큐스의 폭군 히에론(Hiéron)이라고 했다(앞의 글: 115).

(3) 인류의 대규모 사냥

민족지학자들은 사냥이 다양한 가능성을 제공하는 주제이므로 아주 많은 연구를 했다. 인류는 맨손으로 사냥을 하거나 동물을 동반해서 사냥을 하기도 하고, 무기·독·미끼·투망·대형 덫이나 탄성을 이용한 덫·용기·그물을 이용해서 사냥을 했다(Mauss, 1947, 1967: 58-62; Leroi-Gourhan, 1945: 70-94). 윌킨슨 (P. Wilkinson)은 사냥감이 되는 특정한 동물이 사냥꾼 집단에서 차지하는 중요도에 따라서 기본(staple), 주요(critical), 비상(emergency), 일시(casual) 4단계로 구분하는데(Gessain, 1981: 116), 특정한 사냥감이 대체 가능한 것인지, 기근이 다가오는 것인지 혹은 지나가다가 우연히 만난 것인지, 음식이나 다른 물건과 바꾸려고 하는지와 연결된 문제이다.

선사학자들은 기본적으로 보존되어 남아 있는 물건이나 구조만 염두에 두는 것이 원칙이기 때문에, 이를 근거로 한다면 몇 가지 방법의 사냥과 물고기잡기만 입증이 될 수 있을 것이다. 사냥과 물고기잡기도 마찬가지로, 사냥을할 수 있게 해 준 도구와 잡아먹은 동물의 찌꺼기인 동물뼈의 흔적도 선사학자들의 셀 수 없이 많은 작업을 계속해서 할 수 있도록 뒷받침해 준다. 한편 우리는 앞에서 동굴벽화에 사용된 동물 주제가 크로마뇽사람들이 사냥하고 잡아먹은 동물을 반영하는 것이 아니라고 했다. 유럽 구석기시대의 경우, 우리는 환경에 대한 몇몇 일반적인 간행물을 주로 참고로 하겠다(Renault-Miskovsky, 1986; Desbrosse et al., 1988). 사냥(Bouchud, 1976: 688-696; Patou, 1989: 66-68; Bellier et al., 1990)과 물고기잡기(Desse et al., 1976: 697-702; Cleyet-Merle, 1984~1985: 49-63; 1989: 69-71, 1990; Le Gall, 1992)에 대해서는 몇 개의 선택적 사례에서 드러난 일반적인 생각밖에 제시할 수 없어서 유감스럽다. 최근에 다양한 연구자들이 '생업경제(subsistance)'의 행위 혹은 네안데르탈사람과 크로마뇽사람의 물자 조달에 대해 관심을 기울이고 있다(Otte et al., 1989, 1992: 29-34; Patou et al., 1994; Patou, 1989: 11-18; Farizy et al., 1989: 59-62; Altuna, 1989: 31-37).

전기 구석기시대의 곧선사람들은 옛코끼리, 코뿔소, 하마, 말과 짐승, 소과 짐승, 염소과 짐승, 사슴과 짐승 등을 나무로 만든 창으로 사냥하거나 함정을 이용해서 잡기도 했겠지만, 여전히 다른 식육류 동물들이 먹다 남긴 고기를 먹었다. 중기 구석기시대가 되면, 이전처럼 남은 고기를 먹거나 나무로 만든 창을 이용해서 사냥을 했지만, 자루를 매단 무스테리안 찌르개처럼 발달된 도구를 사용하는 것도 충분히 가능해졌고 임시 거처를 거점으로 계절에 따라서 사냥을 하고 반복적으로 사냥을 하는 등 사냥의 성격이 차츰 특화되었다. 특히 말, 야생 염소, 산양, 소과 짐승, 사슴과 짐승 등을 많이 잡았다(David et al., in Desse et al., 1992). 후기 구석기시대에는 부싯돌로 무기를 만들 뿐 아니라, 순록의 뼈와 뿔을 사용해서 찔개창(sagaie) · 작살 · 창던지개와 같은 새로운 도구를 제작했다. 이 시기의 가장 중요한 사냥감은 계절에 따라서 이동하는 순록이었다(Bouchud, 1976: 688-696; Delpeche, 1983: 144-174, 1989: 50-51).[29]

그러나 즐겨 잡던 사냥감은 장소와 시간에 따라서 바뀌었는데, 일부 사례들에서 이런 현상이 잘 드러난다. 비아슈(Biache) 유적(파-드-깔레Pas-de-Calais 지방)은 20만 년 전에 무스테리안 사람들이 살았던 유적으로, 첫소(auroch)[원시소라고도 하며, 현생 소의 조상이 되는 동물]를 가장 많이 사냥했는데, 발견된 뼈는 어른 황소 150마리에 해당하는 분량이었다. 첫소는 몸무게가 500kg이고 그중 60%가 고기이다. 그 밖에 곰과 초원코뿔소(rhinocéros de prairie)도 사냥했다(August, 1992; August et al., 1994: 12-26). 모랑(Mauran) 유적(오트-갸론느 지방)에 살았던 네안데르탈사람은 30명 정도 되는데, 여름이 끝날 무렵에 이곳에서 사냥을 했고 이런 사냥은 수백 년 동안 계속되었다. 들소 혹은 암컷 들소와 새끼들을 주로 잡았는데, 여름 끝 무렵부터 가을까지 죽인 100마리 가까이 되는 들소 중에서 80%가 암컷과 어린 새끼들이고 20%만 수컷이었다(Farizy et al., 1994). 네안데르탈사람은 라 보르드(La Borde, 로트 지방) 유적의 수직굴 함정을 연중 다양한 시기에 사냥에 사용했다. 첫소 중에서 암컷과 어린 개체를 선택해서 깊은 구렁으로 밀어서 죽인 뒤에 그 자리에서 잡아먹었다(Jaubert et al., 1990). 중부 유럽과 동부 유럽에서 주로 사냥한 것은 매머드였다. 디제(Dyje) 강변에 있는 돌니 베스토니체(Dolni Vestonice) 유적(모라비아)에서 그라베티안 시기의 사냥꾼들이 죽인 매머드의 뼈가 잔뜩 발견되었는데, 100여 마리에 해당하는 분량이다. 여기서 멀지 않은 곳에 있는 프레드모스트 유적에서는 이보다 5배나 많은 매머드의 뼈가 발견되었다. 솔뤼트레에 있는 르 크로 뒤 샤르니에(Le Crot du Charnier) 유적(사온느-에-루와르Saône-et-Loire 지방)은 오리냐시안 시기부터 막달레니안 시기까지, 말 사냥이 특화된 사냥 유적인데, 이곳에서 거의 1만 마리 정도 되는 많은 뼈가 발견되었다. 그러나 고고학계에 전해지는 전설처럼 솔뤼트레 바위 아래쪽에서 발견된 것은 아니다[솔뤼트레 유적 근처에 있는 높은 절벽에서 동물을 밀어 떨어뜨려서 사냥을 했을 것이라는 가설로 19세기 말과 20세기 초에 전문가뿐 아니라 일반인들에게 많은 지지를 받았다]. 라인강 인근의 괴네르스도르프(Gönnersdorf) 유적과 안데어나흐(Andernach) 유적에 살았던 막달레니안 사람들도 마찬가지로 말 사냥을 주로 했다. 막달레니안 시기의 라 바슈(아리에쥬 지방) 동굴유적은 새뼈가 많이 출토되어서 다양한 종류의 새를 사냥했던 것으로 확인되었는데, 이 중 들꿩이 250마리 정도로 전체의 95%를 차지한다(Nougier, 1970: 37).

르 퀘르시(Le Quercy) 지방은 빙하기 말기의 사냥을 이해하는 데 좋은 사례를 제공하고 있다. 막달레니안 문화의 늦은 시기에 해당하는 쌩뜨-윌랄리(Sainte-Eulalie) 유적(로트 지방)에서는 순록이 사냥된 동물의 절반 이상을 차지한다. 여기서 멀지 않은 곳에 있는 뮈라(Murat) 바위그늘 유적에서는, 막달레니안 문화 말기에는 순록으로 특화된 사냥을 하다가 막달레니안-아질리안 문화 전이기에 해당하는 문화층에서는 말을 전문으로 잡아서 사냥감이 바뀌게 되었다. 그리고 아질리안 시기의 사람들은 토끼·사슴·첫소를 집중적으로 사냥하게 되었다(Lorblanchet, 1993: 31). 뷔름 빙하기 말기에는 노루·멧돼지·말사슴을 사냥했지만 토끼도 사냥하게 되었고, 달팽이를 잡고 바다 조개도 보조적으로 채집하게 되었다(Rozoy, 1978).

사슴과 짐승의 뼈나 뿔로 만든 뾰족한 끝이 있는 투창은 아주 널리 쓰인 사냥도구임에 틀림이 없다. 이전에는 선사시대 그림 중에서 덫을 표현한 그림이 있다고 주장했었지만 지금은 그런 종류의 그림이 전혀 없다고 알려져 있으며, 절벽 위에서 '들소의 협곡(ravin à bisons)'으로 떨어뜨려서 사냥감을 잡는 방법도 아메리카 대륙의 대평원(Hall et al., 1980: 17)과 라 보르드 유적의 수직굴 덫에서만 확인되었다(Jaubert et al., 1990). 활은 중석기시대가 되어야 알려지지만, 더 오래되었을 가능성도 있기는 하다. 부싯돌 찌르개에 대한 자세한 연구와 던져서 사용하는 무기 종류에 대한 실험을 통해서 예전보다 더 잘 알게 되었다(Plisson et al., 1989). 늑대를 길들인 흔적은 일찍부터 나타나서, 동유럽과 시베리아에서는 막달레니안 후기 문화의 늦은 시기부터 나타나는데, 이보다 조금 더 일찍 나타났을 가능성도 있다(Bosinski, 1990: 158).

선사학자들은 남은 고기 주워 먹기(charognage)와 동물성 식량을 획득하는 가장 일반적인 방법인 사냥을 구별한다. 선사학자들은 사냥 전략은 사냥감의 크기·나이·성에 따라서 다양해야 하고, 트인 공간에서 사는지, 숲에서 사는지, 바위 위에 사는지 혹은 초원에 사는지 등 생태에 따라서 달라져야 하며, 무리를 지어서 사는지 혹은 단독으로 사는지, 이동하는지 정착하는지 생활방식에 따라서도 차이가 있어야 하고, 가파르거나 늪지 같은 자연적인 덫이 있는지 등 환경에 따라서 다양했다고 생각했다(Auguste et al., 1994: 20).

파투-마티스(M. Patou-Mathis)는 가설이라는 전제하에 환경에 따라서 사냥이 두 가지 유형으로 나뉜다는 아주 흥미로운 이론을 제시했다. 그녀는 자신의 저서가 출간되기도 전에 그 내용을 우리에게 말해 주었다[지금은 출간되었음. Patou-Mathis et al., 1995]. 첫째는 환경이 풍족한 시기인데 한 종류 혹은 두 종류의 동물만 사냥하고 어린 개체보다 어른 개체를 사냥하는데, 이들이 훨씬 먹을 것이 많기 때문이다. 암컷이나 수컷 중에서도 대체로 한쪽만 집중적으로 잡는데, 아메리카 인디언들의 들소 사냥의 모습에 비견할 만하다(Septh, 1987). 이 경우는 골수를 먹기 위해서 깨뜨린 뼈가 드물게 나타난다. 둘째는 환경적으로 부족한 시기이다. 이때는 나이나 성에 상관없이 여러 종류의 동물들이 사냥되는데, 여기에는 어린 개체나 수태 중이거나 수유 중인 암컷도 포함된다. 소형 동물도 그냥 두지 않는다. 뼈몸통은 아주 잘게 조각이 나 있으며 뼈끝(epiphyses)은 발견되지 않는다[Patou-Mathis et al., 1995]. 동물들이 집단으로 이동할 때를 제외하고 단백질을 어떻게 충당할지 하는 문제가 발생하는데, 토끼와 설치류와 같은 소형 동물에서 구할 수 있을 것이고 순록이나 말 같은 동물 중에 다친 놈을 잡거나 어린놈을 잡아서 우리에다 가두는 것도 가능할 것이다. 이 문제에 대해서는 식량 저장을 설명할 때 다시 언급하기로 하겠다.[30]

사냥을 할 때 사용한 기술과 사냥도구와 낚시도구처럼, 사냥한 동물의 가죽을 벗기고 살을 발라내는 과정이나 그 과정에서 생기는 자른 자국은 이 책의 범주에서 약간 벗어나며, 관절을 절단해서 골수를 빼내고 획득하는 과정도 마찬가지로 이 책에서 다룰 내용은 아니다(Poplin, 1980: 24-32).

사냥해서 잡아먹은 동물뼈를 세밀하게 연구하면 당시의 기후나 생태학적 조건을 복원하는 데 도움을 줄 수 있을 뿐 아니라 과거의 상황을 복원해서 당시의 사냥꾼들이 사냥감의 나이처럼 특정한 선택을 한 이유를 보다 더 잘 알 수 있게 해 준다. 이뿐만 아니라 동물의 고유한 적응 특성에 대한 연구를 통해서도 알 수 있다. 예를 들어 말의 코와 몸의 길이, 발가락의 형태, 발등뼈의 단단한 정도와 당시의 온도, 주변 환경이 열린 상태, 주변의 수계(水系) 사이에는 관계가 있다. 코뿔소의 이빨 상태를 가지고 먹이의 종류를 결정지을 수 있으며 이를 통해서 주변의 식물 환경을 알 수 있다(Renault-Miskovsky et al., 1989: 60-64).

막달레니안 사람들의 일상적인 식량이었던 순록과 연어, 그리고 식물은 우리가 이미 얘기했던 것처럼 동굴 예술에서는 거의 나타나지 않는다. 구석기 예술에서는 기하학적인 기호 외에도 동물과 사람이 잇닿아 있거나 겹쳐져서 표현되기도 하는데, 각각의 그림 묶음은 인접한 것들과 의미상으로는 관계가 없다. 구석기시대의 그림은 일종의 신화문자(mythogramme)이며, 이것의 뜻하는 바를 알려면 해설자의 도움이 필요할 것이다. 여러 사람이 참여하고 직관적으로 이해하기 쉬운 그림문자(pictogramme)는 예외적인 것이다. 도르도뉴 지방의 라스코 동굴유적과 빌라르 동굴유적과 샤랑트 지방의 록 드 세르 유적의 사람-들소의 장면은 사냥을 보여 주고 있고 라스코 동굴유적의 수컷 사슴떼나 수컷 야생 염소떼 라스코 동굴유적과 록 드 세르 동굴유적의 뿔을 맞대고 있는 야생 염소, 도르도뉴 지방의 루피냑 동굴유적의 머리를 맞대고 있는 매머드, 도르도뉴 지방의 라스코 동굴유적과 바라 바오(Bara Bahau) 동굴유적과 지롱드 지방의 뻬르-농-뻬르 동굴유적에서 동족의 엉덩이 냄새를 맡고 있는 말처럼 동물의 행위를 표현한 사례가 있다.

(4) 물고기잡기

우리가 물고기잡기에 대해서 알고 있는 것도 역시 이러한 활동에 사용되었을 가능성이 있는 뼈나 사슴의 뿔로 만든 도구와 후기 구석기시대 유적에서 많이 발견되는 물고기의 뼈를 기반으로 하는 것이다. 이 시기의 도구로는 작살과 뾰족한 끝이 2개 달린 낚싯바늘이 대표적이며 가짜 미끼도 사용되었던 것 같다. 그러나 손으로 직접 물고기를 잡았다거나 올가미를 사용하여 물고기를 잡았는지에 대한 자료는 전혀 없으며 둑을 쌓거나 통발이나 그물로 물고기를 잡은 것에 대한 정보도 전혀 없다. 물고기는 뼈가 약한 소형 척추동물이기 때문에 늘 발견되는 것이 아닌데다가 뷔름 빙하기 이후에 해수면이 상승하면서 해안가에 있던 구석기시대 유적들이 물 밑으로 잠기게 되었다. 여러 가지 정황상, 민물이나 바다에서 틀림없이 물고기를 잡았을 것이고 마찬가지로 항해도 했을 가능성이 크다. 물고기뼈는 몇몇 아슐리안 시기와 무스테리안 시기의 유적에서 확인되었다. 45만 년 전의 또따벨 유적에서 멀리 떨어지지 않은 카탈루냐(Catalogne) 지방에서 발견된 네안데르탈사람의 치아에는 독특한 마모와 마찰의 흔적이 남아 있는데, 이 사람이 사냥한 야생고기를 먹었을 뿐 아니라 물고기도 먹었다는 것을 잘 보여 주고 있다. 유적지 근처에 있는 호수에서 일 년 내내 물고기를 잡는 것이 가능했을 것이다. 미세한 윤과 함께 나타나는 이러한 심한 마모는 말리거나 소금에 절인 물고기를 먹는 사람들에게서 많이 관찰되고 훈제한 물고기를 먹는 집단에서도 자주 나타나는데, 이렇게 음식물을 준비하는 과정에서 아주 질기고 마모를 일으키는 입자가 붙게 된다고 한다. 일부 고(古)오스트레일리아 사람과 아메리카 인디언처럼 다른 어부 집단에서도 아주 최근까지 확인되었다(Puech, 1994: 24). 따라서 이른 시기의 구석기시대에는 바닷가 근처에서 물고기를 줍거나 손이나 막대기 혹은 돌을 사용해서 물고기를 잡는 소규모의 활동이 있었다고 할 수 있으며(Le Gall, 1993: 61-65), 이런 초보적인 방식은 솔뤼트레안 시기까지 계속되었다.

뭐니 뭐니 해도 물고기잡기는 막달레니안 시기를 대표하는 활동이었다. 당시는 계절에 따라 이동하는 특성이 잘 알려져 있는 물고기들을 주로 잡았는데, 그중에서도 연어가 가장 많았으며, 송어와 곤들메기가 그 다음으로 많았다. 이밖에 종을 분류할 수 있는 다른 종류의 물고기가 약간 있었다(Le Gall, 1984; Cleyet-Merle, 1990: 65-66, 표). 이러한 순서에 따르면, 물고기 중에서도 기름기가 많으면서 수분이 적은 종류들을 우선적으로 잡았던 전략을 보여 주는 듯한데, 물고기를 소재로 하는 지닐 예술품에서도 이와 동일한 순서로 빈도수가 나타나고 있다. 그라베티안 시기부터는 이 예술품 중에서 해부학적 자료를 매우 충실하게 나타내는 것도 있다는 점이 주목된다. 이것은 예술가들이 예술품의 모델이 될 물고기를 미리 잡아서 그렸던 것으로 생각되는데, 자연적인 상태에서 이와 같은 해부학적 특징을 관찰하는 것이 불가능하기 때문이다. 따라서 이 예술품들은 죽은 동물을 표현한 것이라고 추론할 수 있는데, 선사시대 예술에서는 흔하지 않은 것으로 피·고통·죽음은 아주 예외적으로만 표현되기 때문이다. 이것이 사냥-물고기잡이 집단에게는 말로 표현하지 않는(non-dit) 뜻밖의 일을 나타내는 것임이 분명하다(Delluc, 1989, 1991, 1992). 그러나 막달레니안 사람들이 물고기만 잡았던 것은 아니다. 예를 들어 로트 지방에 있는 꽁뒤쉐(Conduché) 동굴유적에 살았던 막달레니안 사람들은 흰살 생선·연어·송어를 낚아 올리는 데 일 년 중 많은 시간을 할애했지만, 순록을 사냥했으며 가까운 절벽 위에 살고 있던 야생 염소와 야생 양도 사냥했다(Lorblanchet, 1993: 33).

구석기시대의 그림 중에서 사람이 소와 맞서고 있는 장면은 손으로 꼽을 정도이지만 시간이 더 흐르면 사냥과 사냥꾼들을 보여 주는 장면은 자주 표현 되는 주제가 되었다. 스페인 동부 지역의 바위그늘 유적에 나타나는 사슴과 멧 돼지 사냥 그림을 예로 들 수 있다. 그러나 물고기를 잡는 장면이 납득할 만하 게 표현된 사례는 알려져 있지 않다. 캥송(Quinson)의 봄 본(Baume Bonne) 유 적(알프스-마리팀 지방)에서 자갈돌에다 선으로 새겨서 그린 물고기 머리 그림 이 발견되었는데, 이것은 '연어 낚시'를 표현한 것으로 주장되고 있지만 그저 종류를 알 수 없는 물고기에 지나지 않는 것이어서 설득력이 없어 보인다. 로 즈리 바쓰 유적에서 발견된 납작한 뼈 조각에는 사람이 연어를 향해서 팔과 커 다란 손을 쭉 뻗고 있는 듯 보이는 그림이 새겨져 있다. 퐁타르노(Fontarnaud) 유적에서 발견된 예술품은 물고기가 미늘이 이중으로 달린 낚싯줄 쪽으로 다 가가는 듯이 보인다(Cleyet-Merle, 1990: 57, 65, 79, 그림).

　지브롤터(Gibralta)에서 발견된 커다란 참치의 등뼈는 후기 구석기시대 초 기의 것으로 가늠되어, 당시에 깊은 바다에서 물고기를 잡았을까 하는 문제가 제기되었다. 그런데 슬기슬기사람들이 이미 수만 년 전에 바다를 건너서 오스 트레일리아에 도달했으므로 이럴 가능성이 아주 없는 것은 아니다. 드물기는 하지만 양끝이 원뿔 모양으로 되어 있는 사각형의 낚시 또는 미끼가 오리냐시 안 시기부터 발견되었다. 큰 작살일 가능성이 있는 도구도 몇 개 알려져 있는 데, 이것은 새를 잡기 위한 도구로 기술되기도 하지만 여러 개의 찌르개를 걸 어서 묶음낚시로 사용한 것일 수도 있다. 다양한 방추형의 유물들은 가짜 미끼 였던 것으로 받아들여지고 있다. 한 줄이나 두 줄의 미늘이 달린 작살은 후기 막달레니안 유적에서 많이 발견되었다. 이 도구는 북극 지역에 사는 사람들이 해양 동물·물고기·포유류를 사냥할 때 사용하는 수작살(harpon mâle)과 아주 비슷한 것으로, 작살 손잡이의 패인 부분에 수작살의 아랫부분을 결합시키고 여기에 가죽 줄이나 끈이 연결된다. 따라서 이 연모들은 확실한 낚시도구로 간 주된다.

바다 조가비로 만든 치레걸이도 후기 구석기시대 초기부터 빈번해진다 (Taborin, 1993). 대륙에 살던 막달레니안 사람들은 바닷가에서 구한 조가비를 여러 집단을 거쳐서 내륙 지역으로 이동시켰는데, 라스코 동굴유적에서 발견된 사례가 있다(Taborin, 1979: 143-145). 파리 분지처럼 유적에서 화석화된 조가비를 구하기도 했다(Taborin, 1994: 70-77). 민물에 사는 소형 연체동물 연구는 센강 계곡에서 발견된 막달레니안 시기의 집자리처럼 유적의 상대적인 시기를 연구하는 데 아주 많은 자료를 제공해 줄 수 있다(Rodriguez, 1994: 39-58). 육상 연체동물과 수상 연체동물은 먹잇감으로 채집되기도 했다. 떼라 아마따 아슐리안 유적에서 불에 탄 홍합 껍데기가 발견되기도 했고, 국자가리비·삿갓조개·쌍각조개가 발견되었으며, 사람의 배설물화석에 몇몇 작은 조각이 남아 있기도 했다. 보더 동굴(Border Cave)유적(남아프리카 공화국)의 무스테리안 사람들은 다양한 종류의 연체동물을 채집했었다. 카르타젠느(Cartagène)(스페인) 근처에 있는 무스테리안 유적에서는 홍합·삿갓조개·소라를 수집하던 사람들이 살았는데, 바위에 붙어 있는 어린 개체들을 선호했다(Cleyet-Merle, 1990: 46). 브뤠이는 경단고둥과 소라와 같은 조개류가 스페인 북부 지역의 후기 구석기시대 사람들의 식량에서 중요한 역할을 했다는 것을 지적했다. 이들 연체동물들은 껍질에서 쉽게 빼낼 수 없는 것들이다. 그런데 이들 조가비에 불에 그을린 흔적이나 깨진 흔적이 없는 것으로 볼 때, 당시 사람들이 가죽으로 만든 자루 안에서 익혀 먹은 것이 분명하다(Breuil et al., 1959: 105-106). 조개 더미나 달팽이 껍데기 더미가 처음으로 나타난 것은 스페인 칸타브리아 지역의 몇몇 동굴유적에서 후기 구석기시대가 끝나갈 무렵이며, 중석기시대가 되면 특히 많아진다(Bonne, 1976: 703-77; Cleyet-Merle, 1990: 46-47). 빙하기가 끝난 뒤, 대서양 연안과 지중해 연안에서 덴마크식 이름 코제켄모에딩(kjoekken-moeding)으로 알려진 조가비가 조개더미[패총]로 발견되었는데, 이것은 당시에 엄청난 양의 조개류가 소비되었음을 입증해 준다. 조개류가 가지고 있는 영양학적 가치는 뒤늦게 이해되었다. 예를 들어 달팽이 100g의 살은 16.1g의 단백질과 90kcal를 제공하고, 굴은 100g당 8.4g의 단백질과 66kcal의 열량을 주며, 홍합은 100g당 18.9g의 단백질과 125kcal를 준다. 그러나 뷔름 시기 동안 해수면이 매우 낮았기 때문에, 우리가 가지고 있는 정보는 매우 불완전할지도 모른다. 바다 조개들은 움직이지 않는다는 특성이 있기 때문에 엄밀한 의미에서 선사시대 사람들이 이 조개들을 사냥하거나 낚시한 것이 아니라 채집한 것이지만, 비가 많이 내리던 중석기시대에 당시 사람들이 즐겨 잡고는 했던 달팽이 잡기와 더불어서 물고기잡기와 관련된 행위에서 한꺼번에 다뤄지고는 한다. 물개들이 강어귀에 나타나거나 강을 따라서 올라오기도 했지만, 이들은 구석기시대에서 그다지 중요한 역할을 하지 않았는데, 아래턱과 이빨 몇 점만 출토되는 유물로 보거나, 동굴벽화나 지닐 예술품에서도 바다 물고기를 표현한 것만큼이나 매우 드물게 나타난다. 지금까지 알려진 것은 모두 다 해서 20점 이하이다(Sonneville-Bordes, 1983; Bosinski et al., 1991; Clottes et al., 1994: 130-137). 그러나 앞에서 이미 말했던 것처럼, 해수면 상승으로 바닷가 근처에 살던 크로마뇽사람들의 집자리는 오늘날 물 밑에 있기 때문에 여기에 대해서 그다지 많이 알고 있지 못하다. 어찌되었든 간에 에스키모에게 "계절적인 균형을 확보해 주는 것은 물개이다. (중략) 여름에는 순록을 보완해 주고, 겨울에는 일상적인 식량이 된다. (중략) 저장고가 비게 되는 날이면 모든 희망이 물개에게 모아진다"(Leroi-Gourhan, 1936: 90). 알라칼루프 사람들도 물개를 먹기는 하지만, 내장은 금기 사항 때문에 던져 버렸다(Emperaire, 1955: 138). 다른 소형 동물의 채집에 대해서는 그다지 많은 것이 알려져 있지 않다. 다양한 사냥-채집 집단에서 박쥐와 파충류, 지렁이와 유충을 먹었다고 하더라도, 구석기시대 예술에서 거의 나타나지 않으며 지닐 예술품에서만 나타나고 있다(Breuil et al., 1927; Bahn et al., 1987: 248-253). 여기에 대해서는 나중에 조금 더 언급하기로 하겠다.

2) 이 모든 것 안에 탄수화물이?

탄수화물을 다루려면 동물성 자원 분야는 거의 버리다시피 해야 한다. 탄수화물이 많이 들어 있는 식물성 자원과 이들을 구할 수 있는 채집과정을 탐구하는 편이 낫다. 선사시대에는 식물을 자르고 뿌리를 땅에서 뽑아내고 야생 열매와 과일을 따냈다.

(1) 몇 가지 분석

탄수화물 혹은 당분은 뉴런(neurone)과 근육세포의 기능에 필수적인데, 그중에서 글리코겐은 대사과정의 중요한 바탕이 되는 것으로 이를테면 연료를 구성한다. 탄수화물은 조직 내부로 일단 들어가면 쉽게 대사 작용이 되는데 1g의 탄수화물은 4kcal를 제공하며, 인체 조직과 간에 글리코겐 형태로 저장될 수 있다. 현재 전문가의 권고에 따르자면, 탄수화물의 섭취량은 1일 열량권장섭취량의 절반보다 조금 많은 1,500kcal 혹은 400g에 해당된다. 췌장에서 분비되는 인슐린은 세포 내부로 글리코겐이 들어가는 데에 중요한 역할을 담당한다. 단순화시켜 말하면 인슐린의 분비가 충분하지 않으면 인슐린의존형 당뇨병 또는 I유형 당뇨병[소아당뇨]이 발생하고, 이 작용이 흐트러지면 다소 심각한 분비장애와 연관되는 인슐린비의존형 낭뇨병 노는 II유형 당뇨병[성인당뇨]의 원인이 된다. 인슐린비의존형 당뇨병은 오늘날 훨씬 더 자주 발생하는데, 이 질병은 인슐린 저항성에다가 지질대사장애, 고혈압과 심장혈관계질환처럼 남성유형 비만과 관련된 다른 종류의 병리 현상과 함께 발병하기도 한다(Guillausseau, 1992, 1994).

현재 우리가 섭취하는 탄수화물 식량의 출처를 알면, 슬기사람이 어디서 탄수화물을 구할 수 있었는지 밝힐 수 있겠다. 고기에 들어 있는 글리코겐은 도축되었다가 소비되는 과정에서 변형되었다가 사라진다. 우유는 1ℓ당 40g가량의 젖당(lactose)[이당류二糖類의 일종. 유즙에 특징적인 성분으로 모든 포유동물의 유즙 중에 5% 전후로 함유되어 있다]을 제공한다. 우리에게 탄수화물을 주로 제공하는 것은 식물인데, 비교적 빠르게 소화가 된다. '빠른(rapide)' 당은 과일의

표 5 식물성 식량의 영양 구성. 몇 종류의 식물에 느리게 방출되는 탄수화물과 지방이 풍부한 것이 주목된다. 오디와 산딸기만 빠르게 방출되는 탄수화물을 제공한다. 대체로 섬유소는 풍부하게 들어 있다.

기원	열량 kcal/100g	단백질 g/100g	지방 g/100g	탄수화물 g/100g	섬유소 g/100g
야생식물					
밤	199	4	2.6	52	2
말린 밤	371	7.4	5	73	4
말린 잠두	330	29.5	0.8	50	5.7
말린 강낭콩	330	19	1.5	60	4
순무	17	1	0.1	3.6	0.7
시금치	26	3.2	0.3	4.3	0.6
그물버섯	34	4.6	0.3	4.6	1
말린 호두	660	15	60	15	2.4
말린 개암	656	14	60	15	3.5
오디와 산딸기	37	0.9	1	6	9
다른 생산물					
모유	65	10.6	4.5	6.5	0
우유	65	3.3	4	4.9	0
순록젖	238	10.3	19.7	4.8	0
감자	85	2	0.1	19.1	0.4
흰빵	260	8.5	2	52	0
통밀빵	262	9.5	3.5	48	1.2

과당, 포도당, 꿀의 프록토스 혹은 사탕수수 혹은 사탕무의 이당 같은 단당류이다. '느린(lent)' 당은 다당류(多糖類: polysaccharides 또는 polyholoside)로 양이 보통 적은데, 곡류의 덩이줄기·뿌리의 전분과 식물성 섬유의 섬유소에 들어 있다. 반추동물 혹은 반추하지 않는 초식동물과는 다르게, 사람은 다당류의 일부만 소화시킬 수 있다. 이러한 다당류는 포도당이라는 단당류의 분자들이 아주 단순하게 연결되는 사슬로 되어 있다. 아티초크, 쑥, 우엉, 선모, 엉겅퀴(Couplan, 1985: 70)와 돼지감자는 프록토스로 연결되는 이눌린(inuline)이라는 다른 종류의 다당류를 가지고 있다.

〈표 5〉는 여러 종류의 자료에서 발췌해서 정리한 숫자들이다(Geigy, 1963; Watt et al., 1963, 1975; Eaton et al., 1992: 815, 표 1, 2; Randoin et al., 1993).

(2) 몇 가지 설명

위의 표에는 몇 가지 설명이 추가로 필요하다.

〈표 5〉는 여러 종류의 식물을 민족지학자들과 동일한 방식으로 이해하는 것인데 덩이줄기와 곡류처럼 녹말(가루)이 있는 종류, 뿌리·버섯·과일·대형 열매처럼 살이 많은 식물, 줄기·잎·해초류처럼 초록 식물로 구분한다는 점이 상당히 비슷하다(Gourhan, 1945: 184-187).

식용할 수 있는 식물의 목록은 꽤 많다(Maurizio, 1932). 부와(D. Bois)는 4권으로 된 목록을 작성했다(Gourhan, 1945: 184, 주 1). 이것은 신석기시대부터 생산자들이 주변 식물들을 길들이면서 겨우겨우 재배했던 식물들의 짧은 목록과는 대비가 된다. 르클렉(H. Leclerc)이 서술한 식물채집 안내 개요에는, 방향성 허브를 제외하고, 야생과일과 수많은 식용 버섯은 물론이고, 어린 싹(홉 houblon, 나무딸기ronce, 루스쿠스petit houx, 대형 고사리fougère mâle ou aigle, 쇠뜨기prêle), 어린 잎(쐐기풀orties, 브리오니아 만초tamier, 명아주épinard sauvage, 프리뮬러primevère, 수영patience, 미나리아재비ficaire, 뱀무benoîte, 냉이bourse à pasteur, 겨자passerage, 접시꽃mauve, 작은 돌나무petite joubarbe, 빠끄렐paquerelle, 눈꼬리풀véronique, 들갓moutarde des champs), 뿌리(우엉bardane, 미나리과 식물 panicaut, 컴프리consoude, 목향aunée, 스위트 피gesse tubéreuse, 습지 두루미냉이 épiaire des marais, 산초과 식물의 둥근 뿌리bulbes d'orchidée, 엉겅퀴carline)로 구별되어 있다(Leclerc, 1927: 252-257). 여러 학자들이 지구상의 다양한 식물상과 미국 군인들과 여러 저자들이 제시한 생존 기술에 대한 저서들을 가지고서, 우리가 있는 위도[프랑스를 포함하는 유럽을 말하는 듯]에 서식하는 식용 식물 목록을 만들려고 시도했다(Couplan, 1985; Wiseman, 1993; Weiss, 1993 등). 이 목록은 이 책의 부록에 실려 있으며, 이와 더불어서, 아를레트 르루와-구르앙(Arlette

Leroi-Gourhan)의 도움을 받아서 이들 식물이 뷔름 빙하기 동안에 서식한 것이 입증되었거나 있었을 가능성이 있는지를 확인해서 가능하면 각각의 경우에 표시해 두었다(Leroi-Gourhan Arl., in lit., 1994). 구석기시대에는 지역과 시기에 따라서 기후의 변동이 있었고, 옛사람들이 점유했던 장소가 다양했으며, 다양한 사냥-채집 집단이 같은 식물이라도 늘 같은 방법으로 사용하는 것은 아니어서 문제가 복잡하기는 하다. 예를 들어 민들레의 경우처럼, 잎사귀를 먹는 사람들이 있는가 하면 뿌리를 이용하는 사람들도 있다((Leroi-Gourhan Arl., 구두 대화, 1994년 3월 6일).

식용할 수 있는 식물의 섭취는 치료 기능을 발견하는 것보다는 불행한 시도가 기원인 경우가 많았을 것이며 때로는 목숨을 잃기도 했을 것이다. 게다가 일부 식물은 동물들이 먹는 데는 아무런 문제가 되지 않지만 사람에게는 위험한 경우가 있다. 예를 들어 고사리처럼 어린 것은 식용할 수 있지만 웃자라면 독성을 갖게 되는 식물도 있다. 천남성과 식물(arum 또는 gouet)은 독성이 있는데, 덩이줄기만 익혀서 식용할 수 있다(Leroi-Gourhan Arl., in lit., 1994). 그러므로 슬기사람은 실험을 해야 했을 것이고 경험을 바탕으로 하는 몇 가지 규칙을 알게 되었을 것이다. 예를 들어, 쓴 아몬드 향이 나는 식물은 매우 수상쩍고, 시큼하거나 씁쓸한 식물도 마찬가지이며, 식물 중에서 새순이 유즙을 분비하고(민들레는 제외), 쇄거나 시든 잎, 다 자란 고사리, 붉은 빛깔의 식물, 수염이 달려 있는 줄기와 잎 등등은 조심을 했을 것이다(Wiseman, 1993: 108). 오늘날 우리들이 잘 알고 있는 식물 종류에 대해서만 따져 보는 것이 합리적일 수도 있겠다. 온대지역에서는 민들레·수영·쐐기풀·질경이가 식용으로 쓰였다. 추운 지역에서는 민들레·수영·쐐기풀·질경이뿐만 아니라 이끼·전나무·버드나무가 식용으로 사용되었다. 바닷가에서는 갈조류와 다양한 해초류가 사용되었다. 슬기사람들은 어릴 때부터 식량에 대한 교육을 받아야 했을 것이고 특정한 종류의 식물만 다량으로 섭취하면, 우리가 잘 알고 있는 것처럼, 소화를 시키는 데 불편한 점이 발생하기도 했을 것이다. 이 점이 선사시대 사람들이 잎·덩이줄기·열매 등 다양한 식물을 활용해서 식량 구성을 해야만 했던 이유 가운데 하나일 것이며, 사냥-채집 집단이 식물을 다양하게 먹는 것으로 일부 설명이 될 것이다.

　식물성 식량이 차지하는 분량은 기후에 따라서 다양했고 인류의 진화 과정에 따라서도 변화했는데, 이튼이 이 점을 고려하여 표로 정리했다(Eaton, 1990: 31, 그림 1). 남쪽원숭사람의 경우는 식물성 식량이 차지하는 부분이 매우 커서 거의 90%에 이르렀고 손쓰는사람의 경우는 식물성 식량이 약간 줄어들었다. 제한적이기는 하지만 남은 고기를 주워 먹고 파충류·설치류·도마뱀 등 초원지대에 살던 동물을 잡기 위해서 자신들의 생활 영역을 뛰어다녀야만 했고 두 발 걷기와 도구 제작이 촉진되게 된다. 두 발로 걷는 것은 병리학적인 면에서 불리하지만 네 발로 걷는 것보다는 에너지 소비가 적다(Delluc, 1993: 47-48). 두 발 걷기로 손이 자유로워졌고 입이 다른 물질적인 책무에서 자유로워졌다. 식물성 소비는 계속해서 낮아져서 슬기사람의 경우 열량 구성에서 50% 이하가 되다가 그 이후에 다시 높아져서 식량을 생산하는 신석기시대부터 처음 단계와 거의 비슷해진다. 이것이 다시 줄어드는 것은 1세기 이전부터이다(부록 도표 2 참조).

　〈표 5〉에 따르면, 저장되었다가 건조시키거나 수분을 보습하여 사용될 수 있는 콩과 식물이나 호두를 제외하고, 대부분의 식물들이 많은 섭취가 필요한 탄수화물이 적게 들어 있음이 드러난다. 동물성 식량 35%와 식물성 식량 65%로 구성된 식단은 700g 정도의 고기와 1,300g의 식물성 식품이 필요한데, 1일 필요열량의 50% 정도가 탄수화물 공급에 해당되므로 이것은 정상이다. 반대로, 아주 추운 기후에서는 동물성 식량 80%와 식물성 식량 20%로 식단이 구성되는데, 무게로 환산하면 약 1,700g 정도의 고기가 필요하고 식물성 식량은 400g만 필요하다. 이럴 경우 탄수화물이 제공하는 열량은 하루에 필요한 열량의 14%를 넘지 않는다(Eaton et al., 1985: 287, 표 4). 따라서 사냥한 고기에서 단백질을 풍부하게 섭취할 뿐 아니라 고기에 들어 있는 지방으로 포도당신생성

이 필요하게 될 것이다.

소비되는 식물의 성질은 기후와 해당 지역의 지질과 지리에 따라서 당연히 달라진다. 1895년에 작성된 자료에서 피에트는 마다질 유적(아리에주 지방)의 아질리안 문화층에 "자두, 야생 자두, 체리, 호두, 개암과 도토리의 씨가 있었고, 아주 적은 양의 밀이 있었는데 열매는 흰 가루로 떨어져 있었다"고 기록했다(Bonne et al. 1976: 685에서 인용). 니스의 떼라 아마따 유적은 곧선사람들이 야생 포도와 피스타치오를 먹었던 것이 밝혀졌는데, 특히 많은 양의 포도씨가 퇴적층 내부에 잘 보존되어 있었다. 케르리쉬(Kärlich) 유적(독일)에서는 40만 년 전의 토탄층 내부에서 개암과 다양한 종류의 열매들이 발견되었다. 니스의 라자레 유적의 아슐리안 사람들은 아주 가까이에 있었던 바다에서 얻은 해초로 만든 깔개를 가죽 위에 덮어서 사용했고 해초를 먹기도 했을 것이다. 무스테리안 사람들은 개암과 함께 호두와 도토리도 먹었다. 1만 5,000년 전의 팔레오–멕시코 사람들은 열매 · 잎 · 과일을 이미 채집하고 있었다(Bonne et al., 1976: 685-687). 지금까지의 연구는 유적이나 동굴, 때로는 사람의 분(糞)화석에서 발견되는 꽃가루를 분석해서 식용할 수 있는 식물 목록을 작성하는 것보다는 당시의 기후 환경을 추론할 수 있도록 해 주는 식생 목록에 대해 훨씬 더 집중되었다. 그런데 1만 7,000년 전에 살았던 막달레니안 사람들은, 기후가 일시적으로 따뜻해지면서 숲이 뷔름 빙하기의 스텝을 대체하는 경우가 꽤 자주 있었는데, 퇴적층에서 발견된 꽃가루의 60%가 나무 꽃가루로 구성되는 때도 있었다. 사초과(graminées) 식물과 국화과(composées) 식물의 꽃가루가 교차해서 출토되기 때문에 건조한 기후와 습한 기후가 번갈아 있었음을 알 수 있다(Renault-Miskosski, 1986: 137). 이 사람들은 호두 · 개암 · 도토리 · 잣 · 까치밥뿐만 아니라 대황(rhubarbe)도 알고 있었으며 먹기도 했을 것이다(Leroi-Gourhan Arl. et al., 1979: 75-80). 1만 1,400년 전에 라인강 근처에 있는 미젠하임(Misenheim) 유적에 살았던 막달레니안 사람들은 6,000개에 달하는 열매, 8,000개의 꽃가루와 나무들을 남겨 놓았다. 말 · 소과 짐승 · 사슴 · 노루가 막달레니안 사람들의 식량이 되었지만, 여기에다가 "치커리, 버드나무 순, 클레마티스(cléma-tite)(버드나무 순과 클레마티스는 지금도 러시아에서 먹는다)와 오이풀(pimprenelle)의 어린잎을 섞어서 만든 샐러드"가 곁들여질 수도 있었다. 자작나무의 수액을 함께 먹는 것도 좋아했을 것이다. 계절에 따라서 마황(éphèdre)과 매지나무(épine-vinette)의 열매와 까치밥도 있었다. 더 늦은 시기에는 작은 자두와 오디도 있었다. 개암을 저장해 놓을 수도 있었고 맛이 좋은 가루를 만들 수 있는 조팝나무의 덩이줄기도 가져올 수 있었다(Leroi-Gourhan Arl., in lit., 1994년 10월 17일). 아르데슈(Ardèche) 지방에서 중생대부터 나타난 밤은(Riou, 1994: 27) 현재 프랑스·유럽 남부·흑해 연안과 북아프리카 지역의 북부처럼 따뜻한 기후에서 자라는데(pitte, 1986: 34, 그림 8; 49-50) 토양이 산성을 띠며 결정화된 토양이거나 프랑스 중부 고원지대 주변처럼 석회암 지대이면서도 산성을 띠는 제3기의 모래로 덮여 있는 토양이 필요하다. 밤나무는 열매가 많이 달리는데다가 (1헥타르당 2톤 혹은 그 이상), 떨어지자마자 줍는다면 열매를 건조시켜서 보관할 수 있다. 밤나무의 꽃가루는 그다지 특징적이지 않지만 아르레트 르루와-구르앙은 후기 구석기시대의 간빙기에는 있었다고 한다(구두 대화, 1994년 3월 6일).

넨마크의 토탄층에서 완전하게 보존된 채 발견된 사람들을 통해서 당시에 먹었던 음식을 알 수 있게 되었다. 톨룬드(Tollund) 사람들은 농사가 시작된 때부터 2,000년이 더 지난 뒤에 살았지만, 그들이 마지막으로 먹었던 식물성 식사의 내용물을 들여다보면 여전히 채집을 계속하고 있었던 것으로 드러난다. 이들은 보리, 아마, 여뀌, 미나리, 데이지, 메꽃, 수영과 같은 많은 종류의 '나쁜' 풀(Golb, 1965: 25)을 먹었고, 그로벨(Graubelle) 사람은 미나리아재비, 독보리, 카밀레 등 66종의 알갱이를 죽으로 먹었으며(앞의 책: 39-41), 보레(Borre)의 여성은 비슷한 구성으로 되어 있는 알갱이를 걸쭉한 죽으로 섭취했다(앞의 책: 66). 대부분의 알갱이는 크기가 작았으며, 일부는 기름이 풍부했다. "막달레니안 시기에 양이 많아서 사람들이 틀림없이 먹었을 것이다"라고 했던 상추와 치커리와 같은 국화과 식물의 알갱이는 없었다(Glob, 1965; Leroi-Gourhan, Arl., in Leroi-Gourhan et al., 1977: 143).

과일은 산딸기 종류가 대부분이다. 우리가 알고 있는 당도가 아주 높은 대형 과일의 대부분은 유럽의 구석기시대에는 없었다. 이런 종류의 과일들은 유럽에는 늦게야 도달하게 되며 후대에 생산자들이 많은 부분을 개량한 것이다. 소형 과일이 가지고 있는 빠른 탄수화물(과당)은 현재 우리가 먹는 과일보다 훨씬 적은 경우가 많다. 야생 찔레는 100g 중에 과당이 25g 들어 있고, 산사나무 열매는 19g이 들어 있지만, 나무딸기는 8g, 딸기는 7g, 오디는 6g, 까치밥과 월귤은 5g이 들어 있을 뿐이다(Randouin et al., 1993: 78-82). 당시 사람들에게 야생과일의 공급이 불곰의 경우처럼[31] 역시 중요하기는 하지만, 일 년 중 한정된 기간에만 구할 수 있었다.

대량생산되는 빠른 탄수화물은 당연히 없었다. 구석기시대에 충치가 아주 드문 것은, 불소 때문일 가능성보다는 탄수화물을 적게 먹는 것과 연관이 있다(Debry, 1993: 160-163). 이런 종류의 당류는 18세기에 등장하며 산업혁명 이후에나 넓게 확산되었다. 충치는 화석인류에서는 아주 예외적으로 나타날 뿐인데, 옛유형 슬기사람(archaïc Homo sapiens)인 브로큰 힐(Broken Hill) 사람(잠비아)(Pales, 1930: 98), 아팔루 부 뤼멜(Afalou Bou Rhummel) 유적(알제리)의 몇몇 현생 인류(Fargeaudou, 1984: 88)와 일부 남쪽원숭사람에서 보고된 사례가 있다(Grmek, 1994: 173, 주 114). 후기 구석기시대에는 충치가 없었다고 오랫동안 믿어 왔기 때문에, 혹시 이것 때문에 예전에 발굴을 할 때 충치가 관찰되면 고인류가 아닌 것으로 생각해서 발견되었던 아래턱의 일부를 버린 것은 아닐까(Boouvier, 1971: 162) 하는 의문이 제기되기도 하였다. 하트웨그(R. Hartweg)는 후대에 이누이트 사람들이 빠른 탄수화물을 먹기 시작하면서 이들의 치아에 발생한 대재앙에 대해 언급했다. 충치는 다양한 요인으로 발생하는데, 프랑스에서는 불소가 첨가된 소금과 구강위생 장려에도 불구하고, 12세 어린이의 70%가 영구치 가운데 한 개 혹은 여러 개의 충치를 가지고 있고 50%의 인구가 충치를 가지고 있다(Fargeaudou, 1984: 88). 빙하기가 끝난 뒤에 살았던 중석기시대 사람들은 7% 가까이가 충치가 있었으며(Grmek, 1994: 174) 신석기시대 사람들과 원사시대(protohistorique) 사람들 가운데 2.5~3.4%가 충치를 가지고 있다(Dastugue et al., 1976: 161). 우리가 알고 있듯이, 슬기사람들이 사용하던 탄수화물은 느린 탄수화물 종류인데다가 미리 준비를 해야만 섭취할 수 있는 경우가 많았다. 구석기시대 유적에서 불을 사용한 흔적이 발견되는 것은 40만 년 전 곧선사람이 살던 시기 이후인데, 일부 학자들은 140만 년 전이라고 주장하기도 한다(Gowlett et al., 1981). 우리는 불이 사냥한 고기를 익히는 데 늘 사용되었을 것이라고 생각하지만, 식물을 준비하는 데 쓰였을 가능성도 있다.

벌꿀은 과당과 포도당이 75%를 차지하며 100g에서 300kcal를 얻을 수 있는데, 자연에서 구할 수 있는 대표적인 빠른 탄수화물의 출처이며 식물이 간접적인 기원이다. 불곰은 벌꿀을 매우 좋아하며 갈퀴처럼 생긴 발톱을 빗처럼 이용해서 꿀을 모은다. 새·설치류·개미 등 다른 동물들도 꿀을 먹을 줄 안다. 스페인 동부 지역의 바위그늘 벽에 벌들 사이에서 꿀을 채취하는 그림 2개가 그려져 있는데, 구석기시대가 막 끝난 7,000년 전이나 8,000년 전에 만들어진 것으로 보인다.[32] 그러나 벌은 동면을 하고 조금 서늘한 기후와 산에서 살 수 있기 때문에 슬기사람들이 벌꿀을 이용하는 것이 불가능했던 것은 아니다. 그러나 꿀의 사용은, 지금도 마찬가지이지만, 가끔 일어나는 부수적인 일에 지나지 않았을 것이다. 자작나무의 수액이나 오늘날의 캐나다 사람들이 아주 좋아하는 나무에 상처를 내서 모은 다음에 시럽으로 졸이는 단풍나무의 수액에 대해서는 알려진 자료가 없다.

식물은 구석기시대의 동굴벽화에 거의 표현되지 않는다. 우리가 아는 한, 동굴이나 바위그늘의 예술작품 중에서 뚜렷하게 식물을 묘사한 그림은 없다. 도르도뉴 지방과 피레네 지방 그리고 아리에주 지방에서 발견되는 유물에 그려진 식물들은(Tyldesley et al., 1983: 53-81; Bahn, 1985: 205) 우리가 보기에는 너무 도식화되어 있고 논란의 여지가 있다. 막달레니안 사람들이 그림으로 표현했던 동물과 실제로 잡아먹었던 동물은 동일하지 않아서 그들이 즐겨 먹었던 순록과 연어가 동굴벽화에서 없는 경우가 많다는 것은 알려져 있다. 그러나 이것이 위대한 사냥꾼들의 섭생에서 식물이 중요한 역할을 담당했다는 것을 확인시켜 주는 추가적인 주장이 될 수 있을까?

섬유질과 녹말성분이 많이 들어 있는 식물을 가열하는 것은 사람에게 꼭 필요하거나 적어도 유용한데, 이것은 섬유소를 공격해서 부드럽게 만들고 펙틴을 파괴하며, 녹말이 소화 효소의 작용에 더 잘 반응할 수 있도록 해서 소화하기 쉽게 해 준다.[33]

인간의 경우, 소화 효소에 저항하는 식물 섬유로는 섬유소·헤미셀룰로오스(hémicellulose)·펙틴과 같은 다당류와 리그닌(lignine) 두 가지 유형이 있다. 식물섬유에 가열을 하면 섬유소가 공격을 받기 시작하고 펙틴이 펙틴산으로 파괴된다. 큰어금니는 식물섬유를 갈고 부수는 일을 하지만 섬유소는 거의 완전한 상태로 잘록창자(결장結腸colon)에 도달한다. 곧창자(직장直腸colon droit)에 있는 발효 세균이 부드러운 섬유소와 헤미셀루로오스 그리고 잘 익히지 않았거나 덩어리가 너무 커서 아밀라아제가 되지 않은 상당한 부분의 잔류 녹말을 파괴하면서 이산화탄소·수소·메탄과 휘발성 지방산을 형성한다. 섬유소는 고유한 성질과 수분을 많이 요구하는 특성 때문에, 공복을 지연시키고 빠른 탄수화물로 촉발되는 혈당과다증을 완화시키고 창자 우묵한 부분의 부피를 늘어나게 하며, 연동작용과 소화 분비를 자극한다. 아주 추운 시기를 제외하고, 슬기사람의 음식물은 대단히 질긴 섬유질과 소화가 되지 않는 리그닌 덕분에 장내 이동이 용이했을 것이고 변비·장게실·열공성탈장과 결장암 같은 질병을 예방해 주었을 것이다. 몇 종류의 음식물이 가지고 있는 섬유질 평균량을 앞의 〈표 5〉에 제시하였다. 우리가 알고 있듯이, 구석기시대에 먹었을 가능성이 있는 식물인 과일·새싹·잎·뿌리 등은 거의 대부분이 쌍떡잎식물인데, 사람을 포함하여 영장류는 수천만 년 전부터 이런 종류의 음식물을 먹어 왔으며 여기에 익숙해져 있다. 반면에 곡류로 대표되는 외떡잎식물은 사람이 소화시키기 힘든 성질이 있기 때문에, 이것을 대량으로 이용하려면 가루로 만들어야만 했고, 이를 위해 갈돌과 공이를 사용하게 되었다. 프랑스·독일·러시아의 여러 유적에서 다양한 자갈돌이 닳은 채 발견되어서 갈돌로 사용했을 것으로 추정하였고, 라스코 동굴유적에서는 물감을 준비하기 위해 사용한 절구가 발견되었는데, 이런 도구들이 아주 예외적으로만 발견되고 있으며 구석기시대에는 확인되지 않는 도구들이다.[34]

따라서 사람의 식물성 섬유 섭취 형태는 수천 년 동안 변해 왔다. 이것은 식량에서 식물성 음식물이 차지하는 비율에 따라서 변화했고 불규칙한 방식으로 바뀌어 왔다. 손쓰는사람은 식물성 섬유를 많이 섭취했고, 사냥에 능숙했던 곧선사람은 손쓰는사람보다는 조금 적게 먹었으며, 뛰어난 사냥꾼이었던 슬기사람은 자신들의 조상보다 훨씬 덜 먹었다. 중석기시대부터 식물성 식량이 차지하는 비중이 커지기 시작했고 특히 신석기시대에 식물성 식량의 섭취가 예전처럼 다시 많아지게 되었다. 이누이트족은 생선·해양 포유류와 육상 사냥감에서 열량의 90%를 얻는다. 그런데 고기를 주로 먹는 모든 사람들이 그러하듯이, 이들의 음식물 중에는 식물성 섬유소와 동일한 역할을 담당하는 소화가 불가능한 작은 뼈·가죽·털·동물의 껍질·생선 비늘과 같은 생물고분자물질이 상당히 많이 포함되어 있다. 하지만 슬기사람의 동물성 식량 섭취는 열량 구성의 50%를 넘지 않았을 가능성이 크다고 생각된다. 농사를 짓기 이전의 아메리카 거주민들의 배설물(糞)화석을 분석하고 현존하는 사냥-채집 집단을 연구해 보니, 해당 집단의 사람들은 하루에 130g의 섬유질을 섭취하는데, 이는 소화시킬 수 없는 식물 잔존물을 건조시킨 무게의 30~50%에 해당되는 것으로 나타난다. 왜냐하면 열량의 65%를 식물성 식량에서 가져오는 식단에서, 섬유질의 분량은 37~60g에 해당하기 때문이다. 예를 들어 37종의 야생식물을 이러한 측면에서 분석하면 100g당 섬유질은 3.12±0.62g이 포함되어 있는 것으로 계산되기 때문에, 동물성 35%와 식물성 65%로 구성된 식량 체제에서 소비되는 섬유질의 하루 총량은 45.7g이 된다(Eaton et al., 1985: 287). 다른 연구에서는 64종의 식물을 대상으로 분석을 했는데 하루섭취량이 197.7g이라는 값이 도출되었다(Eaton, 1990: 34). 농사가 섬유소 섭취에 끼친 영향은 복잡하다. 야생식물은 100g당 13.3g의 섬유소를 지니고 있고, 재배 곡물은 10.9g, 과일·베리류·호두는 4.2g을 지니고 있다. 만일 동일한 열량을 얻고자 한다면, 곡류는 야생식물보다 적게 먹어도 된다.

곡류는 인(phospore)을 비축하는 데 쓰이는 피트산을 무게의 1~5% 정도 가지고 있다. 씨앗에서 싹이 나면, 식물을 발육시키기 위해서 피타아제가 인을 피트산으로 방출시킨다. 장내에 공생하는 박테리아를 가지고 있는 되새김질을 하는 동물을 제외하고, 사람을 포함한 포유류는 피트산 착화합물을 가수분해할 수 없다. 피타아제가 적절하게 공급이 되어도 칼슘이나 철, 아연 등의 결핍을 가져올 수 있다. 중석기시대 이후로 인류의 키가 줄어들게 되는데, 이 현상은 동물성 단백질의 섭취가 감소하고 식량의 부족과 기근이 있었으며 전염병에 대량으로 노출된 것과도 관련이 있지만, 곡류의 섭취가 증가한 것과도 무관하지 않을 것이다. 인류의 키는 시간이 흐른 뒤에야 다시 커지게 되었다. 게다가 곡류에는 칼슘 함량이 적은데 야생식물의 128.8mg/100g에 비해서 29.1mg/100g이 들어 있으며, 칼슘/인의 비율도 야생식물이 4/3인 것에 비해서 곡류는 1/10로 비율이 좋지 않다. 한편 피타아제는 칼슘을 많이 소모해서 장내 흡수를 줄인다. 고무, 펙틴, 식물의 점액과 같은 섬유소는 용해가 가능하지만 섬유소나 리그닌처럼 용해가 불가능하기도 하고 소화가 되지 않기도 한다. 채집생활을 하는 집단이 음식물을 통해서 이 두 가지 유형의 섬유소를 어떤 비율로 먹는지는 잘 알려져 있지 않다. 곡류를 먹으면 용해성 섬유소/비용해성 섬유소의 비율이 감소되는데, 옥수수의 경우는 반대 효과가 있다. 이러한 모든 변화의 결과는 오랫동안 별다른 의미를 가지고 있지 않았지만 이제는 중요한 일이 되었다(Eaton, 1990: 30-36, 그림 1, 표 1, 2, 3).

우리는 식물성 섬유가 결장암 예방 효과를 가지고 있는 것을 알고 있는데 이들이 점막과 암을 유발할 수 있는 물질의 접촉 시간을 줄이기 때문이다. 그러나 섬유질이 과도하게 풍부한 식단은 작은창자의 움직임을 지나치게 가속

그림 18 뷔름 빙하기 동안 기후가 추워졌지만 일조량은 충분했을 것이다. 지금까지 발견된 어린이 뼈에서 비타민 D 결핍으로 나타나는 구루병은 목격되지 않는다(도르도뉴 라 마들렌느 바위그늘).

그림 19 관절염이 선사시대 전체에 걸쳐서 자주 나타나는 것에 비해서, 선사시대사람들은 아주 나이가 많아도 우리보다는 골다공증에 덜 시달렸다. 단백질과 비타민-칼슘을 충분히 섭취하고 신체 활동을 많이 해서 이러한 결핍을 예방하였다(이탈리아 그리말디 유적의 그라베티안 시기 사람뼈).

그림 20 물은 생명에 필요하기 때문에 길어 날라야만 한다. 그라베티안 시기에 출토된 이 유물은 물통의 마개였을 것이다(도르도뉴 르 푸르노 뒤 디아블르Le Fourneau du Diable).

시켜서, 영양소와 점막의 접촉을 방해하고, 비타민이나 칼슘·마그네슘과 같은 무기염류와 쓸개즙염이 서로 작용하도록 할 수 있고, 지방에 대한 자신들의 작용을 축소시킬 수 있는 몇몇 구성요소들을 자체적으로 흡수해 버린다(Jacotot et al., 1992: 113, 118, 133).

최근 연구로 식물의 순화 과정에 대해서 생생하게 알 수 있게 될지도 모르겠다. 나투피안(Natoufian) 사람들은 레반트 지역[그리스, 시리아, 이집트를 포함하는 동부 지중해 연안 지역]에 살았던 최후의 사냥-채집 집단이었고 야생곡류를 섭취했는데, 이들의 뼈에 들어 있는 스트론튬/칼슘 비율로 볼 때, 농사를 시작하기 직전에 야생곡류 섭취가 급속하게 낮아진 것으로 나타났다. ^{13}C의 분석에서 이들이 해산물을 그렇게 많이 섭취하지는 않았던 것으로 드러났다. 꽃가루 분석으로 1만 1,000년 전 또는 1만 B.P.[before present의 약자로 1950년을 기준으로 한다]를 전후해서 당시의 기후가 서늘해졌던 것을 알 수 있는데, 이에 따라서 레반트 지역에 서식하던 야생곡류도 함께 줄어들게 되었을 것이다. 따라서 예기치 못했던 식량의 결핍을 상쇄시키기 위해서 당시 사람들이 식량 공급을 조절할 수 있도록 곡물을 생산하려고 노력했던 것일 수도 있겠다(Sillen, 1994: 390, 그림 4).

인간의 창자는 유인원의 창자와 몇 가지 점에서 차이가 있다. 먼저 창자 총량/신체 총량의 비율이 낮고 작은창자가 큰창자나 위보다 더 길다. 신생아의 큰창자는 사람 성인의 큰창자보다는 유인원과 더 가까운데, 사람의 큰창자는 영장류의 큰창자와 다르게 성장하면서 차츰 축소된다(Eaton, 1990: 36-38). 창자의 길이는 진화하면서 축소되었는데, 막창자꼬리는 한때는 훨씬 길었던 맹장의 잔류물로 보인다. 데스몬드 모리스(Desmond Morrice)는 밥을 먹는 리듬에 대해서 재미있는 관찰을 했다. 원숭이들은 음식물을 깨작거리면서 먹느라고 시간을 많이 보내지만 식육류들은 한꺼번에 다 먹어 버린다. 끼니를 세 번에 나눠서 먹는 현재의 사람은 양쪽의 중간 형태이다(Morris, 1970: 240-241). 그러나 아프리카 오지의 사람들은 다른 간격으로 식사를 할 수 있다. 이곳에서는 1끼는 과일, 잎, 곤충, 애벌레 등을 깨작거리며 먹고, 나머지 2끼의 식사 중에서 저녁에는 사냥에서 돌아와서 만찬을 먹지만 다음날 아침은 전날 남은 것을 먹는다.[35]

인슐린비의존성 당뇨병은 내재하고 있는 유전적인 요인과 관계가 있을 뿐아니라, 비만·영양·신체 활동을 하지 않는 것과도 관계가 있음이 잘 알려져있다(Guillausseau, 1994). 빠르게 흡수되는 탄수화물·빵·감자처럼 정제되고섬유소가 없는 음식물은 혈당 지수가 아주 높아서, 다른 음식물보다 훨씬 빠르고 강하게 혈당을 증가시킨다. 섬유질이 공급되면 인슐린의 필요성이 줄어들어서 이와 같은 고혈당을 축소시킨다. 야생식물은 고혈당의 상승 강도를 낮추어 주는데, 혈당 지수가 낮은 음식물은 콜레스테롤 수치를 축소시키는 경향이 있고, 특히 고중성지방혈증의 수치를 감소시킨다. 이 효과는 펙틴과 고무처럼 용해되는 섬유의 경우 뚜렷하게 나타나지만 밀기울처럼 용해되지 않는 섬유는 그렇지 않다. 농사가 시작되기 이전 시기에 먹던 음식물에 들어 있던 용해되는 섬유/용해되지 않는 섬유의 비율은 0.40으로 추산되고 있다. 그런데 공교롭게도 오늘날 현재 여러 서구 국가에서 먹는 음식물에 들어 있는 이 수치는알려져 있지 않다.

(3) 채집

이것은 우리가 민족지적 비교와 아래쪽에서 보이는 간접적인 주장으로밖에 알 수 없는 분야인데, 이러한 활동을 하는 데 사용되었을 가능성이 있는 뒤지개·장대·채롱·바구니·주머니와 같은 도구들이 보존되어 있지 않기 때문이다.

민족지학자들은 채집을 여성의 활동 영역으로 보고 있다(Testard, 1986). 임신을 하거나 어린이를 돌보는 여성은 피가 보이는 일을 하지 않는다. 전 세계에서 이루어지는 이러한 채집 활동은 식물성 식량뿐만 아니라 소형 동물들도관련이 있는데, 피를 볼 필요 없고 "우리가 생각하는 것 이상으로 지렁이·곤충과 애벌레·복족류·양서류·소형 파충류와 소형 포유류에 이르기까지 아주 범위가 넓다"(Mauss, 1967: 56). 단백질이 풍부한 곤충과 기름기가 많은 애벌레는 아프리카·아시아·라틴 아메리카 지역에서 예전에 식품으로 이용되었거나 지금도 이용되고 있다. 이 지역은 다시 말해서 애벌레들이 많이 서식하고 있는 따뜻한 곳이다. 기후가 추운 지역에서는 애벌레 채취가 다른 방식으로 이뤄졌다. 이누이트족은 캐나다 순록 쇠파리의 애벌레를 필요해서 먹었지만(Leroi-Gourhan, 1945: 183), 알라칼루프 사람들은 메마른 나무의 껍질 밑에 살고 있는 커다란 흰색 지렁이를 훨씬 좋아했다(Emperaire, 1955: 141). 한편 엉렌느(Enlène) 유적에서 납작한 뼈 위에 메뚜기 한 마리가 새겨진 것이 발견되었는데, 메뚜기는 여름 곤충이다(Bahn, 1987: 248). 구대륙의 건조한 지역의 대형 메뚜기가 유럽을 습격하는 일은 드물지 않다. 아프리카에서는 예전부터 메뚜기를 기름에 튀기거나 끓여서 소금으로 간하기, 오븐에 넣어서 굽기, 햇볕에 말려서 소금과 커민(cumin)으로 양념해서 굽기, 케이크를 만들기 위해 가루로 빻기 등 여러 가지 방법을 사용해서 먹는 것이 잘 알려져 있다(Delort, 1993: 221). 조개는 낚시의 영역에 더 가깝다.

따라서 식물성 식량은 채집 활동과 아주 밀접하게 연관이 되어 있으며, 그중에서 나무는 불을 피우는 것과 연결될 수 있다.

이러한 특별한 사례들을 제외하면, 선사학자들에게 채집 분야와 꽃가루 연구와 숯 연구는 사실상 연구 영역이 혼재되어 있는 셈인데, 빙하기가 종료된 뒤에는 채집이 전혀 다른 양상을 띠게 될 것이다(Boone et al., 1976: 684-687). 그러나 이것은 어디까지나 간접적인 방법이다. 어찌되었든, "우리는 이스튀리츠 유적에 살던 사람들이 버드나무 싹을 먹는 것을 더 좋아했는지 혹은 민들레를 더 선호했는지 어쩌면 영원히 알 수 없겠지만, 그들이 살던 곳 근처에서 채집할 수 있었던 것은 이미 알고 있다"(Leroi-Gourhan Arl., 1959). 그리고 영양학의 규칙을 생각한다면, 이 사람들이 이 식물들을 먹은 것이 분명하다는 점도 덧붙일 수 있을 것이다.

채집으로 획득할 수 있는 식량은 기후에 따라 다양하고 계절에 따라 다르다. 예를 들어 프랑스의 사례를 살펴보자면, 약 10만 년 전에 뷔름 빙하기 이전에 마지막 간빙기가 있었다[리스/뷔름간빙기를 가르킴]. 이 시기에는 기후가 아주 좋아서 프랑스 전역이 숲으로 뒤덮였다. 프랑스 북쪽 지역에는 느릅나무가 섞인 떡갈나무·서양물푸레나무·개암나무·너도밤나무·버드나무·오리나무와 침엽수가 자라고 있었고, 프랑스 남쪽 지역에서는 소나무·솜털로 덮인 떡갈나무·느릅나무·백양목·소사나무·버드나무·단풍나무·호두나무·무화과나무·포도가 자라고 있었다. 그러다가 날씨가 추워지자 수지류(résineux) 나무와 소나무·가문비나무·자작나무가 자라는 아한대성 침엽수림(taïga boréal)이 자리를 차지하게 되었다. 일조량에 따라 따뜻한 기후를 좋아하는 나무들이 비탈에 자라기도 하고 스텝 성격의 고원지대가 형성되기도 하며 버드나무·오리나무·참나무가 혼재되어 있는 습한 초원지대가 되기도 했을 것이다. 더 큰 추위가 찾아오자, 국화과 풀들이 무성한 추운 스텝지역이 생겨나고 남쪽 지역에서는 숲이 점점 더 사라지고 초록빛 떡갈나무는 소나무에 자리를 내주게 되었다. 이러한 풍경은 시간과 지역에 따라서 달라지며, 수천 년 동안 교차되었다(Monnier, 1988: 17-19).

불을 피우기 위한 나무를 구했던 채집의 흔적이 여러 유적에서 발견되었으며, 그중 일부에서는 우리가 특성을 파악할 수 있는 사례도 있다(Bahn, 1985: 203-212). 라스코 유적에서는 기름등잔의 심지에 노간주나무의 재가 남아 있었다(Delluc, 1979: 121-142). 뺑스방 유적에 살았던 막달레니안 사람들은 불을 피울 때 나무를 많이 사용하지는 않았고 침엽수 가지 몇 개와 나뭇잎·풀을 사용해서 뼈를 태웠다(David et al., 1994: 161). 다른 식물성 재료들도 사용되었고 이것과 관련된 꽃가루 자료들이 남아 있는 경우도 몇 개 있다. 니스 라자레 유적과 비슷한 시기에 형성된 다른 지역의 유적에서 바닥 깔개가 관찰되는 경우가 있었고, 라스코 동굴의 통로 부근의 습한 땅에 막달레니안 사람들이 두고 간 것으로 추정되는 꽃이 피는 허브들이 한 아름 있었으며(Leroi-Gourhan Arl.,

1979: 78), 이라크의 샤니다르(Shanidar) 유적에서 어린이와 꽃이 함께 묻혀 있었다(Leroi-Gourhan Arl., 1975). 식물성 섬유로 만든 가는 밧줄이 라스코 동굴의 맹수의 방(Diverticule des Félins)에서 발견되었다(Delluc, 1979). 동굴에서 사용할 발판(mât de perroquet)과 사다리를 만들려면 어린 떡갈나무나 실베스터 소나무를 자르고 가지를 쳐야 했을 터인데, 이런 나무들의 숯이 동굴 내부에 남아 있었다(Delluc, 1979: 178-188).

3) 지방 구하기

(1) 몇 가지 분석

지방은 세포막, 세포핵, 미토콘드리아처럼 인체를 구성하며, 프로스타글란딘처럼 대단히 중요한 대사과정의 전구체(前驅體)[어떤 물질대사나 반응에서 특정 물질이 되기 전 단계의 물질]이다. 그러나 에너지 면에서 수행하는 역할이 가장 중요하다. 우리 몸에 필요한 지방의 양은 전체 열량 섭취의 24~40%가 되는데, 이른바 필수지방산의 공급이 결핍되지 않도록 해야 한다. 탄수화물과 단백질이 1g당 4kcal를 제공하는 것과는 달리 지방은 1g당 9kcal를 제공한다. 탄수화물이 빠르게 사용되는 에너지인 반면에, 지방이 제공하는 에너지는 즉시 사용될 수 있는 것도 있기는 하지만, 대부분은 삼투압의 법칙을 피해서 쌓이는 트리글리세리드라는 거대한 저장고에서 가져오게 된다(Jacotot et al., 1992: 47). 성인의 경우, 순환성 포도당이 80kcal를 제공하고 간당원(glycogène hépa- tique)의 형태로 250~300kcal를 제공하는 것에 비해서 지방은 10kg가량, 즉 9만kcal를 제공한다. 한편 근육당원은 6-인산포도당이 없으면 이동할 수 없으며, 6인산포도당은 간과 콩팥에만 있는데, 이것은 그 자리에서 소모된다(앞의 책: 76). 그 밖에 피부밑지방[피하지방]이 추위를 견디게 해 주는 것은 슬기사람에게만 있는 독특한 점이다. 뷔름 빙하기의 가장 추위가 극심했던 때에 식량이 주로 동물성으로 구성되어 탄수화물이 부족하게 되면, 지방이 근육 운동에 꼭 필요한 탄수화물을 대체할 수 있다. 비축되어 있던 지방과 단백질이 간과 콩팥에서 글리코겐을 생성하는 과정을 통해서 이뤄지는데, 특히 단백질 덩어리는 2만 4,000kcal가 되지만 신체의 움직임이 많은 사냥꾼들에게는 무엇보다도 인체의 구조를 형성하는 역할을 했다. 뇌는 하루에 100여g 정도의 탄수화물을 소비하는데, 지방분해로 생성되는 케톤체를 대체해서 이용할 수 있다(Jacotot et al., 1992: 210). 8일 이내로 단기간 굶게 되면, 인체에서 필요한 탄수화물은 글리코겐 분해와 글리코겐 생성으로 제공된다. 새롭게 만들어진 탄수화물의 60%는 아미노산에서 만들어지고 25%는 유산염과 비루빈산염에서 생성되며, 간에서 글리코겐을 생성할 때 필요한 에너지인 글리세롤은 트리글리세리드의 가수분해로 만들어지는데, 특히 지방산이 아세틸-코엔자임 A 혹은 CoA(케톤생성)로 부분적으로 산화되면서 만들어진다. 굶주림이 길어질 경우, 단백질에서 글리코겐을 생성하는 것은 줄어들고 간과 콩팥에서 글리코겐을 생성하는 과정에서 비축된 지방을 아주 많이 사용하게 된다. 그리고 단기간 굶주릴 때와는 다르게, 오줌 분비와 수분 제거가 줄어드는 것이 관찰된다(Jacotot et al., 1992: 205-212, 그림 36, 37).

여성의 경우, 임신 기간에 태아의 신경 구조에서 말이집 형성(myélinisation)[지방으로 이루어진 말이집이 태아의 일부 신경 주변에 형성되는 것]과 수유 중에 모유를 만들려면 하루에 100g 가까이 지방을 충분하게 섭취해야 한다. 사냥-채집 집단의 젊은 여성과 구석기시대 여성들은 빈번하게 임신을 하거나 수유 중이었기 때문에 거의 늘 임신-수유 상태였다고 할 수 있겠다.

영아는 모유를 통해서 단백질·지질·탄수화물·이온과 비타민을 충분히 제공받을 수 있다. 모유는 영아의 필요에 따라서 변하고, 분비 A형 면역글로블린과 같은 많은 양의 항체를 제공하고 면역학적으로 활동적인 세포들을 제공함으로써 어린이가 수유 중에 젖에서 감염되는 것을 막아 준다. 생후 몇 달 이후에 수유기간이 연장되면 모유의 질이 점진적으로 떨어지지만, 과일과 식용할 수 있는 가루나 대체할 수 있는 다른 유제품이 없는 상태에서 정상적으로 젖을 떼는 것은 쉽지 않다. 아마도 이 점이 슬기사람 가운데 한 살 미만의 영아

사망률이 높은 것의 부분적인 원인이 되었을 것이다.

남성의 경우는 근육 조직이 물질대사로 제공되는 에너지를 가장 먼저 불러오고 ATP는 가수분해되는 과정에서 필요하면 포스포크레아틴을 재충전하는데, 사냥감을 쫓아서 뛰어다녔던 막달레니안 시대의 사냥꾼들도 마찬가지였다. 막달레니안 사냥꾼이 사냥감을 만나서 8초 안에 쓰러뜨리지 못한다면, 그는 가장 먼저 국부적인 근육 글리코겐 생성에서 길어 내는 젖산의 혐기성 신진대사를 불러내게 될 것이고, 이후 40초를 연장시킬 수 있는 힘을 갖게 될 것이다. 그때까지도 사냥감이 쓰러지지 않는다면, 이번에는 산소성 신진대사의 도움을 받아야 할 것인데, 이산화탄소와 물과 같은 폐기물이 그의 신체 활동을 방해하지는 않을 것이며 음식물을 섭취하지 않고도 1~2시간은 버틸 수 있도록 간과 근육에서 글리코겐을 생성해서 사용할 것이다(앞의 책: 198, 표 33). 그 이후에는 지방조직의 지질과 근육의 단백질이 요구될 것이며, 필요한 수분을 보충할 수 있다면, 소모가 공급에 적응되는 순간부터 거의 지치지 않고 움직일 수 있게 될 것이다.

이처럼 구석기시대에, 심지어 빙하기로 불리는 아주 추운 시기 동안에도, 지방 공급이 필요했었고, 이것은 무엇보다도 피하지방조직의 구성과 연결되어 있는데, 피하지방은 영양이 결핍되는 시기에 저장고로 쓰일 뿐 아니라 추위로부터 인체를 보호해 주고, 에너지 면에서는 상대적으로 가성비가 좋은 열발생원인 글리코겐 생성에 긴밀하게 연결되어 있는 듯하다. 기온이 10℃가 내려가면 영양공급이 5% 감소하는데, 다시 말해서 약 150kcal가 줄어드는데, 현재의 음식물로 환산하자면 작은 버터 한 개 반에 해당한다. 이것은 구석기시대 사람들이 대책을 세우지 않고는 대처할 수 없었을 상황인데, 날씨가 추워지면 추워질수록 식물이 귀해지고, 식물이 귀해지면 귀해질수록 사냥감인 초식동물도 줄어들기 때문이다.

구석기시대 지방의 출처는 거의 대부분이 동물성이고, 이는 앞의 단백질 항목에서 소개한 〈표 4〉에 정리돼 있다.

(2) 몇 가지 설명과 몇 개의 숫자

사냥-채집 집단이 식량에서 얻는 지방의 출처는 동물성과 식물성 두 가지이다. 게다가 이들이 먹던 지방과 우리가 먹고 있는 지방은 양적으로나 질적으로 크게 다르다는 점이 주목된다. 식물성 음식은 100g당 3.8g의 지방을 제공하고(143종의 식물에서 구한 평균값), 동물성 음식은 100g당 4.2g의 지방을 제공한다(41종의 동물에서 구한 평균값; Eaton et al., 1992).

동물성 지방의 출처는 군집 생활을 하는 동물 종이 대부분인데, 구성 자체도 매우 다양하지만 지방 함량이 적다. 아프리카의 동물은 온대나 한대기후에 사는 동물보다 지방이 훨씬 적다. 막달레니안 사람들이 가장 많이 먹었던 물고기인 연어와 알은 다른 포유류와 연어과 물고기보다 지방 함량이 4배나 더 많으며, 다른 물고기보다는 훨씬 많다. 매머드와 여름철의 곰은 지방 성분이 많은데, 매머드는 추운 기후에 살기 때문이고, 곰은 겨울잠을 준비하기 때문이다. 동물의 지방 함량은 특정한 기간에 최대치에 도달하는데, 아메리카 들소와 순록은 발정기 전에 가장 많으며, 특히 암컷은 임신 중에 지방이 가장 많다. 연어는 강을 거슬러 오르기 시작할 때 지방이 가장 많아지는 것으로 알려져 있나. 지방이 축적되는 피하지방층의 해부학적 위지도 다양한데, 순록은 하체와 목의 접히는 부분에 가장 많고, 곰은 주걱뼈 사이에 있는 솟기에 가장 많으며 들소는 등에 많다. 매머드의 경우는 몸 전체로 지방의 분포가 퍼져 있다(주 28, 30). 순록의 경우, 살이 한참 오른 좋은 계절인 9월에는 100~150kg 무게의 수컷에서 55%의 고기와 20%의 지방을 추출할 수 있는데, 뺑스방 유적(센-에-마른느 지방)과 베르베리(Verberie) 유적(와즈 지방)에 막달레니안 사람들이 사냥을 하러 찾아오던 때는 9월과 11월 사이였다. 게다가 이때는 가죽이 가장 상태가 좋고 뿔이 제일 발달해 있는 시기이기도 하다(David, 1994: 108; Audouze, 1994; David et al., 1994). 그러므로 단백질이나 탄수화물과 마찬가지로 사냥한 고기, 곤충과 애벌레 혹은 야생식물에서 유래하는 지방의 공급은 계절과 기후에 따라서 변화했겠지만, 슬기사람들은 자연에 대한 지식과 획득 전략을 운용해서 이러한 변동을 최소화시키려고 노력했다. 우리가 식량 보관에서도 보게 되겠지만, 이들이 때때로 동물을 가두어 놓고 이득을 얻을 수 있었던 것도 불가능하지는 않을 것이다.

순록, 사향소, 매머드, 물개 등 손에 꼽을 정도로 예외적인 상황을 제외하고, 야생동물들은 피하지방이 없고 녹으면 기름을 만들 수 있는 비계만 약간 있으며, 순록과 소의 발에 있는 '기름(huile)'과 말기름처럼 액상에 훨씬 가까운 지방체를 갖기도 한다(주 35 참조). 이들 피하지방조직은 계절에 따라서 바뀐다. 내부 조직을 살펴보면, 근육에는 지방이 거의 없고 가축화된 동물처럼 살 사이사이에 지방이 끼어 있지도 않다. 복강의 접힌 부분(장간막과 그물막)에 송아지나 새끼양의 장간막으로 널리 알려져 있는 이른바 '나뭇가지 모양으로'생긴 지방이 있고 내장 지방(콩팥강)이 있다. 지방은 거의 대부분이 뇌와 골수를 구성하는 데 사용된다. 예를 들어, 아프리카 야생동물의 '고기(좁은 의미)'는 지방 함량이 3.9%에 불과하다. 이에 반해 가축으로 길러진 짐승들은 지방 함량이 25~30%이다. 사냥한 동물은 통째로 살림터로 가져오는 것이 아니라 먹을 부분만 가지고 온다. 미국과 캐나다의 연구자들은 사냥 유적이나 살림터처럼 특정한 유형의 유적에 남아 있는 동물뼈를 연구해서, 곧선사람들이 고기를 구하는 것을 가장 중요하게 생각했는지 아니면 지방을 찾는 것을 가장 먼저 생각했는지 알고자 했는데, 선사시대의 생존 전략, 특히 음식물의 운반방식을 이해하기 위해 획득된 결과들을 여러 가지 지표로 계량화하려고 했다(Farizy et al., 1994: 192-193). 비아슈 유적(빠-드 깔레 지방)에서는, 자른 자국이 가장 많이 남아 있는 뼈대 부분은 팔다리뼈의 위쪽 끝과 등뼈인데, 이것은 이 부분에 붙어 있는 가장 좋은 고기를 발라내기 위해서였던 것으로 해석되었다(Augsute et al., 1994: 23, 그림 10). 결국 영양적으로 가장 가치가 높고 단백질과 지방 함량이 가장 높은 부위를 살림터로 가져온 것이다. 순록 사냥꾼들이 지나갔던 에티올(Etiolles) 유적(에쏜느 지방)에서는 말 머리뼈 3개를 한 곳에서 한꺼번에 분쇄되었는데, 골을 빼내기 위해 바스러뜨렸던 것으로 추정된다(Poplin, 1994: 94-110).

알을 식용한 것은 구석기시대에는 몇몇 흔적만 남아 있는데(Leroi-Gour-han, 1984: 66, 그림 37), 들꿩의 알을 많이 먹었던 것으로 짐작되고 추운 시기에는 올빼미같이 작은 동물의 알을 먹었던 것으로 추정된다. 그러나 고(古)조류학자들은 여러 유적에서 250종에 이르는 다양한 종들을 확인했다(Mourer-Chauviré, 1976: 430-434; Vilette, 1987: 765-773). 뼈와 마찬가지로 알도 껍질이 약해서 유적에서 보존되기가 쉽지 않았다. 2만 3,000년 전의 시베리아 동부 지역에 있는 말타(Malta) 유적에서 발견된 거위 혹은 야생 오리로 생각되는 물갈퀴가 있는 조류를 상징하는 많은 환조 예술품이 발견되었는데(Aramova, 1962: 표 LII와 LIII), 이것을 제외한다면 구석기시대의 예술가들은 새를 거의 표현하지 않았다. 이누이트족의 영토부터(Malaurie, 1976: 303) 오세아니아에 이르기까지(Leroi-Gourhan, 1945: 182) 알을 식용하는 것은 어디서나 흔히 있는 일이었고, 바닷새의 알을 더 많이 먹었을 수도 있겠지만, 앞에서 이미 말했던 것처럼 후빙기의 해수면 변동으로 인해서 뷔름 빙하기의 바닷가 근처에 살았던 구석기시대 사람들에 대한 정보는 많이 없다. 이누이트족은 6월의 15일 동안 알을 먹는데, 날로 먹기도 하고 끓여서 먹기도 하고, 신선한 것을 먹기도 하고 신선하지 않은 것도 먹는다고 한다.

한편 아주 많은 유적에서 발견되는 깨진 뼈나 아주 잘게 부스러진 뼈 부스러기들로 골수를 자주 먹었던 것이 입증이 된다. 골수를 빼내는 방법은 여러 가지가 있는데 뼈를 부러뜨린 뒤에 직접 골수를 빼기도 하고 삼각대를 세워서 가죽 자루를 매달거나 땅에 구덩이를 파서 앉힌 가죽으로 만든 그릇에 펄펄 끓인 물을 넣고 빼기도 하는데, 이때는 가죽 그릇 안에 불에 벌겋게 달군 자갈돌들을 나무집게로 잡아서 집어넣는다. 이 방식은 북아메리카 대륙의 인디언들이나 브라질의 인디언들 사이에서 널리 쓰였다(Leroi-Gourhan, 1945: 166). 아르시-쉬르-퀴르의 그로뜨 드 렌느(Grotte de Renne) 유적(욘느 지방)의 무스테리안 사람들은 "골수를 빼 먹을 때 생기는 전형적인 특징이 남아 있는 대형 초식동물의 깨진 뼈"를 남겼다(Leroi-Gourhan, 1957). 뺑스방 유적의 막달레니안 사람들은 순록의 긴뼈에서 뼈끝을 떼어낼 때 늘 같은 방식으로 뼈를 깨뜨렸다(Leroi-Gourhan, 1984: 66, 그림 39). 비아슈 유적의 무스테리안 사람들은 사냥한 옛소들의 긴뼈는 그 자리에서 모두 잘게 깨뜨렸는데, 200개체 정도가 1만 점으로 분해되었다(손목뼈, 발목뼈, 가락뼈는 제외)(Augsute, 1992; Auguste et al., 1994). 플라제올레(Flageolet) I 유적(도르도뉴 지방)의 그라베티안 문화층에서 출토된 뼈 조각에 대한 연구(머리뼈 조각도 포함되는데, 아마도 골을 먹은 것으로 해석된다)와 알래스카 북부의 이누이트족이 오랫동안 먹은 야영지에서 관찰된 자료들의 비교에서 알 수 있듯이, 골수는 3가지 방법으로 추출되었다. 이누이트족은 사슴의 발등뼈와 긴뼈에서 골수를 뽑아냈을 뿐 아니라 크기가 큰 뼈 조각들을 가지고 기름진 국물도 만들었으며 바스러뜨린 뼈끝(평균 2cm의 조각)의 기름기도 뽑아냈었다(Delpech et al., 1974: 47-55). 칼슈타인(Karstein) 유적(독일)의 어린 순록을 사냥했던 사람들도 동일한 행태를 보여 주었다(Baales, 1992-93). 이 두 사례에서 불에 의해 벌겋게 변한 자갈돌이나 심지어 불에 닿아서 터진 자갈돌이 발견되었다(빠또 유적과 도르도뉴의 플라제오레 I 유적, 라인강 근처의 괴네스도르프 유적). 말로리는 북극권에 사는 사람들이 고기와 지방을 언제나 함께 먹는다는 점을 주목했으며 사냥꾼의 귀환도 꼼꼼하게 관찰했다. "에스키모 사람들이 특별히 좋아하는 식량은 순록의 골수이다. 사냥꾼들은 그것에 환장을 한다. 이들은 봄에는 며칠 동안 이것만 먹는다. 거의 경건하다 싶을 정도로 뼈를 잘 닦은 다음에 이것을 돌이나 심지어 이빨로 깨뜨려서 쪽쪽 빨아먹는다. 그래서 이것들이 눈에 띄게 반질반질해지는 것을 보게 된다"(Malaurie, 1976: 302). 긴뼈의 몸통에 들어 있는 붉은 기가 도는 노란 골수와 뼈끝을 물들이고 있는 붉은 빛깔 골수는 지방의 주된 출처이다. 수치화된 자료를 찾을 수는 없지만, 뼈-골수 생체조직검사를 통해서 사람의 경우에는 영양이 결핍되면 어린 연령대에서는 지방의 비율이 50% 정도가 되는 경우가 많고 때로는 그 이상 된다는 것을 알 수 있다. 겉보기와는 다르게 골을 먹는 것과 골수를 먹는 것은 사실은 다르다. 골은 무게의 80%가 수분으로 오히려 수분이 많고 단백질과 지방이 전체 무게의 10% 정도로 거의 비슷하게 들어 있다. 골에는 콜레스테롤이 굉장히 풍부한데, 100g당 2g 정도가 들어 있다(Geigy, 1963: 525). 이를 보여주는 사례로 뺑스방 유적이 있는데, 이 유적에서 발견된 순록의 머리뼈는 뿔이 잘린 뒤에 불에 익혀서 막집 안쪽에 있는 불땐자리 근처에서 먹었다(Leroi-Gourhan, 1976).

지방의 비율은 동물성 기원의 음식물이 차지하는 중요도에 따라서 비율 면에서 다소 차이가 있다. 야생고기 80%와 야생식물 20%로 구성되는 식량 체제에서 지방은 열량의 25%를 제공하지만, 식량 구성비가 반대로 되어 있는 경우에는 열량의 20.5%만 제공한다(Eaton et al., 1985: 287, 표 4). 그러나 이들이 같은 종류의 지방은 아닐 것이다. 이러한 편차는 가축일 경우에 훨씬 더 커지게 될 것이다.

구석기시대 사람의 열량은 지방에서 가져오는 비율이 일반적으로 낮은데 아래 〈표 6〉과 같이 요약할 수 있다(Eaton et al., 1988: 741, 표 1; 지방과 콜레스테롤의 경우는 Eaton, 1992: 818, 표 9)(주 35 참조).

표 6 과거와 현재의 에너지 출처. 현대인은 지방에서 특히 많은 에너지를 얻고 있다. 그리고 우리는 느린 탄수화물의 섭취를 늘려야 할 것인데, 이를 통해 우리가 필요한 에너지의 절반 이상을 얻는 것이 바람직하기 때문이다.

에너지 출처	후기 구석기시대	현재(미국)	전문가
단백질	33%	12%	12%
탄수화물	46%	46%	58%
지방	20~25%	36~40%	<30%
콜레스테롤 섭취	480mg/j	480mg/j	<300mg/j

그러나 사냥-채집 집단과 구석기시대 사람들의 식물성 식량과 동물성 식량에서 가장 중요한 것은 포화지방산과 아테롬경화 발생의 비율이 낮은 반면 몸에 아주 이로운 다가불포화지방산이 상당히 많다는 점이다. 그나저나 이들이 병발감염(infection intercurrente) 때문에 이것에서 혜택을 누릴 만큼 오래

살기나 했을까? 구석기시대 사람들이 먹었던 지방은 현대인이 먹는 지방과 구성이 완전히 다르다. 현대인은 지방에서 36~40%의 에너지를 구하는데, 다가불포화지방산/포화지방산의 비율이 0.5 이하이다. 구석기시대 사람들은 지방에서 20~25%의 에너지를 충당했고 다가불포화지방산/포화지방산의 비율은 1.4 정도였다. 전문가들이 추천하는 지방 섭취 비율은 30% 정도이며 불포화지방산/포화지방산의 비율은 1가량이다(Eaton et al., 1992: 818, 표 8, 9). 따라서 구석기시대 사람들의 지방 섭취 구성은 대단히 주목할 만하다. 가축에 저장되는 지방에는 포화지방산이 많이 들어 있다. 사냥으로 구한 야생고기에는 다가불포화지방산이 가축보다 3~5배 더 많이 들어 있다. 차가운 물에 사는 생선에도 다가불포화지방산이 많다. 전문가들은 남아프리카의 구석기시대 사람들이 캡물소(buffle de Cap)를 먹었다면 아주 균형 잡힌 음식 섭취였다고 평가하는데, 모두 이 야생동물의 고기 덕택이다. 왜냐하면 100g 중에 단백질이 19.3g, 지방이 6.3g 들어 있는데, 다가불포화지방산이 30%이고 단순불포화지방산이 32%이며 포화지방산이 32%로 거의 비율이 비슷한데다가, 다가불포화지방산인 오메가3도 100g 중에 1.9g이 들어 있기 때문이다. 현재 전문가들은 다가불포화지방산 25%, 단순불포화지방산 50%, 포화지방산 25%의 비율을 추천하고 있으며, 다가불포화지방산/포화지방산의 비율은 1을 권장하고 알파-리놀렌산/리놀렌산(n-3)의 비율은 0.6을 추천하고 있다. 이 권고에 따르자면 리놀렌산이 알파-리놀렌산보다 6배가 많아야 하는 것이다. 그렇지만 다가불포화지방산을 과잉 섭취하는 것도 몸에 해롭다. 이것은 쉽게 산화가 되어서 혈관의 아테롬을 조장하기 때문이다(Debry, 구두 정보, 1993년 11월).

사실 지방산은 여러 길이의 탄소 원자가 사슬처럼 결합되어 있는 것이다. 탄소 수가 16개인 팔미트산과 탄소 수가 18개인 스테아르산처럼, 각각의 탄소가 2개의 수소 원자를 갖게 되면, 지방산이 포화되었다고 말하는데, 상온에서 고체 상태이다. 반대로 하나 혹은 여러 개의 사슬 지점에서 나란히 있는 2개의 탄소가 하나의 수소만 가지고 있고 이들이 이중결합으로 두개씩 연결되어 있다면, 이 지방산은 불포화라고 말하며, 액체의 형태를 띤다. 탄소 수 18개에 이중결합이 단 1개만 있다면 이것은 단불포화산인 올레산(18:1(n-9))인데, 올리브유·땅콩기름·유채기름이 여기에 속한다. 이중결합이 2개이면 리놀렌산이며(18:2(n-6)), 이중결합이 3개이면 알파-리놀렌산이다. 리놀렌산과 알파-리놀렌산은 긴 폴리카본 사슬을 가진 다가불포화지방산의 두 가지 계열이다.[36] 지방산은 반드시 필요한 것이지만 사람은 이것을 자체적으로 합성시킬 수 없기 때문에 리놀렌산을 식물이나 해바라기·콩·옥수수·호두와 같은 기름에서 찾아야 하고, 알파-리놀렌산을 정어리·청어·대구·연어 등의 고기와 생선 기름에서 얻어야 하는데, 알파-리놀렌산은 특히 혈소판의 응고를 막는 데 필요하다. 지방산은 여러 가지 기능을 갖고 있는데 세포막 단계의 구조적 기능적인 면에서 중요하고, 전구체의 호르몬 역할을 하며, 세포 내부와 외부의 메신저 역할도 하고, 에너지의 역할도 한다. 지방산이 지용성 비타민의 섭취를 돕고 고기를 부드럽게 하고 음식물을 맛있고 부드럽게 만드는 것과 같은 우리 모두가 알고 있는 특성은 더 언급할 필요도 없겠다.

동물성과 식물성 지방산의 분포는 〈표 7〉과 같다. 3,000kcal를 얻기 위해

표 7 식물의 기원에 따른 지방산의 분포(S. Boyd Eaton에 따름). 다가불포화지방산/포화지방산의 비율은 1.45이다. '좋은' 불포화지방산은 야생식물과 물고기·사냥한 야생고기에 많다. '나쁜' 포화지방산은 전체 에너지의 6%만 제공한다. 그러나 현대인은 가축과 가공된 돼지고기, 유제품을 먹기 때문에 이 표와는 완전히 다르다.

지방산(%)	동물	식물	계	지방(%)
포화	11.4	8.1	19.5	23.7
단순불포화	11.1	23.4	34.5	42
다불포화	8.2	20	28.2	34.3

표 8 과거와 현재의 음식물에 들어 있는 지방산의 분포. 구석기시대의 음식물에는 몸에 좋지 않은 포화지방산이 조금만 있고 몸에 좋은 불포화지방산은 많이 들어 있다. 현대 전문가들이 제안하는 음식보다 훨씬 품질이 좋았을지도 모르는데, 특히 다가불포화지방산이 많기 때문이다.

지방산 %	전문가	구석기시대	현재
포화	25	23.7	45
단순불포화	50	42	42.5
다불포화	25	34.3	12.5

서, 1,360g의 식물성 음식과 732g의 사냥한 야생고기를 먹으면, 식물성 음식에서 51.7g의 지방을 얻게 되고 고기에서 30.7g의 지방을 얻게 된다(Eaton, 1992: 818, 표 8).

사냥과 물고기잡기로 구한 식량들은 대체적으로 오메가3 다가불포화지방산이 특히 풍부하다. 이것은 그린란드 사람들이 먹는 추운 바다에 사는 물고기에도 많이 들어 있는데, 이 물고기들은 피토플랑크톤을 먹고 산다(Capron, 1993: 164-170). 오메가3 다가불포화지방산은 아테롬과 연관된 혈관질환을 막아 주고, 실로미크론과 리포단백질의 밀도를 낮춰 주거나 아주 낮춰 주는데, L.D.L.[low density lipoprotein의 약칭. 저비중리포단백질]과 V.L.D.L.[very low density lipoprotein의 약칭. 초저비중리포단백질]은 혈장 속으로 지질을 운반하는 역할을 한다. 그 밖에 콜레스테롤과 트리글리세리드의 밀도도 낮춰 주고, 혈관을 보호하는 고밀도의 리포단백질(H.D.L.)[high density lipoprotein의 약칭]을 증가시켜서 혈압을 낮춰 주고 혈소판의 응고를 막아 주며 심지어 과잉섭취로 인한 비만이나 유전적 비만을 감소시켜 준다. 가축화된 소는 오메가3 다가불포화지방산이 거의 없으며, 유제품도 마찬가지이다. 돼지에는 지방산이 약간 있고 말에는 지방산이 돼지보다 조금 더 많이 있다. 그러나 지방이 별로 없는 사냥한 야생고기와 지방이 많은 가축의 콜레스테롤 함량은 큰 차이가 없었다(앞의 책: 815, 표 1, 2). 591mg의 지질이 들어 있는 고기 35%와 식물 65%의 식단을 소비했던 구석기시대 사람(P/S 비율 1.4)과 하루에 1,299mg의 지질이 들어 있는 다량의 고기(80%)와 소량의 식물(20%)를 소비하는 사람들 사이도 마찬가지로 큰 차이가 없다(P/S 비율 0.91). 현존하는 아메리카 인디언들의 섭취량은 하루에 480mg으로(Eaton et al., 1985: 287-288, 표 4, 5; 1992: 818, 표 9) 구석기시대와 같으며, 전문가들이 추천하는 분량은 최대 300mg이다(P/S 비율 1로). 그렇다면 최근 몇 년 전부터 우리가 생각하고 있는 것과는 다르게, 콜레스테롤이 많이 들어 있는 음식물이 질병에 결정적인 영향을 주지 않는다는 점이 확인된다. 그린란드와 라플란드에 사는 이누이트족은 예전

그림 21 성장이라는 면에서, 크로마뇽 사람의 키는 우리보다 훨씬 컸는데, 단백질 섭취가 많고 신체 활동이 많아서 그랬을 것이다(이탈리아 아레느 칸디드Arène Candide 유적의 그라베티안 소년의 무릎).

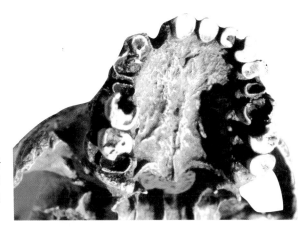

그림 22 구석기시대에는 충치가 드물었다. 브로큰 힐(Broken Hill) 유적(잠비아)에서 발견된 옛유형 슬기사람은 예외적인 사례이다.

그림 23 구석기시대에 충치는 드물었지만 위생 불량으로 생기는 치주염 때문에 중년이 되면 치아가 자주 빠졌다.

에는 콜레스테롤이 낮고 오메가3 다가불포화지방산이 풍부한 물개나 고래 고기, 생선살을 다량으로 섭취했다. 이들은 혈관 내 콜레스테롤 수치가 낮은데, 모든 사냥-채집 집단이나 원숭이도 마찬가지로 이 수치가 낮다. 콜레스테롤을 혈장 안으로 이동시키는 리포단백질의 함량이 아주 적절하고 트리글리세리드는 낮아서 피가 응고되는 시간이 매우 길다고 알려져 있는데, 대륙에 사는 덴마크 사람보다 2배 이상이다. 서구 사회에서는 아주 흔한 질환이고 특히 남성유형 비만과 연결되어 많이 발생하는 심장혈관질환이 이들에게는 없었으며,[37] 이들의 주된 사망 원인은 감염성질환 혹은 염증성질환이었다. 그리고 이누이트족 사람들은 출혈성질환이 주된 사망 원인일 수도 있다. 앙리 드 룸리 (Henry de Lumley)가 "선사시대 사람들은 (심근)경색으로 죽었을까?"라고 질문을 한 적이 있다(Lumely, 1991: 11). 여기에 대해 우리는 "아니오, 있었더라도 그렇게 자주는 아닙니다"라고 대답할 수 있다.

꽃가루가 라스코 동굴에서 확인된 적이 있는 호두와 개암(Leroi-Gourhan Arl. et al., 1979: 75-80)은 다가불포화지방산이 풍부하다. 쉐이니에(A. Cheynier) 박사는 불에 탄 호두와 개암과 더불어 달팽이의 껍데기가 유적에서 다량으로 출토되었다는 것을 보고한 적이 있다(Cheynier, 1967: 37-38).

우리는 앞서 남성유형 비만과 여성유형 비만을 비교해서 살펴보았다. 남성유형 비만은 구석기시대 사람을 표현한 예술작품에서 드물게 나타나지만, 2만 년 동안 예술가들이 즐겨 사용했던 주제인 여성유형 비만은 남성유형 비만보다 훨씬 일찍부터 나타나는데, 여성유형 비만은 영양과다와 연관성이 적었고, 당시 사람들의 비만은 당뇨병 발병 위험이 낮았고 신체 활동과 덜 연계되어 있어서, 현대인의 비만보다 덜 위험하다.

4) 물과 무기염류

(1) 물은 어디에나 있다

물은 사람의 생활 전반에 필요하다. 물의 공급은 모든 살림터를 자리 잡을 때 필수요건이며, 심지어 구석기시대 집처럼 임시 거처인 경우에도 필요했다.

사람에게 필요한 물은 하루에 평균 2.5리터이다(Dupin, 199: 959-960). 이 분량은 음식으로 충족되거나 단백질이 대사할 때 발생하는 산화 반응으로 충당되기도 하는데, 양은 아주 적어서 하루에 300g 정도 채워진다. 그 밖에 단백질 100g에서 45g, 탄수화물 100g에서 40g, 지질 100g에서 107g의 물이 나오는데, 이 영양소들은 음식에서 오거나 인체 조직의 이화반응에서 온다(Richet et al., 1971: 39, 표XII) 물의 필요량은 외부 온도, 신체 활동, 열과 더불어 증가한다.

적어도 우리가 살고 있는 위도에서는 물에 관한 문제는 여러 가지 각도에서 생각할 수 있을 것이다. 첫째는 물이 있는 곳의 위치이다. 사람들이 거처로 정하는 곳 주변에 샘이 있을 수 있고 석회암 지역에서는 물이 나오는 지점이 다양하다. 하천이나 베제르강처럼 석회암 대지에서 강바닥이 깊게 파인 몇몇 강들이 대단히 중요한 역할을 했다. 두 번째는 물을 어떻게 운반했는지 하는 문제를 생각할 수 있겠다. 마지막으로 생활에 필요한 자원을 획득하는 데 있어서 물의 역할을 생각할 수 있겠는데, 사냥꾼들은 뺑스방 유적처럼 사냥 대상인 동물들이 반드시 지나가야 하는 여울목을 활용하거나 샹플로(Champlot) 유적처럼 동물들이 물을 마시러 찾아오던 곳을 활용했으며, 빙하기 당시의 해안가는 지금은 바다가 되었기 때문에 잘 알 수 없지만 낚시꾼들은 강을 활용했을 것이다. 채집하는 사람들에게서는 물이 기후와 계절에 따라 다르고, 생업 활동과 깊은 관련이 있다.[38]

그러나 이 모든 것에도 불구하고 물질적인 증거는 거의 남아 있지 않다. 인류가 기원한 아프리카의 탄자니아 올드바이 계곡의 리프트(Rift) 계곡과 에티오피아 오모(Omo)의 낮은 계곡부터 뺑스방 유적(센-에-마른느 지방)이나 레제지 지역(도르도뉴 지방)의 크로마뇽사람들이 살았던 집자리에 이르기까지, 사람들은 거처를 정할 때 계곡을 선호했다. 계곡은 수천 년에 걸쳐서 바닥이 패이게 되었는데, 인류가 살았던 가장 오래된 흔적은 강 옆에 형성된 지역에서 단구의 가장 높은 곳에서 발견되었다. 그렇지만 네안데르탈사람들은 고원지대에 자주 살았고 도르도뉴 지방의 리샤(Richard) 유적과 꽁뜨(Compte) 유적처럼 크로마뇽사람들이 점유했던 바위그늘은 강바닥에서 아주 높은 절벽에 있을 때도 있었다. 물과 관련하여 그릇을 사용했던 증거를 볼 수 있는데, 그것은 가죽으로 만들었을 가능성이 있다. 브뤠이 신부는 사하라 지역에서 전기 구석기시대에는 유적이 넓게 분포했지만 이후로는 주거지가 감소되었는데, 이러한 변화는 우기와 건기가 교체되던 현상과 관련이 있다고 설명했다(Breuil et al., 1959: 81).

가죽을 팽팽하게 펼쳐서 그 위로 빗물이나 이슬을 받는 것이나 눈이나 얼음을 녹여서 물로 만드는 것은 흔히 있는 생활방식이라기보다는 생존 기술의 일부이기는 하지만 선사시대 동안에 이런 활동이 있었다는 것을 보여 주는 자료들은 없다. 그러나 모든 사냥 집단에게 동물의 행태를 관찰한다는 것은 물을 마시는 곳의 위치를 안다는 것을 의미한다(Wiseman, 1993: 35-36; Weiss, 1993: 92-95). 마찬가지로 크로마뇽사람들이 사냥감의 흔적을 추적해서 이것을 표시한 것은 거의 확실하다(Delluc, 1985: 56-62).

걸쭉한 죽 만들기는 지방과 관련하여 이미 언급하였고, 이제는 물이 음식을 준비하는 데 어떻게 이용되는지 살펴보겠다. 뼈 혹은 상아로 만든 뾰족한 모양의 유물이 도르도뉴 지방의 르 푸르노 뒤 디아블르(Le Fourneau du Diable) 유적과 꽁브 까펠(Combe Capelle) 유적, 랑드 지방의 브라쌍프이(Brassampouy) 유적과 같은 그라베티안 시기의 유적에서 발견되고 있는데, 바깥에 깊은 홈이나 울퉁불퉁한 부분이 생기도록 평행한 선을 새겨 놓았다. 이것은 끈을 묶거나 이 끈이 미끄러지는 것을 방지하기 위해 만들어 놓은 장치로 생각되는데, 가죽으로 만든 자루의 마개로 추정한다(Delluc, 1987: 58, 62, 그림 13). 민족지학자들은 북극권에 사는 사람들이 천연 방수주머니가 되는 순록의 오줌보를 들어내서 사용한다는 것을 알려 주었고 많은 집단들이 식물을 우려내거나 달인다는 것도 밝혀내었다.

뉴욕의 미국자연사박물관에 퀴브르(Cuivre) 이누이트족이 사용하던 뼈로 만든 마개가 있는데, 순록의 소화기관에다 순록의 피를 가득 담은 뒤에 이 마개로 틀어막았다. 바핀(Baffin) 이누이트족은 뼈나 상아로 갈고리를 만들어서 사용하는데, 물개가 피를 흘리는 것을 방지하기 위하여 상처를 막는 데 사용했다. 솔뤼트레안 문화 이후로 새의 긴뼈를 이용하여 만든 유물이 나오는데, 뼈로 만든 바늘을 보관하던 바늘집으로 사용되었을 가능성이 있다. 알래스카에서는, "생리 중인 여성들이 길고 가는 몇 개의 통을 사용하였는데, 아마도 입을 대지 않고 물을 마시기 위해서 그랬던 것 같다. 이런 여성들이 입을 직접 대고 물을 마시는 것은 물을 오염시키는 행위로 여겨졌을 것이다"(Leroi-Gourhan, 1936: 58).

동굴벽화에 사용되었던 황토나 망간 염료를 개고 바르는 데 동굴의 석회 성분이 들어 있는 물이 가장 적절하다는 것이 실험으로 밝혀졌으며, 빌라르 동굴유적(도르도뉴 지방)의 그림의 방(Salle des Peintures)이 발견되었을 때 석순으로 된 넓은 잔이 나왔다. 이 잔은 당시 종유석에서 떨어지는 물을 받는 데 쓰였을 것으로 추정된다(Delluc, 1974: 11-12, 그림 6).

돌등잔과 돌잔을 제외하고 구석기시대의 그릇에 대해서는 알려진 바가 없는데, 르루와-구르앙은 북쪽 사람들이 사용하는 방식으로 자작나무의 나무와 나무껍질 같은 식물성 재료가 그릇으로 쓰였을 것으로 생각했다(들뤽의 질문에 대한 구두 답변, 1979). 이에 반해, 신석기시대에 토기가 발명되면서 광범위하게 사용되었으며, 토기는 후빙기시대의 시대 편년과 문화 단계를 구분하는 데 중요한 역할을 하고 있다. 우유와 유제품의 소비는 목축을 시행한 결과 중의 하나이다.

꿀과 다양한 과일들은 자연적으로 발효될 수 있으며, 농사를 짓기 이전 사람들이 이것을 몰랐을 것이라고 할 수는 없다. 이튼은 20세기에 관찰되었던 95개의 원시 사회 중에서 산 부쉬맨, 이누이트족, 호주 원주민과 같은 사냥-채집 집단을 포함하여 46개 집단이 알코올성 음료수를 발효를 통해 만들 수 있다는 것에 주목했다. 이들의 음료수는 증류법으로 만들어진 것보다는 알코올 도

수가 훨씬 낮지만, 계절에 따라서 정기적으로만 제작되었고 빠르게 마셔 버렸다. 그 외에는 알코올의 소비를 강하게 금지하는 사회적인 규범이 있기도 하고 일부러 알코올을 섭취하는 의식으로 만들기도 하였다(Eaton et al., 1988: 741-742). 많은 민족들이 중독성이 있는 물품을 다양하게 소비하고 있다. 아메리카 대륙에서는 담배와 코코아를 사용하고 아시아·아프리카와 남아메리카에서는 인도 대마나 해시시·마리화나와 같은 카나비스를 피우며, 동양에서는 마약을 사용한다. 그리고 시베리아에서는 환각성 버섯(광대버섯)을 먹고 멕시코에서는 환각 작용이 있는 선인장과 식물인 뻬요틀(peyotl)을 섭취한다(Leroi-Gourhan, 1945: 191). 극히 제한된 지역에서 서식하는 식물들이 사람의 중앙신경의 인지 과정·기분·작성을 조직하는 핵심 세포에 영향을 끼치게 되는데, 이런 자극을 느낄 수 있는 신기한 수용체를 가지고 있다. 그런데 우리는 이런 흥분 물질을 그렇게 멀리서 찾지 않아도 된다는 것을 알게 되었다. 사람은 스스로 엔도르핀과 카나비노이드(cannabinoïde)를 분비하는데, 신경 수용체들은 내부에서 생성되는 이런 물질에 신경이 흥분하도록 놓아두며 식물에서 추출되는 비슷한 성질의 물질에도 역시 반응을 보인다(Schartz et al., 1994).

모유는 87%가 수분이며 젖먹이에게 필요한 수분을 충분히 제공함과 동시에 성장에 필요한 단백질(그중 면역글로블린 A), 지질, 탄수화물, 무기염과 비타민을 충족시켜 준다.

물은 선사 예술에 등장한 적이 한 번도 없는데, 대지의 표면을 나타내는 요소들과 동물 그림을 배치할 때 사용되었을 것으로 여겨지는 지평선도 마찬가지이다. 라스코 동굴의 네프(Nef)[네프는 성당의 중앙홀이라는 뜻으로 라스코 동굴 내부에 있는 절리(節理)인데, 사슴, 말 등 50여 점의 그림과 기호가 발견되었다. 라스코 동굴 내부 명칭은 성당 건축물에서 차용한 경우가 많다]에 있는 벽화가 사슴떼가 강을 건너고 있는 장면을 연상시킬 수 있다고 주장하는 학자들이 일부 있는데(Laval, 1954: h-t. 20-21), 첫 번째 사슴은 이미 한창 수영을 하는 중이고, 뒤를 따르는 나머지 사슴들은 헤엄을 치기 시작했거나 준비가 되었다고 보았다. 그러나 브뤠이는 '단순한 가설'이라고 신중하게 결론을 내렸다(Breuil, 1952: 130). 로르테(Lortet) 동굴(오트-피레네 지방)에서 발견된 굼막대(bâton percé)에 사슴 3마리와 연어 6마리가 잇닿아 있거나 겹쳐 그려져 있어서 장식에 대해서 동일한 가설이 제기되었다(Delluc, 1985: 39). 로슈뤠이(Rochereil) 유적(도르도뉴 지방)의 굼막대 장식도 강물의 흐름을 표현한 것처럼 설명되었다(Marshack, 1976: 124-125). 그러나 이러한 해석을 뒷받침해 주는 직접적인 자료는 전혀 없다. 반은 동굴 예술품이 나오는 지역과 물이 있는 곳이 지리학적으로 일치한다는 관찰에서 출발하여 물의 신화에 대해 주장했다. 피레네 산맥은 온천수와 광천수가 풍부한 곳이며 크로마뇽사람들이 만들어 놓은 동굴벽화도 많은 지역이라는 점이 논거가 되었다(Bahn, 1985: 125-134).

(2) 한 알갱이의 소금으로

신체 내부의 균형, 특히 수분의 균형은 콩팥이 세포 외부의 주된 양이온인 나트륨과 이것과 연관된 물의 대사과정을 통해서 조절한다. 이 과정에서 사구체가 걸러낸 나트륨이 토리쪽관과 콩팥고리에 의해 거의 대부분 재흡수되는 짐이 흥미로운데, 민쪽관은 콩팥-앤지오텐신-알도스테론 시스템을 동해서 필요에 따라 나트륨을 조절하는 정도이다. 열대 지방의 동물들처럼, 사람의 콩팥은 하루에 적은 양의 나트륨 공급으로도 유지하도록 되어 있고 '경제적으로(à l'économie)' 기능한다. 콩팥관은 중요한 역할을 하는데, 콩팥은 하루에 결합된 수분과 함께 걸러진 소금 1,000g을 거의 다 재흡수하고 몇 g만 소변으로 배출한다(Pitts, 1970: 86-120, 206-219). "파충류, 조류, 사람을 포함한 포유류는 본질적으로 건조한 지역에 사는 생물종"이라고 보았다(앞의 책: 87). 우리는 여기서 인류의 기원이 아프리카라는 것을 확인할 수 있을 것이다. 말이 나온 김에, 콩팥-앤지오텐신-알도스테론이 생성되고 먼쪽관에서 나트륨이 회수되는 것은 곧게 두 발로 서는 자세를 도와 주기 때문에, 이러한 시스템이 두 발로 곧게 서는 자세를 선택한 아프리카 초기 인류의 삶에 도움이 되었을 것이다.

소변이나 소화, 땀으로 손실되는 나트륨은 적은 양의 공급만으로도 충분하다. 온대지역에서는 하루 1~1.5g 정도 최소량의 염화나트륨이면 충분하고, 이것을 나트륨으로 환산하면 0.4~0.6g이 된다(Jacotot et al., 1992: 5-6). 이 정도의 나트륨은 음식물로 충당될 수 있어서 추가적인 섭취는 필요하지 않다. 인류는 청동기시대 말기부터 육지의 소금을 이용하고 해수에서 소금을 추출하기 시작했다(Roussot, 1978: 51). 소금이 음식에 맛을 더해 주고, 상징성도 있으며 음식을 보관하는 데 사용되면서(Toussaint-Samat, 1990: 540-554) 사용량이 점점 늘어나, 현대인은 하루에 10~15g의 소금을 소비하고 있다. 아이누족의 후손인 홋카이도 사람들이나 혼슈 북부 지역 일본인들은 염장된 고기를 자주 먹는데, 하루 나트륨 섭취량이 30~40g에 달하기도 한다. 따라서 콩팥은 많은 나트륨을 감당해야 하고 이 때문에 이들은 고혈압과 심장혈관합병증에 유럽인들보다 훨씬 많이 시달리고 있다(Meyer, 1982: 114-115). 아프리카나 미국에서 서구적인 삶의 방식에 노출된 아프리카 사람들은 고혈압과 심장혈관합병증의 빈도가 특히 심각하게 나타나는데, 혹시 이들이 다른 지역 사람들에 비해 특별하게 나트륨을 경제적으로 활용하고 더 빠르게 통과시키는 유전자를 가진 탓은 아닌지 짐작하게 한다. 이누이트족은 추운 날씨 덕분에 거의 염장을 하지 않고도 생선을 보관할 수 있었기 때문에 앞의 사례와는 정반대였다.[39]

이튼의 분석과 계산은 이러한 생리학적 관찰이나 민족지적 관찰과 잘 일치한다. 연구 대상이 된 14종의 야생식물은 100g당 10.1mg의 나트륨을 가져다주고, 야생동물이나 가축화된 동물은 100g당 68.75mg의 나트륨을 제공한다. 만일 동물성 35%(788.2g)와 식물성 65%(1,463.8g)로 구성된 식량체계라면, 차례로 541.9mg의 나트륨과 147.8mg의 나트륨, 즉 하루 689.7mg의 나트륨을 섭취하는 것이 된다(Eaton et al., 1985: 286). 완벽하게 합리적인 이 소비는 무게로 환산하자면 하루 1.7g의 염화나트륨에 해당된다.

(3) 야생동물과 야생식물에 함유된 포타슘

포타슘은 많은 음식물 속에 들어 있다. 이것은 중요한 세포내 양이온으로 생명과 관련된 중요한 기능 대부분에 관여한다. 100g의 동물성 음식물(사냥한 야생고기)은 387.5mg의 포타슘을 제공하고 야생식물은 550mg의 포타슘을 제공한다(Eaton et al., 1985: 286). 따라서 35%의 동물성(788.2g)과 65%의 식물성 (1,463.8g)으로 구성된 식량체제는 동물성 식량에서 3,053.5mg의 포타슘을 얻게 되고 식물성 식량에서 8,052mg의 포타슘을 얻게 되어서, 무게로 환산하자면 11g이 조금 넘는 포타슘을 섭취하게 된다. 사실 "포타슘의 투입과 배출 대차대조표는 함정이 많은데, (중략) 음식물에 들어 있는 포타슘 함량은 원산지·계절·조리방법 등 시료에 따라서 가변적이다"(Richet et al., 1971: 89). 하루에 필요한 양은 1g 정도로 많지는 않지만 성장기에는 질소 융합으로 포타슘이 소비되기 때문에 더 많이 필요하기 때문이다. 현대인은 3~5g이 필요한 것으로 가늠된다. 그러나 인체는 콩팥-앤지오텐신-알도스테론에 따라서 나트륨 조절과 산성 이온 $H+$ 배출과 함께 먼쪽관으로 소변을 배출하는 적응 덕분에, 투입되는 양과 배출되는 양이 균형을 유지하고, 콩팥 기능이 부실할 때를 제외하면 과식을 했을 경우에도 이렵거나 불편하지 않을 정도로 균형이 잡혀 있다 (Richat et al., 1971: 85-89). 구석기시대와 비슷하게 소금을 아주 적게 섭취하는 식단일 경우, 인체 조직은 고알도스테론증을 통해서 나트륨을 최대한 경제적으로 사용하고, 다행히도 먼쪽관 단계에서 소금의 필요량을 증대시켜서 많은 포타슘이 배출되도록 한다.

(4) 많은 칼슘

칼슘은 신체 조직에서 가장 풍부한 이온으로 성인의 경우 1kg 이상 가지고 있으며, 99%가 뼈 속에 들어 있다. 칼슘은 비결정체 인산칼슘과 결정화된 수산화인회석의 형태로 골뼈와 치아를 단단하게 만들어 주지만 신경-근육의 자극반응성·혈액 응고·세포막의 통합과 기능·효소와 호르몬 기능과 같은 생명유지에 필수적인 다른 기능도 가지고 있다. 필요량은 하루에 1g 정도인데 청소년기와 임신 중에는 1.5g으로 증가하고, 수유기간에는 2~3g으로 늘어나고, 폐경 이후에도 대단히 중요하다(Jacotot et al., 1992: 9). 현대인이 섭취하는 칼슘은 부족하며, 특히 여성이 많이 부족하다.

진화론적인 관점에서 보자면, 사실 칼슘의 출처는 최초의 식충 영장류 이후 많이 변화해 왔다. 곤충과 애벌레는 사냥한 야생고기와 야생식물보다 10배 정도 많은 칼슘을 함유하고 있다(곤충: 100g당 116.9mg, 애벌레: 100g당 128.8mg, 야생고기: 100g당 14.2mg, 야생식물: 100g당 132.6mg)(Eaton et al., 1991: 282S, 표 1). 식물은 사냥한 야생고기보다 칼슘이 더 풍부하기는 하지만, 제공되는 열량으로 비교한다면 거의 비슷하다(앞의 책: 표 3). 구석기시대에 칼슘은 동물성 식량과 식물성 식량에서만 구할 수 있었으며, 석회암 지대의 물에서 1리터에 100mg 정도 극히 소량으로 얻을 수 있었다. 오늘날에는 유제품이 칼슘의 주된 출처가 되는데, 우리가 유제품을 충분히 섭취하지 않는데다가 여기에 포화지방산이 많이 들어 있어서 문제가 되기는 한다. 인은 대사과정에서 칼슘과 연결되어 있으며 특히 뼈에 많이 들어 있는데, 칼슘과 다르게 음식물 어디에나 존재한다.

동물성 식량과 식물성 식량의 비율 35%-65%로 3,000kcal를 얻는 식량체계를 가정하면, 하루에 섭취해야 하는 칼슘은 1,799mg이 된다. 이러한 칼슘의 섭취는 동물성 식량 80%, 식물성 식량 20%로 구성되는 '추운' 식량체계에서는 750mg으로 줄어든다(앞의 책: 282S, 284S, 표 5). 위에서 말한 것처럼, 일부 유적에서 긴뼈의 몸통 부분을 먹었던 이유 중 하나일 것이다. 그러나 이런 극단적인 상황을 제외하면, 하루에 2g 정도를 섭취하는 구석기시대의 식단은 청소년, 임산부, 수유 중인 여성을 포함하여 모두 필요한 칼슘 양을 충분히 섭취할 수 있었다.

칼슘 섭취와 관련된 기초자료에 다양한 변수가 개입될 수 있기 때문에 칼슘 섭취가 구석기시대 사람들에게 미친 영향에 대해서 물어 보는 것이 당연하겠다(앞의 책: 282S-284S). 섬유질을 다량으로 섭취하면 칼슘과 대장 점막의 직접적인 접촉이 방해를 받아서 이론적으로는 칼슘의 동화작용이 줄어들 수 있지만(아연과 철도 마찬가지), 현존하는 사냥-채집 집단에서 이것은 무시할 수 있는 정도인 것으로 밝혀진다. 수산, 특히 피트산은 창자에서 소화되는 과정에서 칼슘을 추출하여 불용성 칼슘염 생성을 돕지만, 피트산은 곡류에는 거의 들어 있지 않다. 너무 많이 섭취해서 소화기관 내부에 지방산이 과다하면 불용성 비누(savon)가 형성되지만 구석기시대 사람들은 우리보다 지방 섭취가 훨씬 적었다. 인을 함께 섭취하면 1/2~2의 비율로 칼슘의 흡수를 극대화시키는 효과가 있다(Jacotot et al., 1992: 10). 인은 고기, 생선, 콩과 식물(칼슘도 역시 많음)에 많이 들어 있는데, 칼슘/인의 비율이 너무 높으면 인의 흡수를 방해하기 때문에 피해야 한다(칼슘과 마찬가지로 인은 부갑상선호르몬과 비타민 D와도 연결되어 있다). 몇 종류의 단백질은 칼슘을 소변으로 유출시킨다. 단백질, 특히 동물성 단백질은 많이 섭취하면 칼슘의 소화 재흡수에 유리하지만, 우유에 들어 있는 카제인과 락트알부민, 밀의 글루텐이 이러한 역할을 하는데, 구석기시대 사람들은 이것을 조금 먹거나 아예 먹지 않았다(Eaton, 1990: 36-38; Eaton et al., 1991: 284S). 길게 보자면, 동물성 단백질이 풍부한 식단에서 칼슘의 균형은 조화를 이룬다. 비타민 D를 충분히 먹으면, 칼슘이 창자 내에서 흡수되는 것을 도와주며 뼈에도 작용한다. 구석기시대 어린이의 뼈대 연구에서는 영양실조 혹은 일사량의 부족이 초래할 수 있는 구루병은 나타나지 않는다.

칼슘의 적절한 섭취와 뼈의 칼슘 집적을 도와 주는 신체 활동은 슬기사람의 몸통뼈 피질의 두께를 설명해 준다.[40] 8,000년에서 1만 년 전에 살았던 팔레스타인의 나투피안 사람들도 현대인보다 17%나 두껍다. 그런데 뼈의 밀도는 농부 집단에서 낮아졌다. 그들의 식단에는 단백질이 적고 다른 식물에 비해서 곡류에는 칼슘이 1/4밖에 되지 않고 인은 3배나 많다. 신석기시대 사람들이 섭취한 곡물 중 일부는 피트산이 많이 들어 있다(앞의 책: 284S-285S).

골다공증은 뼈의 부피와 밀도가 줄어드는 것으로, 허벅지뼈처럼 뼈가 부러지기도 하고, 현대인에게는 특정한 나이부터는 아주 흔해지는 척추뼈 압축으로 나타난다. 오늘날 아주 흔한 질병인 골다공증은 노화·폐경·정착생활과 칼슘과 단백질 부족으로 촉발된다(Froman et al., 1970). 선사시대의 등뼈에서 척추뼈 압축이 뚜렷하게 나타나는 사례는 없다. 그러나 라 샤펠-오-쌩 유적에서 발견된 네안데르탈 노인의 뼈에는 척추관절증 증세가 뚜렷하게 남아 있어서, 뼈돌기를 둘러싸고 있는 등뼈가 일부 납작해져 있다. 현존하는 사냥-채집 집단이나 북극권에 사는 사람들은 골다공증이 있는 노인들이 없다. 그러나 식물성 음식을 적게 섭취하고, 뷔름 빙하기의 가장 추웠던 시기의 구석기시대 사람들의 식단과 엇비슷한 동물성 80%와 식물성 20% 식단을 가졌던 이누이트족은 골다공증이 우리보다 훨씬 빠른 나이에 시작되고 증세도 훨씬 심했다. 골다공증은 특히 아메리카 인디언과 지중해 연안의 선사시대 뼈에서 많이 관찰되는데, 단백질, 칼슘, 철분 부족으로 인한 빈혈과 같은 영양결핍이 원인인 것으로 보인다(Von Endt et al., 1982; Uljjaszek, 1991; Stuart-Macadam, 1992).

충치와 신장의 발달은 2개가 연결되어 일어난다. 충치는 후기 구석기시대에는 매우 드물었다. 첫 번째, 충치를 가장 많이 앓았던 것은 사냥과 조개잡이를 했던 아팔루 부 뤼멜 유적(알제리)에 살았던 이베로-모뤼지안(Ibéro-Maurus-ien) 문화의 슬기슬기사람으로, 50명 정도 되는 사람 뼈에서 800개의 치아를 찾았는데, 이 중에서 3.4%가 충치를 가지고 있었다(Frageadou, 1984: 88). 그렇다고 해도 현재와 비교하면 1/10 수준이다. 충치는 거의 대부분이 칼슘의 수산화인회석으로 된 사기질이 국소적으로 탈광물화-재광물화면서 일어난다. 그러나 위생상태가 불량해서 박테리아성 미생물이 발달하거나 불소가 결핍되거나 자당이 많이 들어 있는 특정 탄수화물을 먹는 것 같은 다른 원인들도 충치를 발달시킨다(Debry, 1993: 160-163). 자유로운 상태로 사는 동물에서는 충치가 드물다. 100여 마리의 야생 염소를 분석해 보았더니 그중에서 몇몇 경우만 관찰되었다(Couturier, 1962: 338). 두 번째로, 사람의 키는 유전적인 요인과 음식물과 같은 외부적인 요인과 모두 관련이 있는데, 개인적인 편차가 물론 크겠지만 극히 단순화시켜서 본다면 3단계로 발전했다. 1단계는 인류의 기원부터 크로마뇽 시대까지로, 속도는 느리지만 점진적으로 신장이 커졌다. 초기 인류의 키는 1m 조금 넘다가 크로마뇽사람은 1.8m 가까이 되었다. 2단계는 신석기시대에 시작되는데, 신장이 10% 정도 빠르게 줄어들었고 이렇게 왜소한 상태가 아주 최근까지도 유지되었다. 신석기시대에 이렇게 키가 작아지는 것은 다양한 요인들과 관련이 있는데(Eaton et al., 1991: 284S-285S), 곡물이 기본적인 식량이 되었고, 인구의 팽창과 더불어 단백질 섭취는 줄어들었으며, 칼슘의 섭취와 흡수가 줄어든 것을 대표적인 원인이다. 동물의 경우에도, 가축화된 동물은 야생동물보다 훨씬 작다(Bosinski, 1995). 세 번째 단계는 수십 년 전부터 선진국에서 시작되고 있는 것으로, 키가 다시 커지고 있다.

(5) 소량이지만 생육에 꼭 필요한 미량원소

미량원소도 언급할 가치가 있다. 철의 대사과정도 '경제적으로(à l'économie)' 진행된다. 적혈구가 오래되면 철분이 분리되는데, 이것을 가져다가 재순환시킨다. 또한 십이지장으로 흘러 들어가는 것을 자동적으로 차단시켜서 거의 폐쇄된 회로 내부에서 철분을 순환시킨다. 철분은 가임기의 여성에겐 생리로 인한 손실 때문에 하루에 1.6mg이 필요하고 임신 중에는 1g이 필요하다. 이 때문에 여성은 칼슘처럼 철분을 비축해 놓았다가 가져다 쓴다. 상처로 출혈이 있는 경우를 제외하면, 필요량은 하루에 1mg으로 적다. 임신이 반복되거나 너무 오랫동안 모유를 먹은 어린이는 철분 결핍이 나타나는데, 다양한 음식물을 섭취하면 회복이 가능하다. 이렇게 예외적인 경우를 제외하고 다양한 음식물을 섭취하던 구석기시대 사람들은 철분 결핍이 거의 없었지만, 오늘날은 전 세계 인구의 10%가량이 철분 결핍으로 시달릴 정도로 흔해졌다. 이것은 철분이 고기·피·간과 일부 식물에만 들어 있을 뿐 아니라 동물성 식품에 들어 있는 헤민성 철분이 식물성 식품에 들어 있는 것보다 훨씬 흡수가 잘 되기 때문이다. 비타민 C는 철분의 흡수를 활성화시키고, 칼슘은 이 작용을 방해하는데,

두 작용이 균형을 이뤄야 한다. 우리는 앞에서 구석기시대의 '가죽자루 마개'가 동물의 피가 들어 있는 주머니를 막아 주던 것이거나 이누이트족이 하듯이 상처를 틀어막는 것일 수 있다고 말했다. 그런데 선사시대의 아메리카 인디언 어린이들의 뼈에서 독특한 골연화성 병변이 나타나서 철분 결핍이 의심되기도 한다(Von Endt et al., 1982; Stuart-Macadam, 1992).

구석기시대의 영양 공급과 관련해서 제대로 평가받지 못했던 나머지 미량 원소는 4개이다.

불소는 칼슘과 함께 충치를 막아 주는 역할을 한다고 앞에서 언급했는데, 식물이나 생선 등 자연 상태에 널리 퍼져 있다. 원인을 밝힐 수 없는 치아의 손상은 구석기시대에는 드물었다. 그러나 충치가 생긴 치아는 빠질 수 있었고, 예전 연구자들은 충치를 가지고 있는 아래턱은 선사시대의 것이 아니라고 생각했던 것과도 관련이 있을 수 있다. 캡 지방(아프리카)의 선사시대 사람들은 충치가 없었지만 내륙 지역에서는 충치의 비율이 17.7%까지 올라가는데, 이러한 차이는 캡 지방 사람들이 바닷가에서 살았던 것과 관련이 있었다고 생각된다. 따라서 내륙에서는 불소가 국지적으로 결핍되었던 것을 의미한다(Sealy et al., 1992).

아연은 복합적인 생물학적 역할을 하는데, 특히 어린이와 어머니에게서 하는 역할이 중요하다. 서구 사회에서는 아연 섭취는 결핍에 가까우며, 흙을 먹는 사람들이나 섬유질을 많이 소비하는 사람들에게서 아연이 결핍되기 쉽다. 아연은 고기, 알과 조개류에 많이 들어 있다(Favier, 1993: 146-151). 뼈 속에 아연 성분이 많으면 육류를 주로 먹은 것을 알 수 있고, 식물을 주로 먹으면 스트론튬이 많아진다(Fornaciari et al., 1987).

셀레늄은 항산화제인데 자유 라디칼(radicaux libres)[활성산소를 말하며 프리 라티칼, 유리기라고 불린다]을 제거하는 작용에서 비타민 E의 활동을 보조해 주는 작용을 한다. 이것은 고기와 생선 및 곡류에 들어 있어서 순록의 시대에도 부족하지는 않았을 것이다.

요오드는 갑상선의 대사 작용에서 중요한 역할을 담당한다. 필요량은 하루에 0.2mg이고 해산물과 일부 식물에서 섭취할 수 있다. 예전 유럽 대륙에서는 섭취량이 충분하지 않아서 지방병성 갑상선종을 발병시켰기 때문에 요리용 소금과 식탁용 소금에 요오드를 반드시 추가할 정도였다. 구석기시대 바다에서 조금 멀리 떨어진 지역에서는 요오드가 결핍될 수 있었다. 빙하기 동안에는 해안선이 지금보다도 훨씬 더 멀었다. 예를 들어 프레플랑디안 해퇴(régression préflandienne)가 절정에 이르렀던 1만 8,000년 전에서 1만 5,000년 전 사이에는, 라 로쉘(La Rochelle) 유적이 대서양에서 100여km 떨어진 곳에 있었다. 선사시대의 해수면은 현재보다 100여m 아래에 있었다(Barusseau et al., 1976: 349, 그림 1). 피에트는 이탈리아 리구리아 지방의 그리말디 유적에서 발견된 조각상들이 "갑상선종이 있는 여성"이라고 기술했는데, 이 유적은 프랑스의 망통(Menton)에서 멀지 않은 곳에 있다. 이 여성은, "임신을 한 것이 분명해 보이는데"(Duhard, 1993: 49), 실제로 둥글고 작게 튀어나온 부분이 목보다 약간 높은 거의 복장뼈 자루 근처 높이에 있는데, 뒤아르는 "갑상선종이라고 생각했던 것이 사실은 목걸이일 수도 있을 것"으로 생각했다(앞의 책: 204). 라스코 시기의 천재적인 예술가들 근처에 몇몇 "갑상선성 크레틴병 환자"들이 살았을 수도 있겠지만, 지금까지의 발굴에서 석회화된 갑상선종이 발견된 적은 없다.

음식물로 섭취한 칼슘·인·스트론튬·마그네슘·망간·구리·셀레늄·아연·알루미늄·납과 같은 극소량의 무기염류는 수백 개의 '선사시대의' 아메리카 인디언들의 치아에 흔적을 남겼다. 이러한 무기염류가 여성이나 어린이보다 남성에게서 훨씬 더 광범위하게 나타나는데, 이로써 남성 성인들이 훨씬 더 자주 이동했던 것이 입증된다(Schneider al., 1989: 34-35; 1987: 1145-1155; 1993: 18-23).

5) 필수 비타민

(1) 지용성 비타민

지용성 비타민 중에서 비타민 K는 응고 인자들을 생성하는 데 기초가 되는 역할을 한다. 항산화제인 비타민 E는 다양한 동물성 음식과 일부 식물성 음식에 있다. 비타민 A는 간(특히 생선의 간)과 알의 노른자에 들어 있는데, 이것이 부족하면 야맹증이 온다.

비타민 D는 동물성 식품, 특히 생선의 간에 많이 들어 있는데, 태양의 자외선도 피부에 비타민 D를 생성한다. 성장기에 비타민 D가 없으면 구루병이 오는데 구석기시대에는 이 질병이 없다. 역설적으로 북아프리카처럼 일사량이 많은 지역에서 자주 발생하는 것으로 알려져 있는데, 어린이들이 햇볕에서 너무 차단되어 있기 때문이라고 한다. 현재 어린이들은 추가적으로 비타민 D를 섭취하고 있고 노인에게도 추가적인 섭취를 권장하고 있다. 후기 구석기시대의 대단히 세련된 의복을 의식하여 고고학적 견해들이 아주 다양하게 주장되었지만, 프랑스 지역의 조도 리듬이 겨울에는 밤이 길고 여름에는 자정까지 태양이 떠 있는 북극 지역과 같을 수 없다. 조도 리듬을 바탕으로 일조량을 계산할 수 있는데, 예를 들어 1만 년 전에는 겨울에는 일조량이 약간 부족하지만 여름에는 대단히 많았던 것으로 나타났다(Bouvier, 1989: 34-35; 1987: 1145-1155; 1993: 18-23). 1492년 이전과 대규모 근대 이민 이전에 세계 각지의 피부색 분포 지도가 의미하는 것처럼, 적도 근처에 사는 사람들이 가지고 있는 흑피증(élanodermie)과 온대 지역과 북부 지역에 사는 사람들이 가지고 있는 백피증(leucodermie)은 일종의 조절인자였을 수도 있다(Langaney, 1988: 82, 그림 41). 아메리카 거주자들은 겨우 몇 만 년 전에 모두 아시아에서 베링해협을 넘어서 온 사람들인데, 이때부터 위도에 따라서 중앙아메리카 사람들이 다른 지역의 사람들보다 피부색이 훨씬 짙어지게 되는 시간을 가질 수 있었던 것이 흥미롭다.[41] 일부 성인에게서 비타민 D가 결핍되면 골연화증이 발생한다. 오늘날에는 골다공증보다 훨씬 드문 이 질환은 구석기시대에는 확인되지 않았다.

(2) 수용성 비타민

수용성 비타민에는 먼저 B군의 비타민들이 있는데, 다양한 효과가 있으며, 특히 간과 내장을 비롯한 동물성 음식물에 풍부하고 일부 식물에도 많이 들어 있다(비타민 B12와 엽산).

비타민 C는 조직에서 가장 강력한 환원제이다. 비타민 C의 결핍이 괴혈병의 원인이라는 것은 잘 알려져 있고, 육류와 통조림만 섭취했던 극지 탐험가들의 이야기가 특히 유명하다. 말로리는 북극탐험대원들이 식량을 소금에 담가 놓거나 소금물에 절였다고 기록했다(Malaurie, 1992: 71). 선사시대에도 비타민 C는 부족하지 않았었는데 뷔름 빙하기의 가장 추웠던 시기에도 구석기시대 식량에서 언제나 상당한 부분을 차지하는 신선한 야생식물이 있었기 때문이다. 동물성 식량 35%와 식물성 식량 65%로 구성되는 식량체계에서 100g당 26.8mg, 혹은 1일 392.3mg으로, 필요한 양은 단지 10~75mg으로 가늠된다.[42] 비타민 C는 고기 속에도 들어 있으나 익힐 때 파괴된다. 따라서 슬기사람의 비타민 균형, 무기염류 균형은 대단히 적절한 것이었다. 모유도 이것을 함유하고 있지만, 3개월까지만 충분한 공급이 확보되고 그 이후에는 보충해 주는 음식물이 필요하다.

4. 유아와 어린이

앞에서 구석기시대 어린이의 상황에 대한 다양한 정보를 언급했는데, 모유 수유기간이 아마도 지금보다 길었을 것이고, 한 살 이전의 영아사망률이 아주 높았으며, 크로마뇽사람 단계에서 키가 커지게 되었고, 출토된 사람뼈로 보았을 때 충치와 구루병이 없었다. 그러나 669개의 네안데르탈사람의 치아머리를 연구한 결과, 치아 사기질의 형성이 부진한 경우가 많다는 주장이 나왔다. 이것은 해리스 라인(lignes de Harris)처럼 특정되지 않는 스트레스의 증거가 되겠지만, 청소년기의 영양과 관련이 있을 가능성도 있다(Passarello et al., 1988;

Ogilvie et al., 1989).

현대인 중에서 유아가 유일하게 옛날과 똑같이 모유 영양을 취하고 있는데, 요즈음은 비타민 D와 K가 첨가되기도 한다(Ricour et al., 1993: 1088). 그러나 수유기간은 다양하다. 인공적인 음식을 먹는 산업화된 국가와 다르게 제3세계에서는 수유기간이 언제나 연장된다. 완전히 젖을 떼기까지는 시간이 필요한데, 예를 들어 자이레[지금의 콩고민주공화국]에서는, 1~6개월 사이에 4%, 7~12개월 사이에 25%, 19~24개월 사이에 10%로 다양하지만, 평균은 어린이가 걷기 시작하는 무렵, 즉 14.3±0.25개월이 되는데, 61%는 13개월과 18개월 사이에 젖을 뗀다. 그러나 6개월 무렵부터 어린이는 분유와 함께 혼합된 음식물을 먹기도 하고, 가족과 함께하는 식사를 하면서 느린 탄수화물이나 단백질이 들어 있는 음식을 약간 덜어서 미리 씹어 놓은 이유식을 먹기 시작한다(Périer-Scheer, 1979: 38-40, 69-70, 그래프). 이처럼 음식으로 보완해 주면서 아주 오래전부터 다양한 영양 결핍을 피할 수 있도록 해 주었는데, 특히 철분과 칼슘의 경우가 그렇다. 다만 요오드는 결핍을 피할 수 없었다. 알라칼루프 사람들의 경우, 50년 전에 엉페레르가 보았던 것처럼, "어린이들은 아주 어릴 때부터 어른들과 같은 음식을 먹도록 되어 있다. 아주 어릴 때부터 부모들이 아이들의 입술에 미지근한 물개 기름을 적셔 주고, 더 커서 아이들이 단단한 음식물을 빨고 삼킬 수 있게 되면, 부모들은 아이들에게 기름진 비계 조각이나 조개를 준다. 아주 어린 아이들은 3세가 될 때까지 이런 음식을 모유와 함께 섭취하며 필요한 경우 할머니의 모유를 먹기도 한다"(Emperaire, 1955: 141).

선사시대 사망률이 정점에 이르는 한 살 이전은 어린이가 어느 정도 세균에 저항할 수 있도록 면역 인자와 세균을 억제시키는 인자를 가져다주던 모유 수유의 양이 줄어들고, 스스로의 면역체계가 발달하는 시기인데, 젖떼기가 시작될 무렵일 가능성이 아주 높다. 우리가 알고 있듯이, 수유기간 연장은 배란을 억제해서 불완전하기는 하지만 출산을 조절하는 방법이기도 하다.

구석기시대의 삶이 불확실하기는 했어도 유아의 식량은 안정되어 있었다.

모유의 질은 어머니의 영양 상태와 관계가 없다. 성장 속도는 제3세계나 서구 국가에서나 마찬가지고, 채식주의자도 고기·물고기·지방을 먹는 이누이트 족도 마찬가지이다. 모유는 리놀렌산과 그의 파생물인 아라키돈산과 알파-리놀렌산과 그의 파생물인 도코사핵사에노익산 혹은 썰보니산과 같은 다가불포화지방산을 공급하는데, 뉴런 사이에서 신경 전달을 담당하는 세포막 합성에 필요하고, 특히 뇌의 발달에 필요하다. 어린이에게 필요한 열량은 같은 나이의 원숭이보다 9%가량 더 많은 것으로 계산되었는데, 뇌가 훨씬 더 크기 때문에 열량이 많이 필요해지는 것이다(Foley et al., 1992). 요즈음 어릴 때부터 우유를 마시는 것은 인슐린의존성 당뇨병을 조장하는 것이 아닌지 의심을 받고 있는 반면에, 모유는 알레르기를 유발하는 단백질이 거의 없어서 완전히 소화가 된다. 우리는 동물의 젖이 선사시대에 이용되었는지 알지 못하고, 특히 지방이 풍부하고 에너지가 많은 순록의 젖이 이용되었는지 전혀 알지 못한다.

선사시대 어린이는 오늘날의 어린이들이 그렇듯이, 분명히 채집 활동에 참여했을 것이고 다른 어린이들처럼 뛰어놀았을 것이다. 브르노(Brno) 유적(모라비아)에서 나온 상아로 만든 작은 조각상은 2만 5,000년 전에 만들어진 관절 인형이라고 생각된다(Lumley et al., 1987: 197-198). 동굴의 흙바닥에 어린이 발자국이 남아 있어서 크로마뇽 어린이들이 아리에주 지방에 있는 동굴에 자주 드나들었다는 것을 알 수 있다. 여러 명의 어린이들이 튁 도 두베르(Tuc d'Audoubert) 유적에도 들어갔는데, 이들 중 1명은 동굴의 제일 깊은 곳 가까이까지 들어갔었고(Bégouën et al., 1984: 412), 9~12세 어린이가 니오 동굴을 방문했으며(Palesm, 1976), 6세 어린이가 퐁타네 동굴을 방문하기도 했다(Clottes et al., 1984: 435).

Ⅲ. 저장: 자원 획득과 소비 사이

슬기사람은 반유목을 하는 생활방식을 가지고 있었기 때문에 자연에서 동물과 식물 자원을 찾는 행위가 다양했던 점이 특징이다. 지리·위도·계절·구석기시대 당시의 기후·사냥·물고기잡기·채집 활동이 셀 수 없을 정도로 많은 불확실성에 따라서 완전히 바뀌었고 늘 다시 시작해야 했다. "자연의 시간은 인간의 삶에 동물과 식물보다는 덜 강하게 영향을 주었다. (중략) 식량 공급을 끊임없이 갱신하고 생활 영역을 점유하고, 계절에 따라서 머무르던 곳을 교체했던 것이 이 사람들이 떠돌아다니면서 생활했던 중요한 원인이 되었다. 인간이 환경 조건에 적응할 수 있는 능력이 대단히 다양했던 것은 이동 생활로 나타났으며 이것은 자연의 순환에 깊숙이 연결되어 있다"(Vialou, 1991). 이 때문에 우리는 선사시대 사람들의 식량 자원에 대해 가지고 있는 정보들을 중간 정도의 가설로 해석해야 할 것이다.

내일의 생존을 확보한다는 것은 선사시대에는 몇 개의 핵가족과 십여 개의 사냥 집단으로 구성되는 너무 작지도 않고 그렇다고 너무 크지도 않은 집단에 통합되는 것을 의미한다. 또한 내일을 위해 내부적으로 비축을 하거나 외부적 저장을 하려고 노력하는 것이기도 하다. 이러한 저장은 단기간을 위해, 아니면 장기적으로 사용하기 위해 행해졌을까? 사냥한 고기나 잡은 생선은 지방의 함량이 적기 때문에, 추운 기간을 제외하면 이론적으로는 며칠 이상 보관할 수가 없다. 그러나 이것은 현대 서구인의 시각일 뿐이다. 어떤 민족은 식육류와 마찬가지로 오래되고 숙성된 고기를 먹을 뿐 아니라 썩은 살을 먹기도 하는데, 이누이트 사람들은 최근까지도 이렇게 했다(Malaurie, 1976: 301). 우리가 저장에 대해 생각할 때는 기간이 길거나 겨울을 나기 위한 목적에 집중하는 경향이 있다. 그러나 마르셀 모스(Marcel Mauss)가 간단히 기록했던 것처럼 "원주민들은 우리가 생각하는 것 이상으로 앞날을 준비한다"(Mauss, 1967: 54).[43]

1. 자기 몸에 저장하기

사람이 신체 내부에 자체적으로 저장하는 것은 여러 차례 언급되었다. 성인은 9만kcal에 해당하는 10kg을 비축하고 있는데, 한 달 동안 버틸 수 있는 양으로, 대부분 지방으로 되어 있다. 이에 비해 탄수화물의 저장은 순환하는 탄수화물로 80kcal, 간 글리코겐으로 250~300kcal 정도여서 미약하다. 근육 글리코겐은 제자리에서만 쓰이는데, 근육에는 글리코겐을 이동시키는 글루코오스-6-포스파타아제가 없기 때문이다. 사람이 가지고 있는 단백질 덩어리는 2만 4,000kcal인데, 단백질은 인체를 구성하지만 저장 기능은 없다.

오랫동안 굶게 되면, 인체 기관은 전체적인 열량 소비에 제동을 걸고 지방 글리코겐의 생성을 통해서 지방 저장고에서 에너지를 만들어 낸다. 그리고 뇌로 하여금 단백질 케톤체를 사용하게 하고 단백질 글리코겐 생성을 억제시킨다. 우리는 크로마뇽사람들이 '지방 사냥을 나선 것'을 보았다. 그러나 지방은 신체의 작동, 특히 근육과 뇌에 필요한 에너지를 공급할 수는 있지만, 생체 조직을 생성하고 갱신하는 단백질을 대체할 수는 없다. 단백질의 정상적인 요구량은 하루에 1kg당 1g이다. 굶주림이 길어지게 되면 저장해 놓은 지방을 섭취한다 하더라도 단백질이 결핍될 것이고 근육이 녹아 내릴 것이다.

피하지방과 복부지방이 정상적인 지방 비축이라면 비만은 추가적인 저장이다. 지방이 부족할 경우, 남성유형 비만에서는 지방이 다른 용도로 쉽게 전환할 수 있지만 여성유형 비만에서는 임신 말기와 수유 도중을 제외하고 전환하기가 훨씬 어렵다. 비만과 관련된 분야는 앞서 크로마뇽사람의 몽타주 사진과 병리학적 점검에서 언급하였는데, 크로마뇽사람들이 사람을 그릴 때 여성유형 비만이 빈번하고 남성유형 비만은 드물었다는 점을 강조했다. 이러한 주장은 남성이 사냥을 하려면 강도 높은 육체 활동이 필요했을 것이고, 그들이 먹었을 식량을 계산한 것을 바탕으로 한 것이다. 여기에다 민족지적 관찰을 비교하여 이끌어 낸 해석인데, 결국 후기 구석기시대에는 여성만 지방을 내부적으로 저장했음을 의미한다. 게다가 당시 여성들은 연속적이라고는 할 수 없지만, 임신이 빈번하게 반복되고 수유기간이 길어지는 것도 크게 영향을 미쳤다고 하겠다. 상당히 유물론적인 이 가설은 아주 오래전부터 회자되던 그라베티안 시기와 막달레니안 시기의 예술가들에 영감을 주었다고 믿어 왔던 '다산숭배'와는 거리가 멀다.

2. 자기 주변에 저장하기

1) 민족지학자의 관점으로

4가지 방법을 사용해서 저장이 가능하다(Leroi-Gourhan, 1945: 172-178). 냉동 저장법은 추운 지역, 특히 아메리카 대륙의 북극권에 사는 민족들 사이에서 확인된다. 이누이트 사람들은 겨울을 나기 위해 고기·지방·피를 저장했고(Malaurie, 1976: 302) 한 계절에서 다른 계절로 아주 잘 넘어갈 줄 알았다. 냉동 저장법은 아시아의 산악 지대처럼 온대 지역에서도 다양하게 변형되어 추운 겨울에 사용되었다. 이누이트 사람들은 공기에 노출시키거나 얼어붙은 땅에 구덩이를 파거나 동굴 안에 넣어 두기도 하고 얼음집을 짓기도 했다. 순록의 털은 단열 기능이 매우 좋아서 사냥한 순록은 쉽사리 얼지 않는다. 따라서 순록의 살이 빠르게 부패되기 때문에 이것을 모두 먹어 치울 때까지 기다리는 것이 아니라 재빠르게 해체를 해서 식량으로 사용할 수 있는 부위들을 손질해야만 한다. 건조 저장법은 공기가 잘 통하는 햇볕에서 하거나 열기가 가득한 닫힌 공간에서 이뤄지는데, 아프리카식 말린 고기나 북아메리카의 페미컨이 있고 거의 어디서나 볼 수 있는 말린 생선과 곡류와 다양한 식물의 건조도 여기에 들어간다. 훈연법이나 염장법이 건조 저장법과 함께 쓰일 수도 있다. 절임법은 음식물을 담그는 방법인데 바다 소금을 쓸 수 있다면 때로는 소금물에 담그기도 한다. 캄챠달르(Kamtchadales)의 연어 담가 두기용 구덩이처럼 태평양 지역에서는 고기·생선·식물을 절여 보관하는 방식이 자주 쓰였다(Leroi-Gourhan, 1943: 80). 이 방법은 이누이트 사람들에게는 전통적인 방식인데, 달걀이나 아주 오래 재워 둔 고기와 새를 숙성시키기도 하고 바다코끼리·물개·순록을 보관할 때도 사용했다(Malaurie, 1976: 300-301). 용기 저장법은 공기가 통하게 하기도 하고 차단시키기도 하는데, 곳간·사일로·바구니·상자·병·토기와 같은 다양한 크기의 저장고가 필요하다. 생산경제 문화에서 전형적으로 사용하는 보관 방법이다.

2) 선사학자들의 발굴 수첩

자연에서 식량을 구하던 포식자들은 음식물을 가져오고 저장을 하게 되면서 생산 경제로 접어들게 되었다.

(1) 저장을 하다

'고기 은닉장소'는 이누이트 사람들과 아메리카 인디언들이 집 근처에 파던 일종의 식량 저장고였는데, 살림터의 입구에서 멀지 않은 곳이나 이동하는 길목이거나 마른 땅이면서 추위에 노출되는 곳에 설치하는 것이 일반적이다(Gessain, 1981: 292, 주 64). 보신스키는 "우리는 유적에서 땅을 파고 만든 형태와 크기가 다양한 구덩이들을 자주 발견한다. 이것은 기둥 구멍, 요리 혹은 저장 구덩이일 수 있다. 땅을 파고 만든 집 전체가 유적 내부의 대형 구덩이처럼 나타나기도 한다"라고 구석기시대 유적에서 발견되는 구덩이에 대한 문제를

그림 24 메지리치(Mézirich) 유적(우크라이나)과 같은 중부 유럽의 많은 유적에 고기와 지방을 저장하는 데 사용되었던 구덩이들이 남아 있다(뉴욕 자연사박물관 디오라마).

그림 25 화석화된 꽃가루 연구에 따르면, 지금부터 1만 7,000년 전 라스코 시기의 막달레니안 사람들은 오늘날과 비슷한 기후와 환경에서 살았다.

그림 26 뷔름 빙하기의 기후는 지금보다 몇 도 낮았다. 서부 유럽의 경우, 툰드라지대는 아니고 나무가 듬성듬성 있는 추운 초원이었는데, 동물들이 떼를 지어 여기를 지나가곤 했다. 그러나 장소와 기후에 따라서 모든 것이 완전히 달라진다.

정리했다(Bosinski, 1990: 21). 이러한 구덩이들은 중부 유럽과 동부 유럽, 특히 우크라이나에서 빈번하게 발견되는데(Jelinek, 1975: 242, 245-246), 동물의 뼈가 들어 있다고 해도 이것이 음식물을 쪄서 익히거나 끓여서 익히는 요리용 구덩 이인지 아니면 음식물을 저장하던 구덩이인지 나무가 없는 이 지방에서 집을 짓거나 난방용으로 쓰이는 동물성 재료를 보관하기 위한 구덩이인지 구별하 는 것은 언제나 분명하지 않다(앞의 책, 103; Desbrosse et al., 1994: 12). 다만 동 물성 재료로 쓰게 되는 뼈는 깨지지도 않고 불에 타지도 않는 경우가 일반적이 며, 이런 동물뼈와 함께 출토되는 매머드의 엄니도 마찬가지이다.

마찬가지로 집 바닥에 포장재가 깔려 있는 경우도 꽤 많지만, 이것과 비 슷한 구조물 중 일부는 저장에 쓰였을 수도 있었다. 실제로 이런 시설물을 고 기 혹은 물고기를 훈증하는 장소처럼 서술하는 경우도 있었다(Desbrosse et al., 1994: 12).

독일 함부르크 근처에 있는 호수 퇴적에서 순록의 사체들이 굵은 돌로 가 득 채워진 채 발견되었는데, 후기 구석기시대 말기의 사냥꾼들이 담가 놓은 것 으로 해석되었다. 그러나 현재 이 주장에 대해 이견이 있는데(Bosinski, 1995), 이깃은 이누이트 사람들이 사냥한 동물을 호수의 얼음물 안에 저장하는 행위 와 마찬가지로 사실은 문화적인 방식이지 않겠느냐는 의견이다(Camps, 1982: 249).

치아에 다양한 형태로 나타나는 줄은 음식물 속에 들어 있던 단단한 입자 때문에 훼손된 것을 보여 준다. 이것들은 벌판에서 고기를 노출시켜서 건조할 때 바람에 날려 온 모래가 원인이 될 수 있다(Puech, 1976: 708-709).

(2) 동물을 간이 우리 안에 넣기

살아 있는 동물을 가두어 저장했던 것을 입증해 주는 적절한 물질적인 자 료는 전혀 없다. 가축을 기르게 되는 것은 훨씬 나중의 일이지만 어린 짐승이 나 다친 짐승을 잡아서 사육을 했을 가능성이 일찍부터 제기되었고, 특히 순록과 말을 사육했을 가능성이 있다고 보았다. 그러나 들소와 첫소는 그다지 가능성이 없는 듯하다.

예전에 피에트는 피레네 지역의 많은 막달레니안 유적에서 출토되는 유물에 관심을 가졌는데, 그것은 말 머리의 윤곽처럼 뼈를 오려낸 것으로 여기에 고삐(licol)로 보이는 것이 표현되어 있다고 했다. 이 초보적인 마구(馬具)는 깨물근 솟기(saillie des masséters) 바로 아래에 있는 머리의 아래 끝부분을 죄어서 주둥이의 접합부 뒤쪽으로 가져오는 가로끈(courroie transversale)을 가지고 있었다. 이 굴레띠(muserolle)는 뺨을 따라서 올라가는데 굴레 때문에 길이로 올라가는 줄(montant longuitudinal)처럼 되면서, 귀 뒤편을 지나가는 코굴레에 연결되고, 이것이 가축화된 순록에 사용하는 목띠(sous gorge)에 맞닿아 있다. 그래서 그는 "사람이 어린 동물을 길들이고 친해진다. 그리고 어린이들이 이 동물들의 친구가 되고 새끼를 갖게 되면 길들여지는 것이다. 이 과정에 개는 필요하지 않았다"(Piette, 1891)라고 말했다. 브뢰이는 꽁바렐 유적(도르도뉴)의 두 마리 말의 등 위에 덮개가 있다고 보았고 같은 동굴에서 다른 말과 짐승이 굴레띠를 갖추고 있다고 믿었는데, 심지어 "실수할 여지가 없을 정도로 세밀하게 그려진 굴레가 (중략) 그려진 여러 마리의 말들은 가축화의 징조를 아주 분명하게 보여 준다"(Capitan et Breuil, 1902)고 하였다. 그러나 미발표된 2개의 초고가 보여 주듯이, 그는 카르타이악(E. Cartailhac)의 영향을 받았고, 얼마 지나지 않아서 이러한 견해를 버리게 되었다(Breuil, 1905 그리고 1927~1928년 무렵, in Pales et al., 1966). 최근에 옥소셀아야(Oxocelhaya) 동굴(피레네-아틀란틱)에서 발견된 새겨진 말이 굴레를 한 것처럼 보인다고 보고되었다. 그런데 굴레띠는 없기 때문에 이것은 재갈이 있음을 암시한다고 보았으며 위로 올라오는 끈을 연장하는 선이 고삐가 되었을 것이라고 설명했다. 카르타이악, 브뢰이, 팔르가 연속해서 잘 보여 주었던 것처럼 〈굴레처럼 보이는 것〉은 사실은 아래쪽에 있는 해부학적 굴곡일 뿐이다(Pales et al., 1966: 192-204). 이 부분의 위쪽 가장자리에 말이 가지고 있는 아주 강력한 광대근육이 붙어 있다.

가축화된 말의 일부는 '묶어 놓은 줄 물어뜯기' 혹은 '먹이통 물어뜯기'로도 불리는 '물어뜯기(ticage)'에 감염되어 울타리의 가장자리나 문 혹은 먹이통을 물어뜯게 되는데, 이 과정에서 앞니가 닳게 된다. 폴 반은 라 키나 유적(Martin, 1911: 73-77), 쁠라까르 유적의 무스테리안 문화층에서 이와 같은 전형적인 손상을 확인하였고, 엉렌느 유적(아리에주)의 막달레니안 문화층에서도 확인하였다(Bahn, 1982). 동물뼈 중에서 골수염 때문에 복합 골절되었다가 나중에 유착된 다양한 사례들이 보고되었다. 투르와 프레르 동굴(아리에주)에서 발견된 어린 순록의 아래턱은 골수염성 복합 골절이 있어서 혼자서는 더 이상 먹이를 섭취할 수 없는 상태였다. 그래서 반은 막달레니안 사람들이 이 동물을 보호하고 먹이를 주었을지도 모른다고 생각하게 되었다(Bahn, 1984: 28, 그림 29). 감염되었다가 2년이 지난 뒤에 유착된 다중 골절을 지니고 있는 순록의 손등뼈도 사람의 도움이 없었다면 이 동물이 살아남을 수 있었을지, 그리고 포식자로부터 도망칠 수 있었을지 의문을 갖게 한다(앞의 책: 28, 그림 30). 그러나 사냥꾼들은 이런 동물들이 사람의 도움 없이도 자연적으로 치유되는 것을 보았다는 주장도 있다(Dubreuil, 1995, 구두 정보).

여기까지가 구석기시대에 있었을지도 모르는 대형 초식동물 기르기와 관련되어 유리하게 해석될 수 있는 자료의 전부이다. 후빙기시대가 되어야 새로운 문화와 함께 동물을 식량 자원으로 길들이는 것이 세계 각지에서 나타나게 되었다. 중동 지역에서는 양과 염소, 인도에서는 물소, 페루에서는 라마 등을 기르게 되었다. 랩족은 전통적으로 순록을 기르는 사람들이다. 그러나 동물 중에서 가장 먼저 가축화가 된 것은 개였다.

기원전 1만 년에서 기원전 5,500년 사이는 서부 유럽에서 '사슴 사냥꾼들의 세계에서 서서히 생산 경제로 넘어가는' 전환기였다. 지구가 회전하는 축이 조금 바뀌게 되었다. 겨울은 짧아지고 여름은 길어졌다. 비가 눈을 대체하게 되었고 추운 스텝지대에 숲이 자리를 잡았다. 변화하는 경제체제에도 불구하고 프랑스에서는 사냥과 낚시가 지속되어서 사슴·멧돼지·산토끼·토끼 등을 잡기는 했지만, 이제는 돼지·양·염소·소 등 가축에서 공급되는 자원이 많아지게 되었다. 수중 동물들은 기후의 변화에 덜 민감하게 반응했다(Roussot-Larroque, 1990: 83-86; Bocquet, 1994: 57-75). 농업과 목축이 시작되기 이전인 중석기시대 사람들은 사냥을 하기도 했고 양과 염소를 기르기도 했는데, 중석기시대의 끝 무렵에 토기가 나타났다(Thévenin, 1990: 138-142). 몇몇 예외적인 경우를 제외하고, 사냥은 대단히 미약한 위치만 차지하게 되는데, 예를 들어 떼느(Tène) 시기에는 자체 식량에서 동물성 자원이 차지하는 분량이 10%가 된다. 그럼에도 불구하고 유명한 멧돼지 사냥꾼인 골(Gaul)족의 신화[대로마 제국의 시저에 맞서는 골족 이야기인 아스테릭스(Asteric) 만화가 대표적이다]는 프랑스 사람들의 상상력 속에 깊이 뿌리를 내리고 있다(Poulain, 1976; Meniel, 1987: 97-99).

사냥-채집 집단은 저장과 사냥·낚시·채집으로 생활 자원의 균형을 맞추는 것이 일반적이다. 식량을 생산하지 않는 사람들이 커다란 저장고를 만든다는 것은 지역 자원을 고갈시키는 것이기 때문에, 식량을 더 많이 확보할 수 있는 곳에서 다시 살림터를 꾸릴 수 있도록 지금 있는 자리를 빨리 떠나야만 한다. 이것은 사회적인 관점에서도 그다지 바람직하지 않은 것일 수 있는데, "궁핍한 사람들은 야영지에 머무르면서 좀 더 선견지명이 있는 다른 사람들이 모아 온 것을 먹기"(Sahlins, 1976: 73) 때문이다.

IV. 음식을 준비하다

1. 생식, 건조, 훈제와 염장

순록의 골수와 의심할 여지 없이 많은 종류의 식물을 날것으로 먹거나 담그기, 건조, 염장, 훈제와 같은 보관 방법을 통해 준비하는 음식을 제외한다면, 음식을 준비하는 것은 세 가지 행위의 관습적인 조합으로 이루어진다. 익히기, 여러 종류의 음식 섞기, 향신료와 양념 첨가하기인데, 마지막 두 가지 방법은 선사시대에는 전혀 알려져 있지 않았다.

2. 거의 50만 년 전부터 불을 사용하다

1) 불의 다양한 용도

곧선사람들 중 일부는 거의 50만 년 전부터 불을 사용하거나 불을 피웠다. 고우렛(Gowlett)과 다른 학자들은 심지어 140만 년 전부터 불을 사용했다고 주장한다(Gowlett et al., 1981). 불은 처음에는 음식을 익힐 수 있게 해 주었고 나중에는 다른 기술적인 용도에 사용되었다.

불은 바위그늘과 막집을 따뜻하게 해 준다. 화덕의 불은 뼈연모를 만들거나 사슴과 짐승의 뿔연모나 상아연모를 제작할 때 사용할 수 있으며 황토를 태

우거나 진흙을 굽는 데도 쓰이며 규질 성분이 많은 돌에 균열을 만드는 등 다른 용도로 사용될 수도 있었다(Perlès, 1977: 76-79). 루이스(R. Lewis)처럼, 불을 음식물 조리에 사용하는 것을 우스운 방식이라고 생각할 수도 있겠다. "이 모든 요리가 대체 무엇이란 말인가? (중략) 근육과 힘줄을 쉽게 부스러지기 쉬운 형태로 축소하는 완전히 새로운 방식인데 (중략) 결국 무엇 때문에 설명하려고 애쓰는가"(Lewis, 1960: 127). 모리스(D. Morris)도 마찬가지로 "벌거벗은 원숭이"[Naked Ape, 1967년 간행된 대중서적으로 인간은 다른 영장류와 포유류와 같은 털이 없는 벌거벗은 원숭이라고 했다]를 통해서 음식을 익히는 것에 대해 세 가지 설명이 가능하다고 보았다. 살아 있는 먹이의 온도와 비슷하게 해 주거나, 음식을 씹기에 너무 약한 치아를 고된 일에서 면해 주고 음식의 맛을 풍부하게 해 줄 수 있다는 것이다(Morris, 1970: 241-242). 음식을 익히면 음식물, 특히 전분 같은 일부 탄수화물이 동화되거나 쉽게 먹을 수 있게 된다. 음식을 익히면 식물성 섬유의 소화력이 높아지고 고기의 콜라겐이 젤라틴으로 부드럽게 변화되고 아미노산과 탄수화물의 마이야르 반응(réaction de Maillard)으로 맛이 좋아진다(This, 1993: 66). 음식을 익히면 음식물에 들어 있는 배아가 어느 정도 파괴된다. 그 밖에도 수분이 빠져나가 그릴에 굽거나 꼬치로 구울 때 기름기도 제거되면서 고기와 생선의 영양학적 요소들이 약간 농축된다.[44] 음식을 익히는 것은 씹는 것을 쉽게 해 주고(Lumley M.-A. de., 1993: 41), 식육류는 걸리지 않는 치주 질환을 쉽게 발생시킨다는 점을 제외한다면, 인간의 신체적 혹은 심리적 발달에 크게 영향을 끼치지는 않은 듯하다(Perlès, 1977: 99-101). 그러나 살림터 내부 혹은 가까운 곳에서 화덕이 발견되는 것으로 보아서 불의 이용은 겨울철을 아늑하게 보낼 수 있게 해 주었고 주간 활동 시간을 늘려 주었으며 24시간으로 구성되는 생물학적 리듬에서(Perlès, 1976: 682) 안면 마비(*a frigore*)를 예방하는 역할을 해 주었던 것은 분명하다.[45]

물리적 데이터 정도만 소개하자면, 음식을 익히는 것은 액체와 습한 공기, 기름 또는 건조한 공기로 이루어질 수 있다. 대류 현상은 걸쭉한 죽을 만들고 습한 공기의 대류 현상은 오븐 내에서 음식을 구워 준다. 기름기는 열전도를 통해서 음식을 튀겨 주고, 뜨거운 유체가 없어서 방사 현상으로 건조한 공기 속에서 음식이 익게 된다(This, 1993: 66).

2) 불에 닿아서

(1) 직접 익히기

음식은 직접 익힐 수 있는데 잉걸불이나 쇠판, 꼬치에 익히는 경우이다. 우리 각자가 여기에 대한 경험이 있어서 길게 설명을 덧붙일 필요는 없겠다.

(2) 간접 익히기

음식을 익히는 방법은 간접적인 경우가 더 많으며 네 항목으로 분류할 수 있다. 가장 먼저 찌는 방법으로 재 밑에 음식을 넣어 두거나 진흙으로 음식을 감싸서 익힐 수 있다. 또는 노르웨이식 솥처럼 달궈진 돌이 들어가 있는 구덩이로 만든 오븐 안에서 음식을 익힐 수 있고, 나무나 돌을 몇 겹으로 쌓아올려 일종의 '압력솥(autocuiseur)'을 만드는 것인데, 이것이 폴리네시아식 또는 투아레그(Touareg)식 오븐이다)(Orliac et al., 1987: 69). 지금 우리가 사용하는 빵을 굽는 오븐처럼 더운 공기 안에서 음식을 익히고 돌이나 다른 재질로 만든 판 위에서 굽거나, 토기·돌 항아리뿐 아니라 가죽·나무·자작나무나 버드나무 같은 나무의 껍질로 만든 고정된 그릇 안에서 익히기도 하는데, 이때 그릇을 불 위에 직접 올려놓을 수 있다. 불에 뜨겁게 달군 돌을 내부에 집어넣을 수도 있는데, 이렇게 하면 용기는 타지 않으면서 물이 끓는다. 불 위에 걸어 놓은 용기 안에서 끓일 수도 있는데, 갈고리가 달린 솥을 이용하며 냄비걸이가 있을 수도 있고 없을 수도 있다(Leroi-Gourhan, 1945: 165-172; Perlès, 1977: 79-99).

헤로도투스는 고정시킨 용기와 비슷하게 음식을 익히는 과정을 서술했다. 스키타이 사람들은 그릇이 없을 때, "고기를 동물의 위에 모두 집어넣고 물을 부은 다음에 뼈로 지핀 불 위에 올려 둔다"(Hérodote, 1985: IV 62, 384). 아메리카 인디언들은 "고기를 끓일 때 손질되지 않은 들소 가죽 조각으로 그릇을 대체하곤 했다"(Garretson, 1939: 177).

3. 옛날 방식으로 익히기

1) 돌 · 숯 · 재

먼저 해결해야 할 문제들을 나열해 보겠지만, 긍정적인 답은 그렇게 많지 않다.

유적에서 발굴되는 모든 잿더미는 화덕일까? '연료를 위한 구조물 혹은 연료를 사용하던 장소'라고 하는 편이 더 나을 것인데, "화덕이라는 용어는 층위 단면에서 다소 두껍게 렌즈 모양으로 나타나는 모든 숯 잔해의 집합이나 층위를 벗겼을 때 다소 퍼져서 나타나는 검은색 점들까지 구별 없이 넓게 쓰여서"(Leroi-Gourhan, 1970: 369), 진정한 의미의 화덕과 살림터 바깥쪽에 자주 보이는 잿더미들을 혼돈하게 만들었다. 바깥쪽 잿더미들은 화덕에 있던 긁어낸 재와 다른 종류의 생활 쓰레기로 만들어지는 것들이었다. 르루와-구르앙이 했던 뺑스방 유적의 '연소 공간과 비우는 공간, 가열된 돌 등 불과 관련된 증거'에 대한 연구는 다른 연구의 모범이 되었다(Leroi-Gourhan, 1972: 279-294; Audouze, 1987). 선사시대의 연소 증거에 대한 연구는 에티올(Etiolles) 유적(에쏜느)에서 체계적으로 이루어졌다(Laloy, 1980-1981). 나무를 불쏘시개로 사용했지만 엉렌느 유적에서 그랬던 것처럼 뼈를 사용했는데, 땅속에 묻혀 있던 뼈까지 모두 사용했다(Olive, 1987: 16-25; David et al., 1994: 161; Bégouën et al., 1987: 165).

선사시대에는 음식물을 익혔을까? 여기 몇 가지 논거가 있다. 대부분의 유적에서 부분적으로 탄화된 동물뼈가 많이 나온다. 아브리 빠또 유적을 연구했던 부쉬(J. Bouchud)가 이미 제시했던 관찰인데, 1,600kg에 해당하는 순록의 뼈 중에서, 긴뼈들의 몸통은 대체로 온전하고 뼈끝은 깨진 경우가 많았다. 부쉬는 몸통 부분이 살점이 많이 붙어 있는 부분이라서 불에 닿았을 때 상대적으로 보호를 받았다고 생각했다(Bouchud in Delpech et al., 1974: 54). 도르도뉴의 라 발뤼티(La Balutie) 유적과 스페인의 카스티요(Castillo) 유적의 무스테리안 문화층에서 발견된 뼈에 사람의 치아 흔적이 남아 있었다. 그런데 뼈를 미리 익혀 놓지 않았다면 갉아먹을 수 없었을 것이다(Breuil H et Glory A, Perlès, 1977: 77에서 인용; Glory, 1957: 1216-1220). 플라제올레 유적(도르도뉴)의 깨진 뼈를 정리해 보니, 일부는 몸통뼈를 간단하게 깨트려서 골수를 빼먹었고 일부는 국물을 만들기 위해서 조리를 했으며 나머지는 해면질인 뼈끝의 골수를 열을 이용해서 빼낸 것으로 드러났다(Delpeche et al., 1974: 47-55).

이 음식물들은 화덕 안에서 어떻게 익혔을까? 다양한 형태의 화덕이 전기 구석기시대부터 나타나고 있는데(Perlès, 1976: 679-683, 그림 1), 생활면(sol d'occupation)에서 적당한 곳에 화덕을 설치하고 주변에 돌을 배치하는 것이 확인되었다. 돌을 주변에 둘러 쌓는 것은 화덕을 보호하기 위한 장치로서, 바람이나 지면의 습기를 막아 주고 화덕에 바람이 잘 통하도록 해 주며 불을 보호하고 열기가 잘 발산되도록 해 주는 장치이다. 화덕과 관련하여 여러 가지 유형이 있는데, 모두 대단히 독창적이다.

2) 화덕을 만들다

화덕은 편평하거나 움푹한 곳에 만든다. 돌을 바닥에 깔아 놓거나 흙이나 돌로 작은 벽을 만들어 연소 공간을 제한시킬 수 있다. 움푹한 화덕은 열을 보존하기 위해 바닥에 돌이 깔려 있을 수 있거나 돌로 가득 차 있을 수도 있다. 화덕의 옆쪽에 재가 가득 들어 있는 움푹하게 파인 곳이 발견되어 눈길을 끄는데, 기둥 구멍이었을 가능성도 있지만 불 가장자리에서 조리를 하기 위한 공간이었을지도 모른다. 움푹한 화덕은 가장자리가 수직일 수도 있고 '고래 숨구멍 모양(à évent)'처럼 비대칭일 수 있다. 그러나 이러한 대칭성은 단순히 땅을 파는 과정에서 만들어질 수도 있었는데, 가파른 사면은 기둥이 꽂혀 있던 쪽을 의미한다고 보기도 한다(Leroi-Gourhan, 1984: 55). 한 개 혹은 여러 개의 편편한 돌을 세워서 화덕을 보호하면서 원시적인 오븐을 만들었던 것으로 생각되는 몇 가지 사례도 있다.

몇 가지 세밀한 관찰을 인용할 수 있겠는데, 이를 통해 음식물을 익히는 관습이 아주 오래전부터 시작되었음을 알 수 있다. 이러한 관찰은 독특한 요리를 만들기 위한 다양한 방법이 있었음을 입증하고(Perlès, 1977: 79-99; Sonneville-Bordes, 1987: 225-237) 조리 준비에 쓰일 가능성이 있는 방법도 이미 준비되어 있었음을 보여 준다. 그러나 이러한 사례들은 그렇게 많지는 않다. 아슐리안 시대부터 미리 데워 놓은 돌 위에다가 음식을 구워 먹었을 가능성이 있다고 보이는데, 도르도뉴의 뻬슈 드 라제(Pech de l'Azé) II 유적에서 고래 숨구멍 모양의 불 피우는 자리와 아주 붉게 변한 채 깔려 있는 돌들이 함께 발견되었다. 아슐리안 문화에 속하는 아르데쉬 지방의 오르냑(Organc) 유적에서는 흙이나 작은 벽을 화덕 주변에 쌓아서 보호를 했다. 이 유적과 같은 시기인 니스의 떼라 아마타 유적에서도 비슷한 유구가 발견되었다. 페슈 드 라제 II 유적과 오르냑 유적부터 화덕 주변을 돌로 둘러쌓은 것이 발견되고 있으며, 아리에쥬의 라 바슈(La Vache) 동굴처럼 불에 탄 자갈 더미가 발견되기도 했다. 쪄서 익힌 들꿩의 뼈가 해부학적 상태를 유지한 채 들어 있는 화덕도 있었다. 흙을 돋우어 화덕을 만들기도 했는데 바르(Var) 지방의 뤼넬 비엘(Lunel Viel) 유적의 중기 구석기시대 사례는 예외적인 것이다. 흙으로 만든 화덕이 모라비아의 돌니 베스토니체 유적에서 발견되었는데, 이 화덕 안에는 흙으로 구워서 만든 그라베티안 시기의 조각상이 들어 있었다. 코레즈의 라 쿰바 뒤 프레 네프(La Coumba du Pré Neuf) 유적에서 돌로 거칠게 만든 오븐도 발견되었는데, 구조물의 외부에 연소 공간이 있어서, 어떤 용도로 쓰였는지는 분명하지 않다. 시베리아의 마카로프(Makarov) 유적과 말타 유적, 샤랑트의 라구(Ragout) 바위그늘 유적처럼 구조를 갖춘 화덕이 나오기도 하고 돌판으로 만들어서 붉은 진흙에 묻은 오븐이 오트-가론느의 데 실르 드 레스퓌그(Des Scilles de Lespugue) 동굴에서 나왔는데, 이와 비슷한 방법이 폴리네시아에서 소나 말을 익히는 데 쓰이고 있다. 마지막으로 측면이 꺼진 웅덩이 모양의 화덕인데, 지름 20~30cm이고, 불에 탄 뼈와 재가 가득 차 있는데, 모스크바 동쪽의 코스티엔키(Kostienki) 유적에서 발견되었으며, 잉걸불 위에 쪄서 익히기 위한 용도로 보인다. 후기 구석기시대 말기가 되면 다양한 방식으로 음식을 익히는 데 사용하기 위한 복잡하게 구성된 화덕이나 돌로 덮인 화덕과 웅덩이로 된 화덕이 등장한다.

불에 탄 돌이나 자갈은 여러 유적에서 발견되는데, 북아메리카에서처럼 용기 안에 넣어 물을 끓여서 익히는 데 쓰였을 것으로 추정되며, 이는 실험으로도 확인되었다(Bosinski, 1981: 56, 그림; Olive, 1987: 25, 그림). 라 그라베뜨(La Gravette) 유적에서 많은 동물뼈가 출토되었지만, 불에 탄 흔적은 드물게 확인된다. 따라서 이 뼈들은 직접 불에 가열한 것이 아니라 끓여서 조리했던 것으로 생각된다.

보신스키는 '조리용 구덩이들'을 자주 언급하였다. 그는 중부 유럽과 동부 유럽에서, 뜨거운 것 넣기(thermo-plongeur) 방법으로 이 구덩이들을 가죽으로 덮고 달군 자갈돌을 집어넣었다고 주장했다. 괴네르스도르프 유적(독일)과 코스티엔키 IV 유적(러시아)에서도 이와 같은 구조물들이 많이 발견되었는데, 겨울에 여우와 토끼를 사냥해서 이렇게 익히는 방법이 여러 차례 반복적으로 사용되었던 것을 보여 준다. 그런데 이러한 구덩이 안에서 북극여우와 다양한 토끼들의 발이나 사람과 동물 모양의 인형, 뼈와 상아로 만든 다양한 유물들, 창끝 등 이질적인 유물들이 발견되고 있는데, 이것들은 화덕이 유기된 이후에 유입되었을 것으로 생각된다(Bosinski, 1990: 103-104). 우크라이나의 퓨수카리(Puskari) I 유적에서도 조리용 구덩이들이 발견되어서 이곳이 반복적으로 사용되던 살림터라는 것을 입증해 주고 있으며(앞의 책: 106), 메지리치 유적에서는 매머드의 허벅지뼈 2개를 수직으로 세워서 지지대로 만든 그릴이 발견되었으며 역시 매머드의 뼈로 만든 회전용 꼬치로 볼 수 있는 것도 발견되었다. 메진(Mézine) 유적과 괴네르스도르프 유적에서도 동일한 설치물이 발견되었다

(앞의 책: 155-156, 그림; Bosinski 1981: 46-47, 50-51, 그림).

뺑스방 유적에서 편평한 화덕과 불에 달궈진 돌이 들어 있는 화덕이 발견되었는데, 살림터의 입구에 있는 경우가 많았다. 그런데 이 안에는 부싯돌과 불에 탄 뼈가 없었는데, 여기서 나온 재를 비워 낸 더미에는 음식물 찌꺼기는 없고 숯과 같은 부산물만 들어 있었다. 이 유구들의 용도에 대한 토론이 있었는데, 유럽의 핀란드 사람들과 아메리카 인디언들이 사용하는 훈제 장치였을 가능성도 있고, 더 나아가 사우나의 일종일 수도 있다고 보았다(Leroi-Gourhan, 1984: 55). 꽁뒤쉐 유적(로트 지방)에서 발견된 자갈돌이 있는 구역은 막달레니안 사람들이 물고기를 익힐 수 있도록 해 주었다(Lorblanchet, 1993: 33). 괴네르스도르프 유적에서 발견된 쉬스트[편암]는 그릴처럼 만들었다(Terberger, 1991).

3) 선사시대의 요리

영양학자들은 현존하는 집단이나 지금은 사라진 여러 집단에서 확인된 자료들의 분석을 통해, 선택된 음식물을 변형시키는 데는 익히기, 혼합하기, 향료와 조미료 첨가하기와 같은 세 가지 유형의 행위가 일반적으로 조합된다고 말하고 있다(Jacotot et al., 1992: 130 134).

유일하게 요리하는 동물인 인간은 이러한 세 가지 행위를 통해 음식물을 입맛에 맞게 하고 소화시키기 쉽게 만들며 맛을 향상시키고 보기에 좋게 만든다. 또한 불에 올린 음식물에 지방을 첨가해서 쉽게 익도록 하며 마지막으로 촉진제나 이와 비슷한 역할을 하는 양념을 첨가해서 같은 음식이라도 맛을 높이고 가치를 늘린다.

우리가 물질적인 증거를 갖추기를 바란다면, 구석기시대의 요리는 대부분 동물성 음식물의 잔해를 통해서만 파악할 수 있다는 것을 인정해야 한다. 구석기시대의 음식물은 다양한 방법으로 익히는 경우가 분명히 많았을 것이고 슬기사람처럼 음식을 저장해 두기도 했을 것이다. 그러나 앞에서 얘기했던 요리의 전체 과정 중에서 2개의 연결 고리가 우리에겐 없다. 르루와-구르앙이 관찰했던 것처럼, 민족지학적 차원에서도 이것은 마찬가지이다. "지역 요리에 대해서 말할 수 있을 정도로 충분히 오래 살았던 여행자들이 거의 없었기 때문에, 이 분야는 요리법을 수집하는 것도 어렵지만 그것이 옳은 것인지 틀린 것인지 판단을 내리기가 정말 어렵다. 맛있는 음식이란 맛 자체와 농도에 달려 있다. (중략) 특정한 집단은 한때는 이런 경향을 발달시키고 또 다른 때에는 저런 경향을 발달시키는데 이것은 대단히 독특한 형태의 식도락 형태로 갈 수 있다. (중략) 우리는 이 분야를 너무나 적게 탐구했기 때문에 헛된 것을 연구할 것이 아니라 연구의 방향을 제시하는 것으로 만족해야 한다. 요리는 인간의 본질적인 행위의 하나이고 식도락은 미학을 풍요롭게 만드는 분야 중 하나이기 때문이다"(Leroi-Gourhan, 1945: 180).

그렇지만 우리는 요리 실험에 참여할 권리가 있다. 고기는 작은 조각을 끓이거나 구울 때 가장 맛있다. 생선은 빨리 익혀서 스튜를 만들거나 잎으로 싸서 재 밑에 넣어 두거나 꼬치에 꿰어서 손질할 수 있다. 어린 새는 구울 수 있다. 파충류는 속을 비운 다음에 껍질 채 굽는다. 개구리는 껍질을 벗겨서 굽는다. 갑각류와 조개류는 빠르게 끓여야 한다. 곤충과 지렁이는 잘 굽거나 말려서 가루로 만든 뒤에 나머지 음식물에 섞는다. 식물은 일반적으로 스튜로 끓이거나 굽기도 하며, 뿌리를 제외하고는 날것으로 먹기도 한다. 열매와 씨는 불 가까이에서 말려서 가루로 빻을 수 있으며, 일부 뿌리는 끓여서 퓨레(purée)[각종 야채나 곡류 등을 삶아 걸쭉하게 만든 것]로 으깰 수 있다. 그러나 이것은 어디까지나 제안일 따름이다(Wisemann, 1993: 290-293).

4. 물리와 화학의 비밀 속으로

확실한 자료, 다시 말해서 우리가 슬기사람들이 가지고 있었던 동물과 식물 자원들과 지금까지 전해진 다양한 유형의 화덕에 대해 알고 있는 것에서 출발하여, 우리는 몇 가지 정보와 요리방법에 대한 것을 알게 되었으며 구석기시대 사람들이 음식을 익히는 데 사용한 기술에 대해서도 알게 되었다. 우리는 조금 더 거슬러 올라가서 이러한 과정을 따라서 조리를 준비할 때 음식물에 일어나는 변화를 재구성해 보고자 한다.

그러나 우리의 야망은 여전히 한계가 많으며 레비-스트로스(Levi-Strauss, 1964; Farb et al., 1980: 126-128, 260, 주 61)의 요리 삼각형 이론[레비-스트로스가 야콥슨의 자음 모음 삼각형에서 원리를 차용해서 요리의 자연적 차원과 발달된 형태 각각에 날것/익힌 것/썩힌 것, 구운 것/그을린 것/삶은 것이라는 축이 존재한다고 구조주의적 관점에서 분석한 이론]을 다루지는 않겠다.

인체생리학 자료들은 사람이 어째서 잡식성이고 포식동물임에도 불구하고 계절의 순환과 변화에 따라서 특정 유형의 음식을 선호했는지 살펴보게 해 주었다. 익히는 과정과 그 이후 음식물에 나타나는 내부적인 변형이나 선사시대에 이미 입증된 다른 종류의 조리 방법을 통해서 우리 조상들이 음식물을 익히게 된 이유를 정확하게 알 수 있게 해 줄 것이고 특정한 준비 방법을 왜 선택했는지도 명확하게 해 줄 수 있을 것이다. 오늘날 우리는 선사시대 사람들이 연모와 사냥도구를 어떻게 다듬었는지, 옷을 어떻게 바느질했는지, 집을 어떻게 지었는지 꽤 많은 것을 알고 있다. 그러나 이러한 일반적이고 일상적인 행위를 제외하고, 음식물을 익히는 행위로 발생하는 물리-화학적인 내부 변화는 잘 알려져 있지 않으며 아주 드물게 연구가 되는 정도인데, 그중에서 우리가 이번 장에서 많은 자료를 의존하는 티스(H. This)의 연구가 있다(This, 1993). 요약하자면 크로마뇽사람들이 음식을 익히면 무슨 일이 일어나는 것일까?

1) 꼬챙이에 꿰서 굽기와 불 위에서 직접 굽기

꼬챙이에 꿰서 굽거나 석쇠 위에 음식물을 올려놓고 구우면 열의 효과로 지방은 동일하지만, 열량과 단백질 함량은 20%가량 증가하는데, 지방은 녹아서 밖으로 흘러내리기 때문이다. 순록의 넓적다리를 골라서 붉은 불꽃이 넘실거리는 화덕자리 위에 꼬치로 올려놓고 규칙적으로 회전시킨다고 가정해 보

자. 꼬챙이 구이에서 최상으로 회수된 아미노산과 당분, 지방을 섞으려면 표면을 적절하게 "센 불에 살짝 익혀야(saisir)"하고, 표면에 있는 세포막을 파괴하려면 꽤 강하게 게 익혀야 할 것이다. 꼬치로 고기를 굽는 목적은 육즙이 가득하면서도 살집이 많도록 하는 것인데, 이 모든 과정이 훌륭하게 조화를 이루면서 작용하면 향내가 나고 색깔이 먹음직스러운 커다란 분자로 서로 연결될 것이다(마이야르Maillard씨 고맙습니다!). 오븐은 고기를 빨리 익도록 해서 육즙이 너무 빠져나가지 않게 해 준다. 근육 섬유를 채우고 있는 콜라겐을 부드러운 젤라틴으로 변형시키려면 꽤 강하게 열을 가해야 한다. 가열은 레티큘린이나 엘라스틴을 건드리지 않는다. 고기에서 수분이 너무 많이 빠지게 오래 익혀서도 안 되는데, 단단하지 않은 단백질은 70~80℃ 부근에서 수분이 빠져나가고 뭉치는 성질이 있어서 아주 질겨지게 된다(This, 1993: 87).

이렇게 익히게 되면 전체 열량은 112kcal에서 145kcal로 증가하게 되는데, 단백질의 전체 열량이 20.6kcal에서 28.8kcal로 높아지기 때문이다. 그러나 지방은 가열 전 3.3kcal와 가열 후 3.7kcal로 큰 변화가 없고, 탄수화물의 열량도 가열 전과 후가 동일하다. 선사시대 사람들도 앞에서 인용한 표들이 보여 주듯이 노루와 산토끼에서 동일한 결과를 얻었을 것이다(Ostrowski-Josse, 1978).

슬기사람은 이 모든 것들을 할 줄 알았을 것이다. 이들은 이보다 훨씬 더 복잡한 일도 했다. 이것을 선조들로부터 이어받은 것은 아닐까. 마이야르 반응[프랑스의 생화학자 마이야르L. C. Maillard가 처음으로 보고하였다. 환원당과 아미노산, 펩티드, 단백질 등의 아미노기를 갖는 화합물 사이에서 일어나는 식품의 대표적인 성분 간 반응이다. 식품의 가열처리, 조리 혹은 저장 중 일어나는 갈변이나 향기의 형성에 관여]은 매우 복잡하기 때문에 이들이 이 반응의 모든 비밀을 파악했다고는 생각되지 않는다. 아미노산처럼 NH2아미노산 그룹을 가지고 있는 분자들은 당분과 연결되는데, 고기 속에는 당분이 언제나 조금은 들어 있기 때문이다. 물 분자가 제거되고 이 두 종류의 반응자들은 '쉬프 염기'로 이어지다가 점차 '아마

그림 27 짐승의 가축화와 함께 인류는 신석기시대에 생산 경제로 향하게 되고, 차츰 완전한 포식자가 아니게 된다. 이러한 변화는 지역에 따라서 각기 다른 시기에 나타난다(본느Beaune 아르케오드롬Archéodrome).

그림 28 곡물 선택과 재배도 신석기시대에 나타난다. 이러한 전환으로 인류는 넉넉해지지만 오늘날 우리가 고통받고 있는 영양학적으로 부정적인 측면이 나타난다.

그림 29 식량 획득 방법의 변화로 사진에 보이는 돌도끼와 같은 간석기와 토기를 제작하게 되고, 나중에는 금속 제작이라는 새로운 기술이 등장한다.

도리(Amadori) 생성물'로 대체된다. 화학자라면 이러한 분자들의 집합을 다리를 형성하는 질소 N과 함께 종이 위에 그리는 것이 몹시 흥미로울 것이다(This, 1993: 30, 그림). 이른바 생성물과 모든 부산물들은 향내가 기가 막히게 나고, 고리 모양의 순록 구이의 맛을 잘 두드러지게 만든 분자를 형성하기 위해서 다른 화학물질과 반응을 하게 될 것이다. 테르펜 향은 지용성으로 이들 분자들의 일부는 황금빛이 도는 아름다운 색깔을 가진다. 조금씩 녹아내리는 지방을 걷어서 표면에 다시 덧발라 주면 지나치게 타지도 않으면서 이 작용을 촉진시켜 고온에 이를 수 있도록 해 준다. 계면활성 젤라틴이 약간 들어 있는 동일한 기원의 육즙과 섞여서 수분이 많고 핏기가 있고 먹음직스러운 갈색이 돌게 된다. 이 단계에서 향이 나는 기름들이 발산되면서 일종의 유액을 형성한다. 물론 순록의 넓적다리살은 우리들의 양고기 통구이보다는 덜 기름지고 맛도 덜하겠지만, 꼬치에 꿰서 구우면 이것도 멋지게 식탁에 내어놓을 만할 것이다.

2) 죽과 스튜

반대로 큰 짐승의 고기나 물고기를 땅 위에 파 놓은 구덩이나 나뭇가지로 삼발이를 만들어 단단히 매달아 놓고 그 안에다 화덕자리에서 끄집어낸 자갈돌을 집어넣은 가죽 주머니에서 끓인다면 전혀 맛이 다를 것이다. 맛이 훨씬 덜할 것이며 색깔도 아주 연할 것이다. 100℃에서는 마이야르 반응이 거의 일어나지 않기 때문이다.

이렇게 익힌 음식물이 담겨 있는 국물 안으로 근육 섬유에서 분리된 콜라겐의 일부와 가죽·뼈·힘줄에 많이 들어 있는 콜라겐이 서서히 유입되다가 다시 부드러운 젤라틴으로 녹아든다. 사실 콜라겐은 원래는 섬유질 조직으로 뻣뻣한데, 분자는 아미노산이 20여 개의 긴 고리로 연결되어 있고, 이들 중 프롤린과 하이드로시프롤린과 같은 일부 구성물질이 딱딱하다. 이들은 섬유질과 소섬유를 구성하기 위해 동일한 다른 분자들과 잘 결합하고 차가운 물에 용해되지 않는다. 오랫동안 가열된 물은 콜라겐의 분자 사이로 파고들어서 콜라겐을 분리시키고 젤라틴으로 부드럽게 만들면서 용해시킨다.

열의 작용으로 근육 섬유의 단백질(액틴과 마이오신)은 응고되고 불용성이 된다. 고기는 부드러워지지만 섬유질 조직은 유지된다. 고기에 들어 있는 휘발성 향 분자 일부가 증발한다. 한편 마이야르 작용이 끝나갈 무렵, 스튜(pot-au-feu)라기보다는 '뽀오프(peau-aux-feu)'[프랑스어로 읽으면 단지를 의미하는 pot와 가죽을 의미하는 peau의 발음이 비슷하다. 이를 이용한 말장난이다]가 되는 맛이 생긴다. 여기에 녹말이 포함된 뿌리나 푸른 잎과 같은 야채를 약간 첨가하는데, 향이 가득한 기름이 표면에 뜬다.

뼈를 끓는 물 속에 넣으면 골수의 기름기가 빠져나오게 된다. 잘 긁어낸 뼈끝만 사용한다면, 붉은색 골수만을 수습하게 될 것이다. 이것을 걷어내려면 액체가 식는 것을 기다리기만 하면 된다. 그러나 아직 살이 붙어 있는 긴뼈(os long), 고기나 물고기의 살, 등뼈를 잘게 부셔서 넣고, 약간의 허브와 대롱뼈에서 얻은 노란색 골수를 첨가해 주면, 냄새도 좋고 원기를 북돋아 주는 전혀 다른 음식을 얻게 될 것이다. 가열을 더 오래해서 국물을 조려서 갈색이 돌 때까지 계속해서 할 수 있다. 콜라겐에서 만들어지는 젤라틴은 용해가 되고 진하고 냄새가 좋은 이 액체와 함께 소스 재료를 만들 수 있을 정도가 된다.

5. 야채 익히기

야채를 표면에 기름기가 없이 판이나 꼬치에 끼워서 직접 익히면 타 버린다. 이것이 맛을 좋게 하기는 하지만 숙달된 기술이 필요하다.

식물뿐 아니라 과일을 포함하여 모든 채소는 국물 안에서는 상태가 개선되고 훨씬 소화시키기 쉽게 된다. 잎들도 훨씬 부드러워지는데, 섬유질이 그대로 남아 있다면 헤미셀룰로오스는 분해가 되고 식물성 세포벽의 중합체인 펙틴은 펙틴산으로 분해된다. 섬유질은 훨씬 소화하기 좋다. 세포벽의 단백질은 변형되어서 여기를 통과하는 수분의 움직임을 더 이상 조절할 수 없다. 소금기가 없는 물 속에서, 식물성 세포는 삼투압 현상으로 부풀어서 부드럽게 변한다. 그러나 소금물 속에서는 반대 현상이 일어나서 식물이 단단해지게 된다. 일부 세포는 터져서 엽록소와 함께 반응을 하는 유기산을 방출하는데, 포르피린이 갈색의 페노피틴으로 바뀌면서 마그네슘이 수소로 치환되기 때문이다. 푸른 식물의 맛과 색깔을 잃지 않으려면, 펙틴의 분해, 몇 종류의 효소의 파괴와 비타민 C의 유실을 제한시켜야 되기 때문에 이미 끓고 있는 물에 식물을 넣어서 데치도록 빠르고 센 불로 가열해야 할 것이다. 이것은 단백질 분해 효소가 작용하는 것을 방지한다. 식물들을 끓는 물 속에 몇 초 넣어 둔 뒤에 얻게 되는 진한 녹색은 식물 세포 사이 공간에 잡혀 있던 가스가 빠져나온 결과이다. 이러한 공기 주머니는 확대경처럼 작용해서 엽록소의 아름다운 색깔이 드러나도록 하는데, 녹색의 세포 소기관이 이산화탄소를 산소로 변화시키는 일을 담당한다.

뿌리와 구근식물은 녹말 입자를 많이 가지고 있는데, 이들은 60℃가량의 더운 물에서 서서히 팽창하고 부드러워지게 되는데, 이와 동시에 용해되는 당분·유기산·펙틴·수용성 비타민·포타슘과 다른 무기염류·색소, 방향족 물질과 같은 물질의 일부가 물 속으로 이동한다. 이러한 손실을 줄이려면, 물을 적게 넣고 껍질을 벗기지 말고 큰 덩어리로 익혀야 할 것이다. 만일 포타주(potage)[고기, 야채 따위를 넣어서 진하게 끓인 수프]를 원한다면, 위의 과정과 반대로 하면 될 것이다. 겨울을 위해 건조시켜 보관하는 도토리와 밤은 가능하면 미지근한 물에 담가 두어서 한참 동안 수분을 재공급한 뒤에 뜨거운 물에 익혀야 할 것이다. 아니면 이들을 부수어서 거친 가루로 이용할 수도 있었을 것이다.

6. 건조, 훈제, 염장과 숙성

건조·훈제·염장과 숙성 방법은 식량의 가공과 저장에 한해 사용된다. 건조는 식물성 혹은 동물성 식품에서 수분을 거의 완전하게 제거하는 것이다. 관건은 미생물의 영향으로 음식물이 썩기 전에 표면을 건조시켜야 하는 것이다. 이를 위해서는 수분을 빠져나가게 하는 바람과 햇볕을 이용하는 것이 좋다. 많은 양의 야생고기나 생선을 저장하기 위한 방법인 훈제 역시 이처럼 준비되어야만 한다. 고기 혹은 물고기의 표면이 딱딱해지면 박테리아가 쉽게 번성할 수 없게 된다. 이러한 가공은 상온(24~28℃)에서 실행되기 때문에 익히는 과정은 없다(Delort, 1993: 297). 염장은 삼투압 현상이 작용하는 것이다. 세포 내의 수분이 주변에 있는 소금으로 빠져나와서 세포막의 여러 부분에 있는 소금의 밀도가 균등해질 때까지 계속된다. 그러나 염장은 박테리아가 고기에 들어 있는 적색 아질산염을 살균제로 변형시키는 포타슘 아질산염으로 덮여 있는 초석이 채굴될 수 있는 지역이나 바닷가에서만 가능했다. 말린 생선, 어쩌면 염장한 생선을 먹어서 닳은 치아를 가지고 있는 또따벨 근처(바람이 강하게 자주 부는 지역이다)에 있는 네안데르탈사람을 제외하면, 알려진 사례가 없다. 그런데 반드시 요리용 소금을 가지고 있어야 하는 것은 아니다. 남부 지방의 햇볕에 노출된 바위틈에 고인 바닷물이 공기가 잘 통하고 그늘이 지는 건조한 장소에서 잘 증발되면, 너무 두껍지 않게 살을 떠낸 생선포를 저장하는 데 좋다. 훈제는 생선의 경우에는 염장과 훈증이 하나의 과정이다.

훈제는 외부에서 들어오는 세균의 증식을 제한하고, 특히 곤충과 여러 종류의 유충들이 이 살에 파고드는 것을 방지하기 위한 것이며, 숙성을 시키는 동물은 경우에 따라서는 가죽이나 털을 보존해야 하기도 한다. 여기서 '숙성(faisandage)'이라는 용어를 사용하기가 조금은 망설여지는데[faisan 이 꿩을 의미해서 그러는 듯함], 꿩은 카스피 지방이 기원으로 유럽에는 늦은 시기가 되어야 나타나기 때문이다. 내장을 그대로 두거나 제거하거나 손질을 연장하는 것은 맛에 영향을 주지만 때로는 필요하기도 하다. 이누이트 사람들은 숙성시키거나 거의 삭힌 고기와 생선을 즐겨 먹었다(Malaurie, 1976: 301). 알라카루프 사람들도 식량을 건조시키는 방법보다는 숙성하거나 삭히는 저장법을 더 많이 사용했다. 이들은 근처에 있는 늪에 담가 둔 가죽 부대에 기름기가 발효되도록 내버려두었으며 알은 부화된 것을 재 밑에 파묻어서 익혀 먹기를 좋아했다 (Emperiaire, 1955: 138-141).

기름기가 없어서 맛이 없는 야생고기의 살은 숙성을 시키면 풍미가 생기고, 말 그대로 부패시키면 고기가 더 연해진다. 이것은 일부 식육류 동물들이 알고 있는 저장 방법이기도 한데, 개는 나중에 먹으려고 뼈를 땅에 묻는다.

제3장
나는 크로마뇽사람이다

민족지에서 차용한 몇몇 신중한 비교들을 누락시키지 않으면서 선사학자들과 인류학자들이 밝혀 놓은 물질적인 자료를 확인하고 영양학을 전공하는 의사들이 제공하는 지식에서 가져온 것들을 종합해 보면, 네안데르탈사람과 크로마뇽사람들이 거의 고기만 먹었다고 하던 우리가 알고 있던 것과는 매우 다르다. 네안데르탈사람과 크로마뇽사람의 선조들의 모습도 마찬가지로 예전과 다르게 생각될 수 있겠다.

크로마뇽사람들은 청소년과 젊은 성인층이 사냥과 채집을 했다. 이들의 영양은 열량으로 볼 때 평균값이기는 하지만 적절한 것이 특징이다. 아래의 정리된 표에서 보여 주듯이 지방으로부터 포도당신생성의 도움을 받아야만 했던(부록 도표 1 참조) 뷔름 빙하기의 가장 추웠던 시기를 제외하고, 자세히 들여다보면 단백질 섭취가 많지만 너무 과다하지 않았고, 지방은 불포화지방산이 좋은 비율로 들어 있는 제한된 분량을 먹었고, 다당류와 식물성 섬유질을 적절하게 섭취한 것으로 나타난다.

표 9 현재의 식량 전문가들이 권장하는 비율과 온대 기후의 선사시대 식량 유형에서 보이는 단백질, 탄수화물, 시방의 비율(동물성 식품 35%, 식물성 식품 65%)과 추운 기후의 비율(동물성 식품 80%, 식물성 식품 20%)을 비교했다(이튼 S. Boyd Eaton에 따름). 현재의 영양섭취는 양적인 면에서는 전문가들이 권하는 수치에 가까운 듯이 보인다. 그러나 질적인 면에서 보면 그다지 적절하지 않다. 탄수화물을 많이 섭취하는데, 특히 단당류가 많다. 지방도 많이 먹는데, 특히 포화지방산이 많다.

동물성/식물성 식량 비율	35%-65%	80%-20%	현재	권장량
단백질	35	61	12	12
지방	43	14	46	58
탄수화물	22	25	42	30

선사시대 사람들의 육체 활동은 중요하지만 일상적인 것은 아니었다. 남성유형 비만은 벽화 그림 중에서 두 가지 사례에서만 나타났다. 여성유형 비만이나 풍만한 여성을 나타내는 그림은 자주 보이는데 당시의 젊은 여성들이 반복적으로 임신을 하고 장기화된 수유기간을 가졌음을 나타내는 것으로 여겨

표 10 선사시대의 식량과 현재의 식량 비교. 동물성 단백질과 단당류가 특히 산업혁명 이후로 두드러지게 증가했다. 우리들은 기름기 많은 살코기, 유제품과 잼 종류보다 식물성 단백질과 기름, 생선에서 얻는 단백질과 다당류 곡류를 더 많이 먹어야 할 것이다.

식단 구성	선사시대	현재
동물성 단백질	26%	8%
식물성 단백질	9%	4%
다당류	42%	29%
단당류	1%	17%
동물성 지방	9%	40%
식물성 지방	13%	2%

진다.

선사시대 유적의 발굴 결과에서 무기염류나 무기질이 결핍되었던 사례는 전혀 보이지 않는다. 이 사람들은 추가로 나트륨을 섭취하지 않았고 음식물 속에 들어 있는 것으로 충족시켰을 것이다.

이 사냥꾼들은 핵가족을 이루고 주변에 있는 자원들을 이용하면서 반쯤은 떠돌이 생활을 했고 저장고를 만들기도 했는데, 특히 중부 유럽과 동부 유럽의 추운 지역에서 많이 발견되었다. 포획한 동물 일부를 우리에 가두어서 사육한 것에 대한 자료들은 드물고 논란의 여지가 있다.

뷔름 빙하기의 추운 기후의 끝에 사냥감이 변하게 되는데, 중석기시대에는 사슴과 멧돼지가 순록과 매머드를 대체하게 되었다. 인류가 농사를 짓고 가축을 기르게 되는 것은 신석기시대가 되어서였다. 그 결과 정착생활을 하게 되고 곡물에서 다당류를 섭취하고, 가축에서 고기의 지방을 섭취하고 저장을 했으며 조리용 소금을 사용하게 되었다. 식량 저장고와 가축화된 동물의 무리 등을 통해서 이러한 풍족함을 갈망하게 되었다. 영양학적인 면에서도 신석기 '혁명'이 서서히 진행되고 키는 수십cm가 줄어들게 되었다. 술과 담배처럼 현대적인 자극적 기호식품은 말할 것도 없고, 19세기 말의 산업시대가 도래하면서 우리는 더 많은 포화지방과 단당류를 먹게 되었고 섬유질은 적게 먹게 되었는데, 정착생활이 자리를 잡으면서 이러한 현상이 가속화되었다(부록 도표 3 참조). 〈표 10〉은 이 같은 변화를 잘 보여 준다.

우리들은 이러한 식습관의 변화에 수반된 신진대사의 결과에 영향을 받는다. 이것은 장 바그(Jean Vague)가 밝힌 남성형 지방의 분포와 일치하고 리벤

(G.M. Reaven)이 널리 알린 인슐린 저항성 X 신드롬과도 일치한다. 한편, 이 책이 수치 자료를 많이 의존하고 있는 이튼은 현대인이 선사시대 사람들과 유전적으로는 거의 차이가 없기 때문에 우리들이 정착생활을 하는 식량 생산자의 식단을 갖추기는 했지만 본질적으로는 여전히 사냥 집단임을 강조했다.

수십 년 전만 해도 거의 원시적인 상태로 남아 있었던 농사를 짓기 이전 단계 사회였다가 서구적인 삶의 양식에 접근하게 된 사회의 사례는 이러한 변화를 확증시켜 주는데, 그중에는 테이프를 빨리 돌려서 보는 것과 같은 사례를 제공하기도 한다. 오늘날 이누이트족의 후손들, 피마(Pima)족[멕시코와 소노라가 기원인 북미 아메리카 인디언] 같은 아메리카 인디언들, 오스트레일리아 원주민들, 혹은 나우루(Nauru)섬의 미크로네시아 사람들 가운데 비만과 인슐린비의존성 당뇨병의 발생 사례가 많은 것은 이것을 잘 설명해 준다. 식량이 풍족하고 신체 활동은 충분하지 않으면서 엄청난 자원의 갑작스런 혜택으로 인해 이른바 '코카콜라 문명(Coca-Cola Civilisation)'의 불확실성의 영향에 놓이게 된 이들은 인슐린비의존성 당뇨병이라는 대재앙을 겪게 되었다(Passat, 1994: 16). 이 집단의 고인슐린증(hyper-insulinisme)은 원래는 혜택을 받은 유전적 특질의 하나로, 태내의 영양부족과 연관되어서 풍족할 때는 지방 조직의 저장에 유리하고 부족할 때는 이것을 이동시킬 수 있는 저장용 유전자였을 것이다(Neel, 1962; Dowse et al., 1991; Hales et al., 1992; Wilkin, 1993; Dowse et al., 1993). 그런데 이것은 몇 년 전부터 이 민족이 가지고 있었던 상대적인 장점이 더 이상 아니게 되었다. 이들의 슬픈 현재 상황은 예전에 대사성질환이나 심장-혈관계질환을 막아 주었던 것으로 생각되는 보호 장치와 특이하게도 대조가 된다(부록 도표 4 참조). 이들은 산업화된 국가의 거주자들 집단에 합류했지만 준비가 되어 있지 않았기 때문에, 이것 자체를 감당할 수가 없게 되었다. 아주 오랫동안 가난하다가 부자가 되는 것은 쉽지 않은데, 수천 년 동안의 결핍으로 이러한 비축용 유전자를 갖는 개인들이 선택되어 왔기 때문에, 오히려 자원이 너무 풍족해지면서 자신들에게 해로운 존재가 되어 버린 것이다.[46]

부분적으로나마 기름기가 적은 살코기·생선·섬유질이 많은 식물을 더 먹고 소금을 줄여야만 우리들이 물려 있는 과정에 제동을 걸 수 있을 것이다. 사람이 스스로의 육체적 필요에 따라서 몸을 재적응시키는 것과 같은 방향이다. 규칙적으로 운동을 하는 것이 인슐린비의존성 당뇨병의 이환율을 줄이는 길이다(Manson et al., 1992; Kriska et al., 1992).

그리고 이것을 위해서, 인류 진화의 99.6%를 차지하는 구석기시대의 섭생에 대한 연구가 현대인과 관련이 없지는 않을 것이며, 더 나아가 미래의 인류와도 연관이 있을 것이다.

원저자의 한국어판 추가 내용

250만 년 전부터

어떻게 선사시대를 거쳐서 현재의 우리가 되었는지 이해하기 위해 예전의 상황을 점검해 보자. 우리가 과거로 거슬러 올라간다면, 이 먼 과거에서 몇 개의 실질적인 조언을 얻을 수 있을까?

오스트랄로피테쿠스(유명한 루시와 같은)의 뒤를 이어 아프리카에서 나타난 최초의 인류 손쓰는사람(*Homo babilis*)과 우리가 나뉘는 것은 250만 년 전이라는 아주 긴 여정이다. 핵심이 되는 인물은 곧선사람(*Homo erecuts*)인데, 그는 200만 년 전에 나타나서 아주 일찍부터 아시아 대륙과 아프리카 대륙에 자리를 잡기 시작한다. 이들로부터 현생 인류가 파생하게 되며, 우리 같은 슬기사람(*Homo sapiens*)은 크로마뇽사람의 자손이다. 우리는 모두 같기도 하고 모두 다르기도 하다. 네안데르탈사람(Homme de Néandertal)은 곧선사람의 유럽형 후손으로 보이는데, 상당히 우스꽝스럽게 묘사되었고 3만 년 전에 갑자기 사라지게 되는데, 우리들은 이들이 왜 사라졌는지도 잘 모르고 어떻게 사라졌는지도 잘 알지 못한다.

우리가 가지고 있는 선입견에도 불구하고, 이미 시작부터 모든 인류는 잡식동물이었다. 이것은 고기를 자르고 찢기 위한 앞니와 송곳니, 식물을 으깨기 위한 어금니와 같은 치아의 모습에서 잘 드러난다. 치아에 남아 있는 선을 현미경으로 관찰하면 이 점이 확증된다. 육식동물에서는 이 선이 수직이며, 초식동물에서는 이 선이 수평이다. 오래된 인류의 치아에 나타나는 이 선이 이미 비스듬하다. 뼈의 화학적 분석은 스트론튬과 칼슘의 관계에 대해 관심을 갖게 만드는데, 사람의 수치는 육식동물과 초식동물의 중간이다. 탄소 13(^{13}C)의 분석에서도, 두 경우를 제외하고 결과는 마찬가지이다. 네안데르탈사람이 출토된 프랑스 샤랑트 지방의 마리약(Marillac) 유적과, 벨기에 스클렝(Sclayn) 유적에는 거의 육식만 했던 사람들이 살았던 듯하다.

우리는 동굴과 바위그늘 벽에 그려진 동물들이 선사시대 사냥을 나타내는 표의 일종이라고 생각한 적이 있었다. 사냥을 위한 일종의 진혼 마술로 원하는 동물들을 미리 그리는 것으로 생각했었다. 그러나 이제는 그려진 동물들과 선사시대의 예술가들이 먹었던 동물들 사이에는 대단히 큰 격차가 있다는 것을 알고 있다. 예를 들어 라스코 유적에는 많은 종류의 동물들이 그려져 있지만(말, 들소와 첫소, 사슴과 암사슴, 산양, 호랑이, 곰, 코뿔소), 당시 사람들은 실제로는 순록만 잡아먹었는데, 순록의 그림은 단 1개만 있을 뿐더러 이것이 정말 순록인지에 대해서도 확실하지 않다.

사실, 우리가 선사시대의 음식에 대해 알고 있는 것은 선사학자들이 유적을 연구하는 과정에서 드러난 것이다. 물론, 아주 오래전부터 이들은 동물뼈만 모으면서 차츰 더 세밀하게 분석을 해 왔다. 그러나 이들은 이제는 식물 유물에도 관심을 갖게 되었다. 대형 유물(열매, 잎, 숯)일 때도 있지만 특히 수백만 년 동안 지속된 꽃가루가 있다. 이것들은 특별한 동정과정을 거친 뒤에 식생을 복원할 수 있게 해 주고 이를 통해서 기후를 복원할 수 있게 해 준다. 드물기는 하지만, 사람의 배설물 혹은 똥(糞)화석이 보존되어 식량 체제에 대한 자료를 전달해 주기도 한다.

몽타주

선사시대 사람들, 혹은 더 정확하게는 구석기시대 사람들은 반쯤 떠돌이 생활을 하는 젊은 사냥-채집꾼들이다. 이들은 처음에는 숙달된 사냥꾼이라기 보다는 맹수들이 사냥하고 남긴 것으로 근근이 식량을 구했던 것이 분명하다. 모든 원시부족에는 성에 따른 노동 분화가 있었다. 남자들은 하루 몇 시간 사냥을 하고, 여자들은 어린이들을 건사하면서 채집을 하고 집안일을 하면서 하루 종일 보낸다. 아마 예전부터 늘 이랬을 것이다.

이들은 아주 건강한 사람들이다. 석회암 지대에서 보존된 사람뼈 연구 덕분에 이 사실을 알 수 있다. 뼈에서 암이나 결핵 혹은 영양 결핍이 전혀 보이지 않는다. 관절염은 자주 있지만 큰 골절도 없다. 구석기시대의 삶은 짧았는데, 사망률이 두 번 정점에 도달한다. 하나는 2세 무렵 젖을 떼는 시기이고, 다른 하나는 30~40세 무렵이다. 그러나 노인의 사례도 몇 개 있다. 이들은 일반적인 감염 질환으로 사망했을 것이다.

샹슬라드 유적(도르도뉴 지방)의 사람 머리뼈는 예외이다. 이 뼈는 옆머리가 깨진 흔적이 남아 있는데 이 젊은 사냥꾼은 부상을 극복해 냈다. 그는 주변 사람들의 도움으로 살아남은 듯하고, 따라서 이것이 지금까지 알려진 최초의 의학적 치료 혹은 최소한 영양학적 지원의 사례인데, 1만 년 전 무렵의 일이다.

3만 년 전 이후로 크로마뇽 남녀의 모습을 동굴 벽이나 유물에 새기거나 그리거나 조각한 수백 개의 예술품이 있다.

구석기시대의 유럽에서 예술가들은 여성을 주로 표현했으며 신체의 하부와 관련이 있는 여성유형 비만에 영향을 받은 모델을 선호했다. 이것은 단순한 여성유형 피하지방 축적부터 고도비만까지 다양하다. 이것은 물론 도상학적 선택이기 때문에, 루벤스나 르누아르가 동시대 여성의 특징을 모두 그리지 않았던 것처럼, 당시 여성의 모습을 모두 나타냈다고 할 수는 없겠다. 우리는 이들이 가지고 있던 여성유형 비만이 과다한 영양섭취와 정착생활과 아무런 관련이 없다는 것을 알고 있다. 이것은 무엇보다도 여러 차례 임신을 했던 여성들의 가임기를 구분하는 것이지 병리학적 합병증의 결과가 아니다. 과다하게 영양을 섭취하고 정착생활과 연관이 있는 상체가 비만해지는 남성유형 비만을 뚜렷하게 보여 주는 예술품은 알려져 있지 않다. 이런 비만 유형과 관련이 있는 질병(당뇨병, 혈중 콜레스테롤 증가와 트리글리세리드, 관상동맥성 심장질환, 뇌졸중, 고혈압과 통풍)은 구석기시대에는 매우 드물었을 것이다.

기름기가 없는 고기와 섬유소가 많은 식물

보이드 이튼은 1985년에 영양학적 계산을 했는데, 1g의 야생동물 고기는 1.41kcal를 제공하고 1g의 야생식물은 1.29kcal를 제공한다고 했다. 하루에 필요한 열량을 3,000kcal로 산정하면, 우리는 다음과 같은 간단한 공식에 따라서 필요한 동물성 음식의 무게(pA)와 식물성 음식의 무게(pV)를 계산할 수 있다.

$$1.41pA + 1.29pV = 3{,}000\text{kcal}$$

선사시대 동안 시기와 지역에 따라서 기후는 매우 다양했는데, 더운 기후부터(예를 들어 아프리카 대륙), 온화한 기후(1만 7,000년 전 라스코 시기 동안의 프랑스 남서부 지방), 심지어 아주 추운 기후(같은 지역의 1만 8,000년 전부터 1만 9,000년 전 사이의 솔뤼트레안 시기)도 있었다. 식량 자원은 기후에 따라서 다양하나, 이론적으로 기온이 낮아지면 동물성 기원의 식량이 증가하고 식물성 음식의 소비가 감소한다. 이처럼 하루에 필요한 단백질과 지방(야생동물 고기는 기름기가 적기 때문에 적게) 분량이 증가하는 반면에, 탄수화물은 필요 열량의 55%에서 15% 정도로 감소된다. 탄수화물이 근육과 뇌의 활동을 위해 사람에게 반드시 필요하기 때문에, 이러한 결핍은 지방과 단백질에서 글리코겐을 합성하는 것처럼 다른 자원에서 끌어오게 된다.

단백질, 탄수화물과 지방

단백질은 대체로 구하기가 쉽다. 가장 오래된 인류는 남은 고기를 주워 먹은 것이 틀림없다. 그러나 뷔름 빙하기 동안인 후기 구석기시대에는 이 "순록의 시대"의 고기 저장고이자 연모 상자이자 보석함이었던 순록은 하늘이 내린 사냥감이었다. 순록은 떼를 지어 살았으며 창으로 사냥되었다. 덫의 흔적은 없다. 어떤 집단은 들소, 첫소, 야생 염소, 말을 사냥했다. 우리가 생각하는 것과 다르게 위험한 털코끼리는 드물게 사냥되었다. 새, 알, 곤충을 섭취했는지는 잘 알 수 없다. 북극권에 사는 사냥꾼들이 잡은 암컷에서 젖을 채취하는 것처럼, 짐승의 젖을 사용했는지에 대해서도 전혀 아는 바가 없다. 야생동물의 고기는 가축화된 동물보다 지방이 1/5~1/10 정도로 적은데, 가축에는 혈관의 아테롬의 원인인 포화지방이 아주 많이 들어 있다. 적어도 1만 년 전에 지구가 더워지면서 구석기시대는 막을 내리게 되고, 순록의 대형 무리는 그들이 아주 좋아하는 이끼를 찾아서 북쪽으로 올라가게 된다. 따라서 이때가 중석기시대의 시작이자 대형동물 사냥이 막을 내리는 시기이다.

루시옹 지방의 또따벨 유적에서는 45만 년 전에 곧선사람들이 자신들의 동료를 잡아먹은 듯하다. 깨지고 부싯돌 석기로 자른 흔적이 남아 있는 사람 뼈가 다른 동물뼈와 함께 문화층에 깔려 있다. 그러나 이러한 행동은 습관적인 것은 아니었던 것으로 보인다. 실제로 구석기시대 동안 식인풍습은 6개 정도의 유적에서만 확인되었다. 식인풍습은 프랑스에서 신석기시대에 다시 나타나는데(샤랑트 지방과 프로방스 지방), 의식적인 이유가 있었던 것이 확실하다.

우리가 알고 있는 바에 따르면 물고기는 야생동물 고기의 한 종류이다. 구석기시대 말기에 물고기를 작살로 잡았다. 직선형 낚싯바늘을 제외한 다른 종류의 낚시는 흔적이 남아 있지 않다. 물고기는 단백질이 풍부하고 양질의 지방도 많이 함유하고 있다. 연약한 물고기의 등뼈는 초창기에 발굴된 유적에서는 수습되는 경우가 많지 않았다. 그러나 현재는 많은 사례가 나왔고 물고기가 막달레니안 시기부터는 꾸준하게 식량원이 되었음을 알고 있다. 가장 많이 먹은 물고기는 연어였으며, 송어도 많이 먹었다. 이보다는 드물지만 민물 농어도 자주 먹었으며 백어(白魚)도 가끔 먹었다. 다시 말해 모두 기름지고 살이 단단한 물고기들이었다. 이들은 민물고기인데, 바닷고기와 조개의 소비는 중석기시대 이전에는 흔적이 남아 있지 않다. 빙하기 동안 해수면은 지금보다 50~100m 낮아서 바닷가 근처에 살던 구석기시대 주거지는 지금은 물에 잠겨 있다. 순록과 마찬가지로 물고기는 프랑스와 스페인의 동굴과 바위그늘 벽에 거의 그려지지 않았다.

그러면 탄수화물은 어떤가? 우리는 무엇보다도 꿀을 염두에 두고 있는데, 개미부터 곰까지 많은 동물들이 좋아하는 식품이다. 신석기시대 이전에 그려진 스페인 동부 지역의 바위그림에 벌에 에워싸인 채 꿀을 따고 있는 사람들이 그려져 있다. 우리가 먹는 과일들은 구석기시대에는 알려져 있지 않았고 야생곡물도 유럽에서는 자라지 않았다. 야생열매들이 단당류를 일부 제공해 주었는데, 이들은 북쪽 지역에서는 계절에 따라서 여전히 매우 중요한 역할을 한다. 실제로 가장 추웠던 지역에서도 식물이 드물지 않다. 우리는 이누이트 사람들이 겨울이 오기 전에 식량용 식물 20여 종으로 저장고를 풍성하게 채운다는 것을 알고 있다(잎, 새싹, 뿌리, 야생열매). 순록은 빙하 주변지역의 기후에 적응하는 방법을 잘 알고 있다. 날씨가 조금 덜 추울 때는 떡갈나무 열매와 밤이 탄수화물 자원이었던 것이 틀림없다.

최근의 연구는 구석기시대 사람들이 식물을 섭취했던 것을 확인시켜 준다. 치아의 치석 분석과 몇몇 네안데르탈사람 태아의 피토스테롤(phytostérol) 연구가 그것이다. 식물은 구석기시대 예술에서 단 한 번도 명확하게 표현된 적이 없다는 것을 기억하자.

그렇지만 추운 시기 동안 사람들은 지방을 찾는 데에 혈안이 되어 있었는데, 지방에서 부족한 탄수화물을 합성하기 위한 목적도 있었다(글리코겐 합성).

야생동물 고기는 대체로 기름기가 적기 때문에, 선사시대 사람들은 골수에서 해결 방법을 찾았다. 긴뼈를 조각 내서 뼈대 몸통에 들어 있는 노란색 골수(아주 많은 뼈조각들이 유적에 흩어져 있다)를 얻었고, 벌겋게 달군 자갈돌로 펄펄 끓는 육수로 만드는 뼈대 끝부분의 붉은색 골수를 확보했다. 꽃가루 연구를 통해, 우리는 프랑스에 개암과 호두가 있었다는 것을 알고 있는데, 특히 일시적으로 기후가 따뜻해졌던 라스코 시기에 많았다.

발굴 현장의 관찰과 계산으로 선사시대 사람들의 음식을 재구성하면서, 이들이 지방산(포화지방산, 단일불포화지방산, 다불포화지방산)을 영양학 전문가들이 추천하는 것과 매우 가깝게 먹었다는 것을 알게 되었다. 현대인의 소비 양태는 죽종성 경화의 원인이 되는 포화지방산은 너무 많이 섭취하고 양질의 지방인 다불포화지방은 너무 적게 먹고 있다.

무기염과 미세영양소

우리가 살고 있는 기후라면 하루에 필요한 소금의 양은 1g이지만, 식탐 때문에 우리는 10배 이상 더 먹고 있다. 더 심한 경우 일본 북부지역처럼 일부 사람들은 하루에 50g까지 섭취한다. 이들은 고혈압과 이로 인한 합병증으로 큰 피해를 입는다. 매일 1kg의 소금이 우리의 신장에서 걸러진다. 몇 g을 제외하고 거의 대부분이 신장관을 통해서 재흡수된다. 이렇게 신체기관이 염분을 절약하는 방식으로 기능하는 것은 어쩌면 아프리카의 사바나 지역에서 인류가 기원했다는 것을 보여 주는 추가 증거의 하나일 것이다.

칼슘은 인체에서 가장 풍부한 이온으로, 하루에 필요한 양은 1g 정도이다. 젊은이나 임산부 혹은 수유하는 여성에게는 2배가 필요하다. 유제품을 섭취하지 않는다면 하루 필요한 분량은 물고기 6kg, 혹은 고기 10kg, 혹은 석회성분이 들어 있는 물 10ℓ로 충당될 수 있다. 이것은 엄청난 양이지만, 구석기시대의 뼈에서 아주 어린 아이라도 광물질탈실(déminéralisation)의 흔적이 나타나지 않는 것으로 보아서, 유적에 잘 남아 있지 않는 뼈의 끝부분을 먹었던 것은 아닌지 생각해 볼 수 있다.

빙하기 동안 해수면은 지금보다 훨씬 낮았고 대륙은 훨씬 넓었다. 19세기 프랑스에서 아주 흔했던 요오드 결핍은 이 당시에도 존재했을 것이다. 우리가 보유하고 있는 유일한 사례는 리구리아 지방에서 발견된 작은 조각상인데, 가슴에서 조금 도드라지는 이 부분이 목걸이의 일부가 아니라면 갑상선종을 지니고 있었다고 볼 수도 있겠다.

불소 결핍은 충치 발생의 원인이 되었다. 로디지아(Rhodésie)에서 발견된 아주 예외적인 머리뼈 한 점을 제외하면 구석기시대에는 충치가 없었다. 반면에 불결한 위생과 관련이 있는 치주 질환은 여러 번 관찰된다.

다른 무기염류도 모자라지는 않았던 것 같다. 철분의 경우 부족하지는 않았을 터인데, 여러 가지 상황에서 선사시대의 혈액을 연구할 수 있었다는 것을 주목하자. 시베리아에서 동결된 채 발견된 털코끼리의 혈액이 분석되었다. 동아시아 거주자들과 아메리카 인디언들의 혈액에 특징적인 디에고 인자(facteur Diego)는 인류의 아메리카 대륙 이동 흔적을 추적할 수 있게 해 주었다. DNA에 대한 흥미로운 연구들이 진행 중이지만, 영화 쥬라기 공원(Jurassic Park)처럼 되려면 아직 요원하다.

각종 비타민 중에서 비타민 D는 언급할 가치가 있다. 이 비타민은 어린이의 구루병 예방에 중요하다. 이 질병에 걸린 사례는 전혀 발견되지 않았다. 이것의 신진대사는 햇빛의 작용과 깊은 연관이 있다. 이 때문에 적도 근처에 사는 사람들은 피부색이 검고 극지방 가까이 사는 사람들은 피부색이 하얀 것이다. 이러한 분포는 정도의 차이가 있기는 하지만 아메리카 인디언에게서도 동일하게 관찰된다. 따라서 피부색의 다양화는 아메리카 대륙에 사람이 거주한 이래 정착된 것으로, 다시 말해 겨우 2만 년 전에서 3만 년 전 이후이다.

원시 민족을 참고하면, 구석기시대 어린이들의 이유기는 생명을 잃을 위험이 없게 늦고 점진적이었을 것이다. 어머니들의 생리가 늦게 시작되고, 수유 기간이 늘어나고 영아사망률이 높아서 후손들의 숫자는 작은 단위로 축소되었을 것이다. 어쨌든 현대인 가운데 모유 수유를 하는 어린이들은 유일하게 옛날과 같은 식습관을 간직하고 있다.

물과 불

많은 선사시대 유적들이 물 가까이에 자리를 잡았지만 언제나 그런 것은 아니다. 따라서 생명에 필수적인 물을 운반해야 할 필요성은 자주 있었다. 우리가 가지고 있는 유일한 물의 운반 흔적은 북극지역 사람들이 자루 마개로 사용한 것을 연상시키는 뼈로 만든 원추형 유물이다. 이누이트나 랩랜드 사람들이 기름이나 피를 저장하는 것처럼, 가죽 혹은 동물의 내장으로 만든 포대가 쓰였을 것이다.

알코올음료에 대해서도 언급해야 할 것인데 이와 관련해서 두 가지 자료가 있다. 먼저 절반 가량의 사냥-채집 집단이 발효시킨 음료를 만드는 데 성공했다. 두 번째로, 구석기시대 동굴 장식이 예전에는 이들이 다양한 마약 효과로 신비로운 '여행'을 하는 샤먼과 비슷한 인물인 마술사의 개입을 떠올리게 한다고 했었다. 그러나 선사시대의 동굴 예술품은 훨씬 체계적으로 구성된 종교적인 관심이 동기가 되었던 것이 확실하다.

40만 년 전 선사시대 유적에서부터 화덕으로 형태를 갖추어서 불을 사용한 흔적이 나타나고 있는데, 아주 발달된 형태도 이따금 있다. 불은 여러 가지 용도로 사용되었을 터인데, 그중에서 음식물을 익히는 데 쓰였다. 우리는 선사시대의 요리에 대해서는 말할 수 없는데, 요리라는 것은 음식물의 선택, 준비, 혼용과 향신료와 양념이 첨가되는 일련의 과정이지만, 어떤 흔적도 남아 있지 않기 때문이다. 음식물을 익힌 것을 증명하는 자료만 가지고 있을 뿐이다. 긴 뼈들의 끝부분이 불에 탄 것은 해당 야생고기를 구운 것을 입증한다. 반대로, 이렇게 불로 음식을 조리한 이유가 지금은 잘 알려져 있다. 예를 들어 고기를 익히면 질긴 콜라겐 섬유가 부드러운 젤라틴으로 변형된다. 말이 나온 김에, 단백질과 탄수화물 사이의 유명한 조리 반응(마이야르 반응)은 당뇨병 질환과 당화혈색소[헤모글로빈과 글리코가 결합하여 당화물糖化物이 된 것]의 원인으로, 이 질환의 원인을 생화학적으로 증명한다.

계절에 따라 끊임없이 바뀐다

앞에서 언급한 몇몇 관찰들은 평균에 불과할 따름이다. 사냥-낚시-채집 집단에서는 모든 것이 계절에 따라서 끊임없이 바뀐다. 선사시대의 다소 추웠던 시기에는 위도, 경도, 바다에 근접한 정도에 따라서 모든 것이 바뀌고 동물의 이동, 특히 순록이나 연어의 이동에 따라서 모든 것이 바뀐다. 도식적으로 이들 반유목민들은 뺑스방 유적에서 그랬듯이 높은 곳에 겨울용 거처를 가지고 있었다. 이들은 봄에 강을 따라 이동해서 여름 거처를 설치하는데, 이곳은 순록이 강을 건너고 연어가 강을 거슬러 올라가는 곳이다. 이들은 가을이 되면 다시 겨울 거처로 돌아간다.

자연이 제공하는 자원과 그 획득은 늘 일정하지 않기 때문에 비축이 필요하게 된다. 선사시대 사람들은 자신의 몸 속에 식량을 비축하지 않았다. 이들에게는 남성형 비만이 없다는 것이 그 증거이다. 그러나 이들은 최소한 두 가지 방법으로 음식물을 보관했다. 아메리카 인디언들이 하는 방법으로 일종의 페미컨을 만들거나(말린 고기를 지방과 야생과일을 섞어서 제작) 영구동토 지역에서는 땅을 파서 보관했다(동유럽의 여러 유적에서 입증된다). 사냥꾼들이 어린 동물이나 상처 입은 동물을 기르는 것도 불가능하지는 않았다. 피레네 지역에서 가축화된 말의 앞니처럼 닳은 말의 앞니가 가끔 발견되는 것은 이런 의미를 지니게 될 것이다. 그러나 농사처럼 목축도 구석기시대에는 행해지지 않았다.

신석기시대의 '재앙'과 산업혁명

선택된 몇 종류의 식물 재배(유럽에서는 밀, 다른 곳에서는 옥수수 혹은 쌀)와 한곳에 머무르면서 기름진 동물을 기르는 목축이 점진적으로 나타나면서 우리의 자연 환경과 생활방식이 바뀌게 된다. 이것은 아주 최근에 일어난 변화이다. 인류사의 99.5%의 시기 동안 우리들은 사냥꾼-낚시꾼-채집꾼이었고, 기름기가 적은 고기와 소화하기 꽤 힘든 식물 섬유로 영양분을 섭취했다. 우리의 진화에서 겨우 0.5%의 시간 동안 우리들은 정주생활을 하고 새로운 생활방식을 선택했는데, 이것은 우리의 인구 증가에 유리하게 작용했다.

지금까지 구석기시대 사람들의 영양부족이나 폭력성에 대해서는 알려진 바가 없다. 그러나 아주 작은 기후 변화에도, 심지어 전염병이 발현하는 것으로도 사람과 동물에게 결핍이 발생할 위험성이 커졌으며, 꽉 들어찬 곳간과 가축이 들어 있는 울타리 앞에서 이웃들의 탐욕이 발생할 위험도 커졌다. 그러나 기근, 절도, 전쟁은 상대적으로 우연히 발생하고 제한적으로 나타나는 현상이다.

전 세계적인 관점에서 보자면 변화는 상당히 은밀하게 진행되었다. 우리들의 유전적 자산은 우리들의 궤적에 동일하게 남아 있는 것이 분명하지만 우리의 신체 기관은 신석기시대 이후로 변형이 되었다. 예를 들어 사람의 신장이 수십cm나 빠르게 줄어들었고(좋지 않은 영양 상태를 나타냄) 충치가 나타났으며 전염병, 결핵, 암도 나타났다. 산업혁명과 현대 문명의 발달 이후로 영양과다에 의한 질병이 나타났고 늘어나고 있다.

다시 돌아가 보도록 할까?

예를 들어 영양섭취 과다와 연관이 있는 2유형이라고 일컬어지는 성인기의 당뇨병에 프랑스 인구의 4%와 북미인들의 6%가 걸려 있다. 예전에 사냥-낚시-채집을 했던 사람들의 경우는 더 나쁜데, 유전적인 이유 때문에 훨씬 더 무거운 대가를 치르고 있다. 아리조나의 피마(Pimas) 인디언들은 50%가 당뇨병에 걸려 있고, 나우루(Nauru)섬의 마이크로네시아 사람들이나 도시화된 오스트레일리아의 원주민들도 엇비슷하다.

우리의 조상인 구석기시대 사람들의 식단과 우리의 식단 그리고 전문가들이 추천하는 식단을 비교하는 것만으로도 선사시대 영양의 좋은 점이 잘 드러난다.

임상학적으로도 영양섭취 과다로 인한 질병을 치료하기 위해 의학적으로 식이요법이 필요하게 되는 바로 그 순간, 의사가 처방전에 기입하는 첫 번째 말들은 모두 우리의 과거에서 착상을 얻은 것일 수 있다. 그것은 다음과 같은 간단한 몇 가지 행동강령으로 나타낼 수 있다. 육류와 유제품의 동물성 지방을 줄이고, 단당류와 소금을 줄이고, 물고기·다당류·섬유질이 많은 식물과 식물성 지방을 늘리고, 약간의 포도주를 제외한 알코올음료를 마시지 말고, 담배와 다른 종류의 마약을 중단하고, 신체 활동을 할 것.

우리 중 일부가 이미 그렇게 하기를 원했듯이, 음식물 중에서 최근에 먹게 된 것들을 섭취하지 말아야 하는 것은 당연하다. 탄수화물 공급의 기초를 구성하는 감자, 파스타, 쌀 유형의 탄수화물과 폭식을 피하고 지방분이 너무 많지 않은 유제품으로 칼슘 공급의 문제를 해결해야 한다.

II유형 당뇨병의 예방과 영양 과다섭취로 인한 질병 예방을 위해서는 기초적인 동일한 원칙에서 착상을 따올 필요가 있는데, 특히 가족력이 있는 경우에 그러하다. 이것은 현대인이 건강하고 더 오래 살기 위한 방법의 하나임이 분명하고 미래의 인류를 위한 방법도 될 것이다. 이것은 선사시대가 가끔은 쓸모가 있다는 것을 보여 주는 하나의 예가 되기도 할 것이다.

질 들뢱

주

1   생업경제는 신석기시대와 금속문화 시대에는 완전히 다르게 전개된다. 우리는 여기
    서 네안데르탈사람(*Homo sapiens neandertalensis*)과 크로마뇽사람(*Homo sa-
    piens sapiens*)이 살았던 위대한 사냥꾼의 시기, 다시 말해서 프랑스에서는 중기 구
    석기시대(30만 년 전~3만 5,000 년 전)와 후기 구석기시대(3만 5,000 년 전~ 9,500
    년 전)에 해당하는 시기로 제한을 하려고 한다. 그러나 필요하다면, 이들 슬기사람
    (*Homo sapiens*)의 조상들, 즉 곧선사람(*Homo erectus*)과 그 이전의 손쓰는사람
    (*Homo habilis*)의 영양공급과 관련된 자료를 비교를 위해 제시할 것이다. 일부 포유
    동물의 영양공급과 관련된 자료도 일부 각주로 언급할 것인데, 이 동물들은 인간의 사
    냥감일 뿐 아니라 이들이 섭취하는 식량 유형이 사람들의 생활과도 상관이 있기 때문
    이다.

2   가른(M. Garn)과 레오나르드(W. R. Leonard)처럼 밀튼(K. Milton)도 언급할 수 있
    는데(알터A. Alter가 1994년에 밀튼을 인용), 이들은 선사시대 사람들이 "발전된 음
    식물 조리 과정이 출현하기 전에는 흙, 모래, 섬유질이 초기 식량에서 커다란 부분을
    차지했다"라며 상당히 서글프게 여겼다(Garn et al., 1989, 1990). 바그(Jean Vague)
    와 코다치오니(J.-L. Codaccioni)가 주관한 프로방스 내분비전문의 클럽 학회 첫날에
    도 구석기시대의 영양공급에 대해 언급된 적이 있으며 우리 연구의 최초 결과는 비알
    루(D. Vialou)가 기획한 인류박물관의 세미나에서 소개되었다(Delluc et al., 1994).
    그 밖에 브리지트 들뤽, 질 들뤽(Delluc, 1989, 1993, 1994), 뒤아르(Duhard, 1993,
    1994)는 선사학과 의학적인 관점에서 인간 표현의 형태 문제를 다루었다. 테터살(I.
    Tattesal)은 뉴욕에 있는 미국자연사박물관의 인체생물학과 진화관의 인류오디세이
    에서 인체생리학과 치열에 대한 관찰을 중점적으로 전시하고 있는데, 특히 잡식이었
    던 오스트랄로피테쿠스 아프리카누스(*Australopithecus africanus*)와 초식이었던
    파란트로푸스 로부스투스(*Paranthropus robustus*)의 치열에 전시의 상당한 부분
    을 할애하고 있다. 그는 이러한 변화가 "시간과 변화하는 기후에서" 해답을 찾기 위한
    것으로 보았다(Tattersal, 1994: 15-32, 88-89). 짧지만 매력적인 3개의 간행물은 선
    사시대 '요리(cuisne)'의 독특한 양상에 대해 진지하게 다루었다(Raymond Olivier,

s.d.1965 무렵; Delteil, 1990; Bernard et al., 1992). 선사학자들의 연구처럼, 민족지학자들의 중요한 연구에는 우리가 비교할 만한 요소들을 제공해 줄 가능성이 있는 다양한 민족의 영양공급이 상당히 간략하게 들어 있는 경우가 많지만, 아이누족에 대한 앙드레 르루와-구르앙(André Leroi-Gourhan)과 아를레트 르루와-구르앙(Arlette Leroi-Gourhan)의 연구처럼 예외적인 사례도 있다(Leroi-Gourhan et al., 1989). 이누이트(Inuit)족(Leroi-Gourhan, 1936; Victor, 1938; Malaurie, 1976, 1992; Le Mouël, 1978)과 알라카루프(Alakaluf)족(Emperaire, 1955), 부시먼(Bushman)(Patou et al., 1987)에 대한 최근의 연구 결과를 인용할 수 있겠다. 이들은 해부학과 생리학에 대한 의학적 지식이 해박함을 보여 주고 전통적인 해부학자의 섬세함을 잘 보여 주고 있다. 라 마르슈(La Marche) 유적에서 출토된 막달레니안 시기의 새겨진 돌에 대한 팔르(L. Pales) 박사의 연구는 혁신적인 성격을 가지고 있으며 이 분야의 결작으로 남아 있다(Pales et al., 1969, 1976, 1981, 1989). 마찬가지로, 뒤아르 박사는 구석기시대 여성 그림을 해부학적이고 생리학적인 사실주의 관점에서 다루어서 특화된 정보·결론·가설들을 다량으로 제공해 주었는데, 어떤 측면은 우리의 연구 주제와 때때로 근접하기도 한다. 이것은 완전히 새로운 주제이며 선사학자들이 이 부분에 대해 거의 가지고 있지 않았던 관심을 일깨워 주었다. 이러한 모범적인 연구는, 저자처럼 산부인과 전문의가 아니라면 어떤 사람이 이렇게 훌륭한 연구를 할 수 있었을까 싶다.

3 이렇게 간략하게 표현된 묘사 사례는 많이 있을 수 있지만, 이 중에서 4개만 살펴보기로 하자. 1900년 무렵, 막대에 꽂은 고기 덩어리 주변에서 선사시대 가족이 피크닉을 하는 것을 보여 주는 〈정말 맛있는 고기 리에빅(Liebig)〉 광고가 있었고(Minvielle, 1972: h.-t. 74-75), 루이(Louit) 초콜릿이 간행한 다른 광고는 각자 앞에 넓적다리 고기를 한 덩어리씩 놓고 식탁에 앉아 있는 골(Gaule)족의 모습을 보여 주었다(보르도 아퀴텐 박물관Musée d'Aquitaine의 기록보관실). 브뢰이(H. Breuil) 신부도 오래된 석기시대 사람들의 식량 출처를 정리하면서 사냥, 낚시와 바다조개·달팽이·알·꿀을 모으는 것에 국한된 '채집(cueillette)'을 언급했었다(Breuil et al., 1959: 80-98). 최근의 사례로는 1981년에 장-쟈크 아르노(Jean-Jacques Arnaud)가 제작한 영화를 들 수 있는데, 그는 지난 100년 동안 선사학자들이 연구해서 밝혀낸 결과를 전혀 반영하지 않은 채, 선사시대 사람들의 모습을 현대적인 기술을 동원해서 어둡게 묘사했다. 이 영화는 아르노의 영화보다 70년 전에 제작된 벨기에의 감독 로니(Rosny ainé)의

〈불을 찾아서(La Guerre du Feu)〉와 크게 다르지 않았다. 기원전 1세기 무렵에 활약했던 뤼크레스(Lucrèce)[로마의 시인, 철학자]도, 최초의 사람들이 "커다란 돌과 무거운 몽둥이로 무장하고 숲에 사는 야생동물을 쫓아다녔다"고 상상을 했는데, 여기서도 식물성 식량의 중요성이 제대로 평가되지 않은 것이 잘 드러난다. 그는 젊었을 때는 "대지는 봄에 식물들로 풍성했는데 이것이 불쌍한 사람들에게는 만찬이었다"고 말하기도 했다(Lucrèce, *De natura rerum*, 5권).

4   마르샬 사랭(Marshall Sahlins)은 오스트레일리아 원주민과 칼라하리의 부시먼의 사례를 차용해서, 전통적인 인류학이 현대 시장경제의 특징이라고 할 수 있는 희소성을 원시집단에 그대로 적용하는 바람에, 원시 경제에도 잉여와 비축이 있는 것을 놓쳤고, 배고픔과 추위로 죽지 않을 정도만 허락하는 살아남기 위한 생존 경제라고 그르게 생각했음을 잘 보여 주었다. 이것은 원시 인류를 "환경 때문에 억눌리고 굶주려서 죽지 않으려면 자신이 모든 것을 찾아야 하는 끝없는 불안감으로 항상 시달리는 야만인으로 만든다. 간단히 말해서, 원시 경제는 생존의 경제인데 이것이 빈궁한 경제이기 때문이다"(Clastres, in Sahlins: 15). 그리고 이렇게 생각하지 않았다면, 원시 경제구조는 게으르고 낭비가 심하며 앞날을 예측하지 못해서 식량을 저장하는 것보다는 주로 소비하는 쪽으로 갔다고 다소 모순된 딱지를 붙이지 않았을 것이고, 이들과 식량 생산자들을 무례한 방법으로 비교하지도 않았을 것이다. 원시인들은 자연 환경이 갖는 혹독한 제약을 부인하지 않지만, 북극권 주변의 사냥-채집 경제를 하는 사람들은 오히려 여기에 잘 적응을 하고 있는데, 한 사람이 하루에 4~5시간 정도 일을 하며 이것도 매일 일을 하는 것이 아니라 이틀에 한 번 정도 비교적 짧은 간격으로 식량 자원을 획득하고 있다. 노동을 계속하지 않고, 자유 시간에는 쉬거나 육체적 부담이 크지 않은 일을 하고, 게다가 이런 작업에 집단 전체가 투입되지 않는다. 하루 정도 사냥과 채집을 하면 4~5명이 먹을 수 있고 어린이들은 이러한 경제 활동에 참여하지 않아도 되었다. 작업에 필요한 시간과 노력은 신석기시대의 농경과 더불어 증가했다. 오스트레일리아의 경우, 신석기시대 사람들은 하루에 3~5시간 정도 작업을 했던 것으로 판단된다(Delporte, 1978: 6에서 인용된 F. D. MacCarthy et M. MacArthur, 1960; R. Lee, 1968, 1969). 규모가 큰 신석기시대 집단에서, 이 정도의 노동만 했다면 그 다음날의 필요만 겨우 충족시킬 수 있었다. "결국 사회생활의 안정화가 물질문명의 발전에서 결정적인 요인이 되었다"(Sahlins, 1976: 31-81, 표 1~4). 델포르트는 이 저서에다 아

주 많은 분량의 설득력 있는 해설을 달았다(Delporte, 1978).

5 우리가 알고 있듯이, 곧선사람은 동아프리카 지역에서 250만 년 전에 나타난 사람과(科)[Hominidae]에서 가장 오래된 손쓰는사람으로부터 파생되었을 가능성이 많다.

6 레제지(Les Eyzies)의 아브리 빠또(Abri Pataud) 유적의 젊은 크로마뇽사람이 또따벨(Tautavel) 유적의 카탈로니아의 곧선사람의 예처럼, 인류학자들이 발견된 뼈대를 근거로 해서 근육이 부착되는 부위의 뼈대 굴곡을 분석해 주면, 조각가들이 선사시대 사람들을 아주 비슷하게 복원할 수 있다. 그런데 조금 과장된 경우도 있다. 빠또 유적에서 발견된 젊은 여성은 출산 직후에 사망한 것으로 보이는데, 16세라는 그녀의 나이를 생각한다면 예술가들이 골반을 조금 지나치게 복원한 것 같다. 이것이 그녀에게는 첫 번째 임신이자 첫 번째 출산이었기 때문이다. 대체로 겉질이 두터운 뼈 위에 근육 부착이 발달된 것은 구석기시대 사람들이 다부진 몸을 가지고 있었다는 것을 보여준다. 이들은 씹는 근육이 대단히 발달해서 현대인보다 훨씬 거친 음식을 먹었음을 알 수 있다.

7 라스코(Lascaux) 동굴은 깊은 곳에 있는 동굴벽화 유적 중에서 가장 오래되고 도상학적으로 가장 잘 구성된 유적 중 하나이다. 이 동굴에 그림을 그리기 위해서는 동물성 기름을 사용하는 등잔과 지하로 뚫고 들어가야 하는 '동굴탐험가'의 대담함이 필요했고, 작업에 적용시킬 기술과 동굴 내부에서도 그림 그리기에 적당한 평편하고 넓고 긴 벽면을 선택해야만 했다. 처음에는 햇빛이 조금이라도 들어오는 바위그늘이나 지하 동굴의 입구 혹은 작은 동굴에 그림을 그리다가 나중에는 지하에 있는 대형 동굴에 그림을 그리게 되었다. 이 중에서 가장 유명한 유적들만 인용하자면, 도르도뉴 지방의 퐁 드 곰(Font de Gaume) 유적, 꽁바렐(Combarelles) 유적, 루피냑(Rouffig-nac) 유적, 아리에주 지방의 니오(Niaux) 유적, 볼(Volp) 유적과 퐁타네(Fontanet) 유적, 스페인의 알타미라(Altamira) 유적과 스페인 북쪽에 위치한 대형 동굴유적들이 있다. 따라서 라스코 유적 시기부터 크로마뇽사람들이 깊은 동굴에 그려 놓았기 때문에 그림이 원래 상태와 배치가 그대로 남게 된 것이다. 그러므로 프랑스와 스페인의 막달레니안 문화기를 통해서 선사시대 예술가들이 정말로 의도했던 것이 무엇인지 이해하고 구체화시킬 수 있다. 지하에 숨겨진 이 동굴 예술은 지금은 근본적으로 종교적인 성격으로 받아들여지지만, 노출된 공간인 바위그늘과 유물이 장식된 이유는 아직도 수수께끼로 남아 있다. 프랑스와 스페인 지역의 바위그늘의 벽과 바위덩어리를

장식하는 행위가 크로마뇽사람이 예술 활동을 시작할 때부터 끝까지 계속되는 것에 비해서, 스페인에서 시베리아까지 퍼져 있었던 예술품은 두 번의 중요한 시기가 있었다. 첫 번째 시기는 후기 구석기시대가 시작된 때로 사람과 동물 조각상이 많고, 두 번째 시기는 라스코 유적 이후의 막달레니안 시기로 작은 원판을 이용해 만든 예술품과 일상용품 장식이 많았다.

8 라스코 유적의 그림은 화풍이 독특하고 아주 세련되었는데, 막달레니안 후기 그림에서 전형적으로 나타나는 유형이다. 특히 막달레니안 후기의 그림은 전통적 형식주의(académisme)로 분류되는데, 앙드레 르루와-구르앙이 주목했던 것처럼, 집단적으로 작품 활동을 했던 직업적인 예술가들 덕분에, 이 시기의 그림들이 일정한 양식을 띠면서 완벽하게 제작되었다. 이들이 동물들의 해부학적 특징과 습성을 숙지하고 있었던 것은 예술가이기 이전에 자연 속에서 수차례 동물들을 관찰했던 사냥꾼이었음을 입증한다. 사랭과 테스타가 주장하는 것처럼, 남성은 직접 행동으로 옮겨야 하고 피를 보아야 하는 사냥을 담당했으며 모든 사냥-채집 집단에 성에 따른 노동 분화가 존재한다는 것을 받아들인다면(Sahlins, 1976: 121-122; Testard: 1986), 막달레니안 시기의 모든 화가와 조각가들이 여자보다는 남자였을 가능성이 있다는 결론 쪽으로 무게가 실린다. 사냥-채집 집단의 여성들은 가죽을 다루거나 사냥해 온 고기를 손질하는 등 동물의 부속품을 다루는 일을 대체로 담당하고, 식물 채집과 소형 육상동물이나 수생동물을 많이 잡았다. 그녀들은 사냥감을 기절시키거나 때려잡을 때 굴지봉(屈指棒)을 사용하는 경우를 제외하고 사냥에 참여하지 않으며, 소형 혹은 대형 삭살도 물고기 잡기, 동물 살 발라내기, 공격적인 무기 만들기에 참여하지 않는 것이 전통이다. 이보다는 그물이나 덫과 채집용 용기 만들기에 참여했다.

9 크로마뇽사람의 매장 유구를 인구학적으로 연구해 보면 매장되었던 사람의 절반 이상이 성인이고 그중 몇몇은 노인이지만 어린이도 많았다. 반면에 청소년은 적다. 네안데르탈사람의 경우는, 태아를 포함하여 10세 이하의 아이들이 많았다. 그 다음으로 성인이 많았는데 이들의 나이는 45~50세를 넘지 않았다. 그리고 역시 청소년은 적게 나타났다(Binant, 1991: 47; May, 1986: 234-241, 표 I, II). 무스테리안 시기의 라 페라씨(La Ferrassie)(도르도뉴 지방) 유적은 이러한 인구 분포를 잘 보여 준다. 40~45세 된 남성이 1명이고 25~30세 먹은 여성이 1명이며, 10세 어린이가 1명 발견되었다. 그 밖에 2세에서 3세 사이의 어린이가 2명 있었으며 생후 15일 된 영아가 1명 있

었고 태아도 2명이 발견되었다. 마쎄(C. Masset)는 구석기시대의 인구가 생산 경제를 영위하는 일부 집단이나 17세기의 프랑스 농촌과 크게 다르지 않았을 것으로 생각한다(Masset in Leroi-Gourhan et al., 1988: 296). 거의 2명 중 1명으로 극심했던 유아 사망률은 이 시기 여성의 임신 빈도수가 높은 것을 상쇄해 주었다. 레제지의 아브리 빠또 유적에서 발견된 여성처럼 빨리 죽지 않는다면, 구석기시대의 여성은 폐경기까지 10여 명의 아이를 출산했을 것이다(앞의 책: 379). 1년에서 2년까지 지속되는 모유 수유가 거의 유일하게 임신을 조절하는 방책일 텐데, 이러한 반복적인 임신으로 구석기시대 여성의 영양섭취와 외모에 부분적으로 영향을 끼쳤다. 현대 유럽 여성은 평균 1.7회의 임신을 하지만, 르완다 여성은 8.5회의 임신을 하고, 예멘 여성의 임신 횟수는 7.2회이며 라오스 여성은 6.7회이다(Chasteland, 1994: 24). 한편으로 이누이트족 여성에게서는 기나긴 북극의 겨울 동안 무월경증이 흔히 나타나는데, 일조량이 부족하거나 고기를 너무 과다하게 섭취하거나 혹은 인구 집단이 고립되는 것이 원인이라고 한다(Malaurie, 1992: 89).

10 20세에서 29세 사이가 사망률이 가장 높았다(Masset, 1975). 구석기시대의 청년기에 대해서는 두 가지 면에서 관찰할 수 있다. 첫째, 구르당(Gourdan) 유적(오트-가론느 지방Haute-Garonne 지방)에서 발견된 순록뿔에 새긴 긴 수염을 가진 남자를 제외하고, 대부분의 사람들이 수염이 나지 않은 모습으로 표현되는데, 이것은 아직 어린 나이임을 입증한다. 구석기시대 예술에서 사람의 얼굴 윤곽을 관습적으로 불완전하게 표현한다는 점을 고려해야 하겠지만, 라 마르슈(La Marche)(비엔느Vienne 지방) 유적에서 여러 사람이 새겨져 있는 얇은 판이 발견되었는데, 팔르 박사는 여기에서 남자와 여자 그리고 성을 식별할 수 없는 80개의 그림을 찾았다. 얼굴 윤곽을 읽어낼 수 있는 그림 중에서 10~12개 정도만 얼굴에서 콧수염이나 턱수염이 관찰되었고, 대체로 미약하게 발달했다. 둘째, 아렌느 깡디드(Arène Candide) 동굴(이탈리아 리구리아Ligurie 지역)에서 발견된 남자아이는 성장판이 아직 열려 있어서 10세에서 12세 사이로 가늠되는데, 붉은 흙, 굼막대, 부싯돌 돌날, 머리두건, 조가비팔찌 등 귀중한 껴묻거리(副葬品)와 함께 매장되었다. 이를 통해서 주변 사람들이 망자에 대해 가졌던 배려를 생각할 수 있고, 더 나아가 그가 차지했던 사회적 지위를 짐작하게 해 주는데, 이를 종합해 보면 그가 어린 나이에 사망하기는 했지만 생전에는 풍족한 삶을 살았을 것이다. 순기르(Soungir) II(러시아) 유적에서 발견된 8세와 12세 정도의 두 어

린이 경우에도 동일한 관찰을 할 수 있는데, 어린이들은 무덤 안에 서로 머리를 맞대고 반대 방향으로 누워 있었고 그 주변에서 여우 이빨로 만든 훌륭한 치레걸이와 수천 개의 구슬이 달려 있던 옷·머리 장식, 매머드의 상아로 만든 고리와 팔찌, 상아로 만든 창·찌르개·단검이 발견되었다.

11 그렇기는 하지만 르루와-구르앙이 자주 인용했고 사랭도 잘 보여 준 것처럼(Sahlins, 1976), 자원을 획득하고 연장과 사냥도구를 만드는 데 크로마뇽사람이 할애한 노동시간은 하루에 몇 시간을 넘지는 않았을 것이다. 운이 좋을 때는 무리지어 다니는 순록 중에서 한 마리를 손쉽게 사냥해서 살림터로 가져오면 핵가족이 1주일 동안 먹을 수 있는 영양가 높은 고기·기름과 같은 동물성 식량을 제공할 수 있었고, 동물들의 소화기관에 들어 있는 내용물을 먹는 민족이라면 식물성 식량까지 제공할 수 있었을 것이다. 그 밖에 옷·신발·가죽끈·줄·벨트·사냥도구 같은 다양한 물건과 치레걸이를 확보해 줄 수 있었을 것이다. 깡(G. Camps)은 리(R. Lee)를 인용하면서 부시먼의 주당 노동지속기간은 하루에 6시간씩 이틀에 12시간이라는 것에 주목했다. 그는 "생활환경이 가장 혹독하거나, 적어도 세계적인 교통과 산업망에서 가장 바깥 쪽에 놓여 있는" 사냥-채집 집단에서 식량을 획득하는 데 필요한 시간은 하루에 3시간에서 5시간 사이로 가늠했다(Camps, 1982: 308-309). 모리스(D. Morris)가 농담처럼 언급하듯이, 생산경제가 시작되면서부터 지금까지 남성은 바깥일을 담당하고 여성은 집안일을 맡는 것으로 틀이 짜여 있는데, 여러 물품을 공급하는 일을 중간 상인들이 차지하게 되면서, 어떻게 보면 상인들이 그 옛날에 남성의 일이었던 사냥과 낚시를 대행하고 다른 한편으로는 여성이 하던 일인 채집 활동을 대신하게 된 셈이다. 민족지학자들은 이런 집단은 200명에서 500명 사이의 인원으로 구성되는 것이 일반적이라고 한다. 이보다 사람이 적으면 배우자를 찾기가 어려워지고, 이보다 많아지면 사냥과 채집을 하는 생활 영역이 좁아지게 된다(Gessain, 1981). 집단의 개념이나 구석기시대 막집을 발굴한 결과를 근거로 볼 때, 선사학자들은 이 시기의 가족 구성이 핵가족이었을 것으로 생각하는데 인구밀도는 $1km^2$당 1명 이하로 아주 낮았을 것이다. 르루와-구르앙은 $5km^2$에서 순록이 5마리가 사는 점과 순록 10마리가 1명을 1년 동안 먹여 살릴 수 있는 것으로 계산하였다. 사냥꾼들의 행동반경이 20km인 점과 사냥꾼이 10마리 중 1마리를 잡는다고 가정해서 50명이 생활하려면 $1,500km^2$가 필요했을 것이므로 이 집단은 "사냥 영역을 가장 효율적으로 활용하려면 10명에서 15명으로 구성된 작은 규모

의 집단으로 나눠지는 경향을" 가져야만 했다고 결론 지었다(Leroi-Gourhan, 1955: 55). 이 계산에는 채집과 낚시로 획득할 수 있는 식량은 포함되어 있지 않다. 그러나 라스코 동굴의 사례에서 보이듯이, 그림의 구성이 대단히 풍성하고 조직적이며, 100 개가 넘는 등잔이 발견된 것으로 볼 때 한 세대 이상으로 된 규모가 큰 집단이 있었 던 것이 분명하다(Leroi-Gourhan et al., 1979). 우리가 알고 있는 것처럼, 족외혼은 한 집단과 다른 집단으로 젊은 남성을 교환하는 것인데, 이것은 다른 영장류에도 있다 (Deputte, 1987). 이러한 교환을 통해서 돌과 뼈로 만든 연장과 사냥도구를 제작하는 기술적인 과정과 장신구 등 미적인 감각뿐만 아니라, 신화와 예술적 양식, 다양한 종 류의 부싯돌과 조가비 같은 재료들이 광범위한 지역으로 조금씩 퍼져 나갈 수 있었다. 이러한 교환은 영양섭취 습관을 동일화시키는 데 기여했는데, 지역 자원 자체가 가지 고 있는 차이점 때문에 조금씩 다르기는 했다. 자원 그 자체는 지역의 지리환경과 기 후와 관련이 있다.

12 이렇게 일반적인 서술에도 예외적인 경우는 물론 있다. 이미 나이가 많고 관절염을 앓 고 있던 라 샤펠-오-쌩(La Chapelle-aux-Saints)의 네안데르탈사람이나 50대에 접 어든 크로마뇽사람이 지칠 줄 모르는 사냥꾼이 아닌 것은 분명하다. 선사시대의 청년 층에서 이렇게 척추관절증이 자주 나타나는 것은 이들이 우리가 생각하는 것보다 훨 씬 덜 움직였다는 것을 의미한다(Dastugue in Leroi-Gourhan et al., 1988: 295). 엉 덩뼈에 관절이상(neo-articulation)으로 탈구가 있는 곧선사람도 움직임이 아주 빠 르지는 못했을 것이다. 어떤 손쓰는사람은 이미 발에 관절염 증세가 있었기 때문에 제대로 곧게 서지 못했을 것이고 다리를 절었을 것이다. 그러나 지금까지 모두가 그 렇게 심각한 장애는 아니었다. 반대로 샹슬라드(Chancelade) 사람은 머리가 골절 되었는데, 상처가 치유될 때까지는 많은 시간이 걸리기 때문에, 주변에 있는 사람들 이 도와 주거나 먹을 것을 나눠 주지 않았다면 살아남지 못했을 것이다. 아팔루 부 뤼 멜(Afalou Bou Rhummel)(알제리)의 이베로-모뤼지안(Ibéro-Maurusien) 문화 의 슬기슬기사람의 경우도 마찬가지였는데, 그는 류마티스성 관절염에 걸려 목이 바 깥쪽으로 완전히 움직일 수 없게 되어서, 먹는 것을 포함하여 생명 유지를 위해 필요 한 최소한의 동작도 불가능하게 되었다(Dastugue et al., 1992: 229). 가르가스(Gar-gas) 동굴(오트-피레네Hautes-Pyrénées 지방)의 벽면에 음각으로 찍혀 있는 손자 국은 약 2만 5,000년 전 것으로 추정되는데, 손가락 한 개 혹은 여러 개가 없다. 이렇

게 비정상적인 이유는 분명하지 않은데, 이것이 상징적인 언어라는 주장도 있었지만 ((Leroi-Gourhan, 1967) 능숙한 사냥꾼은 절대 피해 갈 수 없는 의례용 절단이라는 논의도 있었고 상처나 선천적인 불구, 레이노(Raynaud)병과 루마티스성 관절염 같은 다양한 감염도 언급되었다(Sahly, 1966). 이러한 질병은 바로 이 시기에 이 동굴의 주변 지역에서 이상하게도 자주 나타났으며, 이는 이들에게 위협적이었을 것이다.

13 목록에서 지닐 예술품은 별표를 붙여 놓았다.

14 솔직히 말하자면 찌꺼기를 먹는 것과 사냥을 구별하는 것은 어렵다. 두 방식이 초기 인류에게 공존했다고 대체로 인정되는데, 곧선사람은 이미 효율적인 사냥을 할 수 있는 신체적인 기능과 기술을 갖추게 되었고, 사냥은 지역 자원이 허락하는 범위 내에서 네안데르탈사람부터 점차 특화된다(Perlès, 1988).

15 그래서 코끼리 상아의 콜라겐에 들어 있는 ^{13}C의 함량이 매머드 상아의 콜라겐에 들어 있는 것보다 훨씬 많은 것이 이해가 된다. ^{13}C과 ^{15}N의 함량은 육상 동물보다는 해양 동물에서 훨씬 높다(Walker et al., 1986). ^{15}N의 경우는 건조한 환경에서 훨씬 풍부하다. 건조한 사바나 지역에 사는 코끼리에 비해 관목이 있는 사바나 지역에 사는 코끼리에서 이것의 함량이 줄어들게 되고, 숲에 사는 코끼리의 경우는 더 줄어들게 될 것이며, 최종적으로 매머드에서는 더더욱 줄어들게 될 것이다. 반대로 이것은 먹이 사슬에서는 증가하게 된다. 상아에 들어 있는 탄소화 단계의 산소 동위원소(^{18}O) 함량은 코끼리에 비해서 매머드에 현서하게 적은데, 이 동위원소의 함량이 비의 온도가 하강하면서 함께 감소하기 때문이다. 매머드에 들어 있는 함량이 현재 알래스카의 순록의 함량과 동일하지만 ^{15}N의 함량은 이 지역에 사는 현생 초식동물의 함유량보다 매머드가 훨씬 많다는 점이 주목되는데, 이것은 매머드들이 춥고 매우 건조한 기후에서 살았다는 것을 의미하기 때문이다(Bocherens et al., 1994). 뼈에 들어 있는 스트론튬의 함량은 섭생을 잘하는 아메리카 인디언에게서는 증가하지만(Byrne et al., 1987) 옛 아메리카 인디언에게서는 훨씬 낮게 나타나는데, 임신과 수유가 원인인 것이 분명하다(Blakely, 1989).

16 민족지적 서술은 대체로 식인풍습이 단순한 식량이 아니라 의례 목적을 가지고 있다는 점을 보여 준다. 식인풍습의 동기는 세 가지 유형이 있다. 첫째는 기근이 발생할 때 식량이 필요해서 생기는 식인풍습이고, 둘째는 외부인의 장점을 자신의 것으로 동화하기 위한 외부인 식인풍습이다. 마지막으로 내부 식인풍습이 있는데, 루이스(R.

Lewis)가 기묘하게 얘기하듯이(Lewis, 1990), 이것은 장례의식이고 매장 형태의 하나로 간주될 수 있을 것이다(Camps, 1982: 377-381). 여기서는 두 가지 사례를 들어 보도록 하겠다. 헤로도토스는 스키타이(Scythes) 사람들이 "어떤 사람이 극도로 노쇠하면, 가까운 사람들이 모두 모여서 여러 마리의 동물과 함께 그를 희생한 뒤에 살을 익혀서 그 음식으로 향연을 벌인다. 그곳에서는 이것이 사람들이 가질 수 있는 가장 행복한 종말이다. 이들은 질병으로 죽은 사람은 먹지 않는다. (중략) 이들은 농사를 짓지 않으며 아라스(Araxe)강이 풍부하게 제공하는 물고기와 동물을 먹고 산다. 이들의 음료는 우유이다"(Hérodote, I권: 216). 16세기 무렵, 브라질 대서양 연안에 사는 투피과라니(Tupi-Guarani)족의 포로가 되었던 한스 슈타덴(Hans Staden)의 삽화가 들어 있는 이야기는, 레비-스트로스(C. Lévi-Strauss) 말에 따르면, "신대륙 인디언들에 대한 이야기 중 가장 놀라운 증거 중 하나이며 가장 특이한 이야기임에 틀림없다(Staden, 1990)." 그는 의식용 식인풍습에 대해서도 언급하는데, 아메리카 대륙 거의 전체에 퍼져 있었고(Duviols, in Staden, 1990: 21, 지도), 변하거나 빠지는 것 없이 과장된 의식에 따라서 진행되는 의식에서 잡아먹히는 희생자는 거의 끊이지 않았던 전쟁에서 포로로 잡힌 사람들이다. 우리가 알고 있는 것처럼, 신석기시대인 기원전 6000년 전부터 뿌이으(Pouilles) 지방[이탈리아의 남부 지방]에서 비축된 재물을 탐내는 사람으로부터 스스로를 보호할 수 있는 울타리로 둘러싸인 땅과 성벽이 처음으로 나타나고, "기원전 3000년 전부터 전쟁이 많아지고 개별적인 차원을 넘게 된다(Camps, 1982: 310)." 그러나 기원전 9000년 무렵 중석기시대의 프랑크티(Franchti) 동굴(그리스)에 살았던 한 청년은 머리뼈 앞쪽을 여러 차례 맞아서 사망한 것으로 보이는데, 이것이 "인간 사이에서 벌어진 폭력과 싸움"에 관한 최초의 증거 중 하나일 것이다(Grmek, 1994: 94).

17 로마 남쪽에 있는 몽 시르세(Mont Circé) 동굴유적의 바닥에서, 돌을 둥그렇게 돌려서 만든 구조물의 중앙에서 동떨어진 네안데르탈사람의 머리뼈 한 개가 동물뼈 사이에 놓여 있었다. 이 머리뼈는 뇌를 끄집어내려는 것처럼 옆머리뼈가 움푹 꺼지고 큰 구멍이 확장되어 있어서 의식용 식인풍습의 증거처럼 서술되어 왔는데, 더 오래된 사례는 독일 슈타인하임(Steinheim) 유적에도 있었다. 르루와-구르앙은 퇴적 자체는 인위적인 것이 분명하지만, "사람을 잡아서 먹었다는 것 자체가 불가능한" 사실이라고 했다(Leroi-Gourhan, 1962: 42, 44-45, 그림 3A). 최근에는 하이에나가 이 사람

을 잡아먹었다는 의견도 제시되었다. 도르도뉴 지방의 레구르두(Régourdou) 유적처럼 이스라엘 케바라(Kébara) II 유적의 네안데르탈사람의 머리뼈에 대한 해석도 비슷한 오류를 범했다(Tillier et al., 1991). 빠또 유적(도르도뉴 지방)의 그라베티안 시기에 살았던 젊은 여성의 머리뼈도 이동되었다. 마다질 유적의 막달레니안 시기의 머리뼈는 눈굼에 뼈로 된 둥근 조각이 들어가 있는 것은 논란의 여지가 없지만 식인풍습은 전혀 입증되지 않았다. 실제로 어떤 뼈유물은 퇴적 기원이 무엇인지 밝히기 어려운 경우가 많고 유적에서 동물뼈가 발견된다고 해서 이들이 사냥되었던 동물이라고 반드시 보지 않는다. 그래서 라스코 동굴 근처에 있는 레구르두 유적에서 네안데르탈사람의 매장 유구와 여러 점의 불곰 뼈가 발견되었을 때 이 동물을 의도적으로 매장한 것은 아닌지 하는 논쟁이 일어났다. 그러나 곰은 지하 동굴을 돌아다니는 중에 그보다 먼저 지나간 곰들이 남겨 놓은 뼈들을 "아주 특별하게 겹쳐지도록" 밀어 버리는 습성이 있다. 따라서 여기서 발견된 뼈들이 사냥에서 기원한 것인지, 아니면 인위적으로 형성된 것인지, '곰 숭배'가 존재했는지는 대단히 불확실하다(Leroi-Gourhan, 1962: 31-36).

18 우리가 살펴보고 있는 이 시기의 뼈들은 대부분 바위그늘, 동굴 입구 같은 특별한 장소에 의도적으로 매장된 것들이고 알칼리성 토양 때문에 광물화 과정이 진행되어서 보존될 수 있었지만, 이 과정이 부위에 따라서 차별적으로 일어났던 것이 관찰된다. (Leroi-Gourhan, 1964: 46, 표 4). 따라서 "많은 사람들은 매장 없이 땅 위에 그대로 놓여져 있었고, 일부는 동료가 먹었고 나머지는 다른 짐승에게 먹혔을 것이다"(앞의 책: 65).

19 포유동물의 경우 서로를 먹는 습관이 매우 드물다. 브뤼니껠(Bruniquel) 유적, 쁠라까르(Placard) 유적, 구르당(Gourdan) 유적, 마다질(Mas d'Azil) 유적에서 구석기시대의 사람뼈가 흩어져서 깨져 있거나, 심지어 자른 자국이 있는 것까지 발견되면서, 식인풍습에 대한 문제는 19세기부터 선사학자들의 비상한 관심을 받아 왔다. 그러나 동기 정도는 모르겠지만 실체를 밝히는 것은 거의 불가능하다. 문화적인 것이겠지만 식인풍습은 퐁브레귀아(Fontbregua) 동굴유적(바르 지방)의 신석기 문화층에서 더 잘 입증되고(Courtin, 1987: 401-452), 페라(Perrats) 유적(샤랑트 지방)에서도 최근 확인되었다.

20 신체 기관의 에너지 필요량과 여러 음식물의 가치는 여기에 표시되어 있으며, 관

습이기도 하고 편리하기도 해서, '킬로칼로리'로 부르고 있는데, 여전히 '칼로리'로 잘못 부르고 있거나 구어체에서는 '칼(Cal)'로 표현한다. 칼로리 혹은 칼(cal)은 15℃의 물 1g을 섭씨 1℃ 올리는 데 필요한 에너지고 1kcal는 1,000칼로리이다 (1kcal=1Cal=1,000cal). 국제단위계에 따라서 에너지는 줄(Joule, J)로 표현한다. 1줄은 1뉴턴(newton)의 힘으로 물체를 힘의 방향(point d'application)으로 1m 옮기는데 필요한 에너지(대략 100g중)이다. 따라서 10J은 무게 1kg을 1m 올리는 정도에 해당한다. 즉, 1킬로줄(kilojoule)은 0.239kcal이고 1kcal는 4.186 킬로줄과 같으며(Jacotot et al.: 72), 줄 단위로 결과를 얻으려면 킬로칼로리의 값에 4를 곱하고 10%/2를 더한다.

21 순록은 털갈이를 하면 털이 얼룩지게 되는데, 그 시기는 봄의 끝 무렵뿐 아니라 초여름까지 연장되기도 한다. 북미에서는 카리부 사슴이라 부르는 순록은 여름 끝 무렵에 짝짓기를 할 때 새롭게 난 솜털과 삐죽한 털을 과시한다. 순록의 솜털에 들어 있는 공기는 이들이 극심한 추위를 견딜 수 있게 해 주고 이동할 때 어렵지 않게 해 주면서도 추위를 타지 않고 헤엄칠 수 있게 해 준다. 이것은 이 가죽으로 만든 옷이 동일한 장점을 지녔으리라는 것을 뜻한다. 여기서 이 사슴과 짐승의 독특함은 전부가 아닌데, 이 동물은 사람과 달리 춥고 척박한 환경에 적응할 줄 알았다. 가지뿔의 하대가 넓어지는데 이것은 순록의 겨울 털에 달라붙는 이끼를 제거하는 눈삽의 역할을 하기도 했다. 눈이 덮이거나 질척한 땅을 넓적한 굽이나 내 발로 내딛고 고운 솜털로 난열되어 있는 커다란 주둥이와 공기를 덥힐 수 있는 넓은 콧구멍을 가지고 있는데, 불행하게도 쇠파리가 달라붙는 경우가 많다. 순록의 발은 천성적으로 몸통 부분과 지방 구성이 달라서 동결온도가 가장 낮은데 발의 끝부분은 영하 25℃까지 견딜 수 있다. 되새김질을 하는 위는 제1위가 효소 발효를 보호하고, 체온을 30℃로 유지할 수 있도록 도와 주어 그 자체가 에너지원이다. 신장 구조도 생리학적으로 특수하여 과다할 때를 제외하고 소변 같은 신진대사의 부산물 중 일부를 제거하지 않고 재순환시키는데, 이로써 부족한 단백질 공급이 상쇄된다. 겨울에 지방조직을 대체하고 보온을 하는 데 쓰이는 수분공급을 최대화시키는 덕분에 이 동물은 북극에 살아도 겨울잠을 자지 않아도 된다(Rollin et al., 1991). 순록의 젖과 고기도 매우 중요하다. 순록의 젖은 영양가가 아주 높아 100g당 열량 238kcal, 단백질 10.3g, 지방 19.7g, 탄수화물 4.8g이 들어 있다. 사람의 모유는 100g당 열량 65kcal, 단백질10.6g, 지방 4.5g, 탄수화물 6.5g이 들

어 있어서 순록의 젖은 모유보다는 단백질이 8배 이상 많고 지방은 4배 이상 많다. 순록 암컷은 하루에 1리터 이상의 젖을 생산하지만(Rousseau, 1950), 구석기시대 사람들이 사냥하거나 기르던 암컷의 젖을 소비했다는 증거는 없다. 순록의 고기는 부위와 계절에 따라서 편차가 심한데 등 쪽, 신장 주변, 대망막, 장간막의 축적은 9월에 최대치여서 비계가 10cm 두께에 다다르기도 한다(Dauphiné, 1976) 어쩌면 이 때문에 선사시대 사람들이 순록을 선택적으로 사냥했을지도 모르겠는데 여기에 대해서는 지방을 다룰 때 다시 언급하기로 하겠다(주 28 참조).

22 혹독한 '빙하기'라는 전통적인 개념 때문에, 오트-피레네 지방의 가르가스 동굴, 티비랑(Tibiran) 동굴에서 일부분 혹은 여러 개의 손가락이 없는 검은색 혹은 붉은색 물감을 묻힌 손자국이 발견되자(Delluc, 1993) 일부 학자들은 이 동굴을 드나들던 그라베티안 사람들 중에 레이노(Raynaud)병이 존재했을 것으로 생각하게 되었다(Sahly, 1966). 이와 동일한 손은 코스께(Cosquer) 동굴(부슈-드-론느)에서도 발견되었다(Clottes et al., 1994).

23 미국 국립연구회의(National Research Council of America)는 아르헴랜드(Terre d'Arnhem)의 사냥꾼들의 1960년 1일 칼로리 섭취량을 2,150kcal로 추정했고, 이것으로 에너지가 충분하게 공급되었다고 보았다(Sahlins, 1976: 57, 표 1). 도브(Dobe) 부시먼도 동일하게 산정되었다(앞의 책: 63).

24 몇몇 드문 관찰 사례를 제외하면, 식량을 목적으로 조개를 채취하는 것은 최말기 구석기시대(épipaléolithique) 혹은 중석기시대(Mésolithique)부터이다(Boone, 1976: 703-707). 그러나 아르시 유적의 무스테리안 사람들은 화석화된 조가비를 좋아했고, 특히 크로마뇽사람들은 화석이든 아니든 상관없이 장신구 혹은 일상용품으로 조가비를 몹시 좋아했는데, 막달레니안 사람들의 조가비 사랑은 극심했다. 지금은 물 밑에 들어가 있는 대서양의 넓은 대륙붕에 살았던 사람들에 대한 정보는 알려져 있지 않다(Taborin, 1993).

25 식물 44종의 평균구성을 보면, 단백질 4.13g±1.04/100g, 지방 2.84g±1.54/100g, 탄수화물 22.79g±3.15/100g, 섬유질 3.12g±0.62/100g 등이다. 여기서 얻을 수 있는 열량은 128.76±21.17kcal/g이다(Eaton et al., 1985: 285, 표 2).

26 식물 153종의 평균구성은 단백질 5.2g/100g, 지방 3.8g/100g이다(Eaton et al., 1992: 817, 표 6). 100g당 열량은 149kcal이다. 이 숫자는 주 25에서 제공된 수치와 비교되

는데, 산출된 수치가 크게 다르지 않다는 것을 보여 준다. 마찬가지로 사냥-채집 집단의 영양 구성도 21종 대신에 41종에 대해서 연구한 단백질 부분에서 변화가 약간 있었다(앞의 책). 사냥한 야생고기 100g당 단백질 평균함유량은 24.3g이 아니라 22.7g이고, 지방 평균함유량은 3.8g이 아니라 4.2g이다. 얻을 수 있는 열량은 140.8kcal가 아니라 132.7kcal이다.

27 현재 사향소는 나그네쥐(lemming), 여우, 북극곰처럼 여름철 온도가 10℃가 넘는 지역에는 내려오지 않고 북극권 내부에 있는 캐나다의 북쪽 끝과 예전의 러시아와 시베리아 지역까지의 고위도 북극 툰드라에서만 산다. 여름에는 순록이 이 지역으로 이동한다. 사향소는 바닥까지 끌리는 두꺼운 털로 몸이 보호되는데, 안쪽에 매끈한 솜털이 있고 바깥쪽은 길이가 1m가 넘는 긴 털로 덮여 있다. 이 때문에 눈 위에서 잘 수 있다. 이 짐승은 순록과 달리 이동하지 않는다. 이들은 얼어붙고 건조한 황폐한 땅에서 먹고사는 데 적응이 잘 되어 있다. 위쪽 앞니와 송곳니는 잇몸의 늘어진 살(bourrelet gingival)로 대체되었다. 사향소는 눈 밑에 남아 있는 난쟁이 버드나무(saule nain)와 진달래과(*Ericacées*), 사초(laichée)와 건조한 기후에 사는 화본과 식물을 먹는데, 두터운 각질로 덮여 있는 발로 헤집어서 찾아낸다. 눈은 마실 것이 된다. 여름 석 달 동안 눈이 없을 때는 화본과 식물, 꽃이 피는 식물, 선태류, 지의류를 쉽게 찾아낸다(Grzimek, 1975; Gessain, 1981; Dronneau et al., 1991). 그러나 45만 년 전 또따벨 유적에서 발견된 사향소는 피스타쉬 나무, 관목과 다양한 지중해성 식물이 자라는 환경에서 살았다. 화석으로 발견된 사향소의 지방산은 현생종과 다를 것이다. "이 동물들의 신진대사는 먹거리와 생태 환경의 변화와 함께 바뀌었다"(Lumley, 1994: 12).

28 초봄부터 위도나 고도가 높은 추운 지역으로 순록이 이동하고, 특히 수태한 암컷이 이동을 시작하는 것은 선태류의 건조와 연결되는 영양학적 원인이 일부 있지만, 콧속에 살거나 피부 안에 알을 낳거나 하는 기생파리(쇠파리)의 증식과도 관련이 있는데, 이들은 등에·잔디등에·모기·늑대·글루통(glouton)[오소리와 비슷한 족제비과의 짐승]과 함께 순록의 가장 커다란 적이다. 캐나다에서 카리부 사슴의 이동은 1,000km 이상 장거리로 이뤄지지만, 다른 무리들은 그렇게 장거리로 이동하지 않는데, 특히 산으로 이동하는 무리들은 수십km만 이동한다. 프랑스 지역에서는 작은 규모의 무리가 순환 이동을 했던 것으로 보인다(Guillien, 1977: 153-154, 157-159). 순록 한 마리는 몸무게가 100kg에서 150kg 사이고 더 무거울 때도 있지만, 보통 100kg이 채 되지

않는 작은 유형이다. 숲에 사는 순록은 툰드라 지대에 사는 순록보다 훨씬 무거울 것으로 추정된다. 순록의 제1위에 들어 있는 성분을 분석하면 이 동물이 무엇을 먹었는지 알 수 있다. 더 나아가 순록을 잡아먹는 사람이 무엇을 먹었는지 간접적으로 알 수 있다. 가을과 겨울에는 선태류와 지태류를 주로 먹었고, 봄에는 초본식물도 먹었으며 몇 종류의 새싹·야생열매·버섯·나뭇잎·잔가지는 1년 내내 먹었다. 툰드라 지역은 먹이사슬에서 좋은 위치로(Heck, 1975: 224), 760종의 화본식물과 330종의 선태류와 250종의 지의류가 자란다. 기온은 영하 60℃에서 영상 30℃까지 변화하고 여름 평균온도는 영상 15℃ 이상이다. 순록은 눈을 마시고 눈 속에서 1년에 9개월을 성장한다. 순록은 18년에서 20년까지 산다. 성격이 온순해서 라프란드에서는 일찍부터 가축화되었다. 가을에는 1.5m에 달하는 긴 뿔이 자라고, 교배 시기에는 석회화된 면에 생리학적인 정력을 과시한다. 이 뿔은 칼슘의 저장고이기도 한데, 특히 어미의 경우 새끼를 위한 저장고이기도 하다. 성(性)에 따라서 뿔은 겨울이 시작되자마자 떨어지거나 발정기 직후에 떨어지기도 하고, 겨울 끝 무렵이나 새끼가 태어난 후에 떨어지기도 한다. 순록의 뿔은 막달레니안 사람들이 즐겨 사용하던 재료였다. 암컷 순록은 암사슴과 다르게 작은 뿔이 있다(Rollin, 1991).

아메리카 들소도 이동을 했다. 구석기시대의 들소와 가까운 유럽 들소는 더 좋은 목축지를 찾기 위해 짧은 거리만을 이동했다. 그는 25kg가량의 풀·초본식물과 심지어 뿌리와 나무껍질도 먹는다. 다른 반추동물처럼 위 앞니가 없어서 아래 앞니가 풀을 자를 수 있도록 혀로 풀을 감아 넣는다. 이들은 무기염류를 먹기 위해 땅을 파헤친다(Nicolle, 1990: 7). 이 동물의 목덜미와 상체가 발달한 것은 지방이 비축되어서 그런 것이 아니라 뼈대 구성과 연관이 있는데, 머리뼈의 아래를 부분적으로 지탱하는 아주 높게 솟아 있는 목뼈가시돌기(apophyses épinieuses cervicales) 위에 부착되는 어깨와 목 근육의 근육 비대(hypertrophie musculaire) 때문이다. 그러나 많은 종류의 대형 초식동물이 그러하듯이, 등 부위는 몸통의 다른 부위에 비해서 지방이 훨씬 많다. 그래서 19세기에는 아메리카 대평원의 블랙풋(Blackfoot) 인디언의 추장은 불스-백-팻(Bull's-Back-Fat)[단어 그대로 옮기자면 두툼한 들소의 등이라는 뜻]이라고 불렀다(Jacquin, s.d., 1985: 5에 따름). 첫소(auroch)의 암컷에는 혹이 없는데, 들소의 암컷에서는 덜 발달되기는 했어도 혹이 있어서 머리가 더 높게 지탱된다. 현생 들소의 몸무게는 평균 500kg이지만 몇 세기 전에 사살된 수컷들은 1,000kg이었다(Paillet, 1993). 막달레니안 시기의 예술가들은 라스코 동굴 퓌(Puits)[라스코 동굴 내부의 작은 가지굴]의 바닥에 그려진 들소의 내부를 해부학적으로 면밀하게 관찰했다. 들소가 한 사람과 마주하고 있는데, 배에는 창이 꽂혀 있고 이 초식동물의 기다란 내장의 안쪽에 상처가 있다. 크로마뇽사람들의 문화가 순록을 기반으로 하고 있었다면, 북미 대륙의 아메리카 인디언들의 문화는 들소가 바탕이었다(Hornaday, 1887; Garretson, 1939).

매머드는 아주 오래전에 멸종되었지만 시베리아의 동토지역에서 동결된 개체가 여러 개 발견되면서 널리 알려져 있으며, 도르도뉴 지방에서는 1만 2,000년 전까지 살았다. 털코뿔소(rhinocéros laineux)도 마찬가지로 잘 알려져 있는 동물이다. 매머드는 무게가 3톤 가까이 되는 후피(厚皮) 동물로 몇 가지 특성에 대해서 언급하겠다. 피부 아래 지방층의 두께가 10cm 가까이 된다. 그러나 매머드의 혹이 높게 발달한 것은 상아의 무게와 연계된 골격과 근육의 특성 때문이다. 아래로 툭 떨어지는 뾰죽한 털이 이중으로 되어 있는 두꺼운 털을 가지고 있다. 아주 작게 돌출된 귀는 체온 상실을 막아주고 항문도 체온을 잃지 않도록 보호해 준다. 발은 어떤 땅이라도 갈 수 있을 정도로 탄력이 좋고 발가락은 5개가 달려 있다. 하루에 300kg 정도나 되는 상당한 분량을 먹었고 동결된 매머드의 위장 속에 들어 있는 내용물이 보여 주듯이 다양한 식량을 먹었다. 여름에는 사초과 식물, 관목의 작은 가지들, 풀과 구근을 먹었고 겨울에는 선태류, 지의류, 갈대, 솔방울을 먹었다. 커다란 어금니만 있는 치열은 규산 성분이 많이 들어 있는 지의류 때문에 닳으면, 뒤쪽에서 60~70세가 될 때까지 새 이빨이 다시 돋는데, 6번까지 가능하다. 동유럽과 중부 유럽에서 매머드를 많이 사냥했으며 여기에는 나무가 없었기 때문에 매머드의 갈비뼈와 머리뼈를 사용하여 막집을 지었다. 프랑스에서는 사람들이 죽은 동물의 고기 덩어리를 가져왔고 상아는 예술품이나 일상용품을 제작하는 데 사용되었다(Pfizenmayer, 1939; Surmely, 1993). 구석기시대의 식량과 관계가 있을 수 있는 동물 중에서, 첫소는 추위에 그다지 적응되지 않았던 동물이고, 말·산양·말사슴은 순록·매머드·사향소처럼 독특한 해부학, 생리학, 생태학적 특성을 가지고 있지 않다.

29 이 저자는 크로마뇽사람들이 아주 많았던 페리고르(Périgord) 지방의 사례를 들어 가면서 분명하고 설득력 있게 분석하고 있다. 추운 시기에는 무스테리안 사람들이 먼저 순록·영양과 대형 사슴을 주로 사냥한다. 그러다가 기후가 따뜻해지면서 노루·멧

돼지·소형 사슴을 사냥했고 마지막으로 다시 순록·대형 사슴과 산양을 잡는다. 크로마뇽사람의 경우는 수천 년 동안 페리고르 지방에 자리를 잡았던 순록이 사냥감 목록에서 가장 위에 있었지만 기후가 더 따뜻한 시기에는 사슴이나 들소를 잡거나 첫소·말·산양으로 대체하기도 하였다. 2만 3,000년 전에 매머드와 순록이 함께 나타났고 이 혹독한 기후가 잠시 따뜻할 때를 제외하고는 노루·멧돼지·첫소·넓적뿔큰사슴(Mégacéros)이 사라졌다. 막달레니안 시기 사람들이 가장 익숙했던 건조하고 추운 기후 시기에는 순록 사냥이 거의 집중적으로 이뤄졌다. 사향소와 사이가(saïga) 영양이 가끔 나타나기도 했고 들소·말, 심지어 털코뿔소·매머드·산양·영양·사이가와 같은 동물을 사냥하기도 했다. 뷔름 빙하기 말기에는 기후가 따뜻해지면서 초원 지대가 숲으로 바뀌었고, 사슴·멧돼지·노루가 많이 살았다(Patou-Mathis, 1993: 57-60).

30 동굴곰은 뼈대와 치열 그리고 동굴 벽에 남겨 놓은 발톱자국이나 루피냑(Rouffig-nac) 동굴처럼 동물 바닥의 진흙을 파서 겨울잠을 자고 새끼를 길렀던 거처를 통해서만 알려져 있다. 동굴곰은 네안데르탈사람이 살았던 시기에 있었다. 네안데르탈사람들은 깊은 동굴을 드나들지는 않았지만, 욘느(Yonne 지방) 아르시-쉬르-퀴르(Arcy-sur-Cure) 동굴의 무스테리안 시기에는 곰뼈 위에 자리를 잡기도 했다. 북극곰은 유럽에는 없었는데, 뷔름 빙하기가 극지처럼 춥지 않았다는 것을 보여 준다. 북극곰의 털은 햇볕과 열기를 잡아서 두꺼운 지방층 안에 비축하기 위해서 방수가 되고 만두멍이다. 북극곰은 고위도 지역에서 살기는 하지만 잡식성 동물인데, 물개와 연어를 먹고 때로는 사향소와 순록도 잡아먹으며 식용 가능한 모든 식물을 먹는다. 북극곰의 간은 비타민 A가 아주 풍부하나 살코기에는 선모충이 들어 있기도 해서 사람에게는 위험하다. 1897년의 앙드레(Andrée) 북극탐험대 단원들은 이 고기를 먹어서 죽었을 가능성이 있다(Rabot, 1930). 불곰은 우리처럼 발바닥을 땅에 붙이고 뒷다리로 걸을 줄 알아서 사람의 모습과 꽤 비슷하고, 지금도 현존하고 있으며 대중적이고 잘 알려진 동물이다. 불곰이 먹는 것은 서늘한 온대 지역의 사냥-채집 집단과 슬기사람의 식량이나 습관, 필요 섭취량에서 비교할 만한 좋은 사례를 제공한다. 사람은 동면을 하지 않고 곰은 요리를 하지 않는다는 점이 다르다. 사실 곰은 기회주의적인 잡식동물로 먹이를 찾기 위해서 일부러 노력을 하지는 않는다. 특히 겨울 끝 무렵에는 다른 짐승이 남긴 고기를 주워 먹는데, 상황이 허락되면 봄에는 사냥을 하고 여름과 가을에는 채집을

한다. 1년에 걸쳐서 곰이 남긴 분비물을 관찰한 것을 분석하고 계산하여 꾸퇴리에(M. A. J. Couturier) 박사(Couturier, 1954: 475-505)는 이미 잘 알려져 있던 피레네 곰의 식량을 수치화할 수 있었다. 곰의 배설물은 계절에 따라서 밀도가 높고 색깔이 짙으며 냄새가 강한 똥으로 식단에서 고기를 많이 먹었는지 혹은 식물을 많이 먹었는지 가늠할 수 있다. 꾸퇴리에 박사는 곰이 동면 중에는 필요한 열량이 98%로 감소된다는 것도 고려하였다. 곰의 식량 가운데 75%는 식물성인데, 이 중에서 36%는 야생 사과와 야생 자두·버찌·산버찌·밤·도토리·너도밤나무 열매, 호두와 개암과 같은 과일과 월귤나무 열매·산딸기·나무딸기·까치밥나무 열매·오디·야생 자두·노간주나무 열매·마가목 열매와 같은 장과(漿果)이다. 39%는 은방울꽃·구근·야생 파와 같은 구근과 싹·사초과 식물의 잎과 이삭, 골고사리, 버섯, 다양한 종류의 뿌리와 열매와 같은 다른 식물인데, 심지어 어치·다람쥐·여우·족제비의 저장고까지 털어먹는다. 채집은 봄, 여름, 가을에 걸쳐서 잘 배열되어 있다. 동물성 식량은 25%를 차지하는데, 그중 15.6%는 쥐·물고기·개구리·달팽이와 같은 소형 동물이다. 더 큰 동물도 사냥이 가능한데 어린 초식동물, 심지어 가축까지도 잡아먹는다. 9.4%는 개미·지렁이·기름진 애벌레와 같은 곤충이다. 로키 산맥 지역의 회색곰은 사슴과 짐승과 염소과 짐승을 공격하고 알래스카에서는 불곰이 연어를 낚으며 순록을 사냥하기도 한다(Sourd et al., 1990). 곰이 가지고 있는 특징 중에서 몇 가지가 특히 흥미롭다. 첫째, 식량에서 식물성 음식물의 비중이 높고 장과 종류도 많이 섭취하는데, 이 때문에 하루에 섭취하는 음식물이 많다. 몸무게가 수백kg인 성체 한 마리가 하루에 10~20kg을 먹는다. 둘째, 벌꿀을 아주 좋아하고, 당도가 덜한 말벌이나 뒝벌의 꿀도 좋아한다. 곰은 꿀을 얻기 위해 나무를 타기도 하고 나무의 몸통을 흔들고 땅을 판다. 셋째, 하루에 여러 차례 물을 마셔야 한다. 자르는 기능보다는 잡는 기능이 더 좋은 앞니와 잡을 수도 있지만 갈가리 찢을 수 있는 위험한 이빨인 강인한 송곳니로 구성되어 있는 이 잡식동물의 치열은 완벽하고, 으깨는 기능이 발달한 작은어금니와 큰어금니를 강인한 씹는 근육으로 움직인다(Couturier, 1954: 113-156). 육식성이었다가 점차 잡식성으로 변해 갔기 때문에 큰어금니는 곰과 짐승의 계통 진화에서 상당히 늦게 나타난다. 넷째, 소형 동물, 특히 곤충·지렁이·애벌레를 많이 먹는 것은 아프리카의 많은 사냥-채집 집단에서 대단히 전형적인 형태이기는 하지만 구석기시대와 관련된 자료는 없다. 다섯째, 지방 성분이 많은 것이 곰이 지니고 있는 마지막 특징이다. 지방은 탄수화물을 다량으

로 섭취해서 비축한 것에서 만들어지며 동면하기 직전에 최고로 쌓이는데 동면 뒤에
는 수척해져서 나오게 된다. 지방은 피하조직에 있지만 동굴곰의 그림에서 아주 분명
하게 나타나듯이, 등, 특히 몸통의 주걱뼈 사이에 있는 피하조직의 혹에 많으며 봄에
는 거의 사라진다. 복막, 장간막, 대망막, 신장막과 같은 내장에도 지방이 있는데, 단단
하고 불쾌한 맛으로, 수컷에서는 지방의 두께가 10cm에 이르고 전체 무게의 25%, 즉
수십kg이나 된다. 냄새는 멧돼지보다 훨씬 심하고, 고기는 송아지 고기에 비교할 만
큼 맛있다는 것을 덧붙이겠다. 특히 8월에 암컷의 넓적다리와 등심이 맛있고 내장도
맛있다. 지방은 양질이고 근육을 통과하지 않으며 질 좋고 맛있는 손바닥과 발바닥의
지방은 별미이다(Couturier, 1954: 679-682).

31 라 아라냐(La Araña) 바위그늘의 꿀 따는 장면은 아주 유명하다. 꿀을 채집하는 사
람들이 끈을 사용해서 벌집에 접근하고 있다. 당(L. Dams)은 지리학적 범주와 시기
가 같은 다른 유적에서 247개의 곤충 그림을 발견했는데 그중 대부분이 꿀벌이었다
(Dams, 1983).

32 좀 더 언급하자면, 뿔이 있고 발굽이 두 개인 반추동물 전체가 그렇듯이, 순록의 제1위
(또는 혹위)에 비축된 음식물은 동물이 급하게 풀을 뜯어서 대충 씹은 것이다. 선사시
대 그림 중 몇 개는 머리를 아래로 하고 풀을 뜯거나 킁킁거리는 동물을 표현했다고 생
각되고 있다. 케슬러로흐(Kesslerloch) 유적(스위스)의 순록 그림, 라스 모네다스(Las
Monedas) 유적의 들소와 코발라나스(Covalanas)(스페인)의 사슴으로 보이는 그림,
라스코 동굴의 말 그림을 꼽을 수 있다(Leroi-Gourhan, 1979: 76-82). 식물은 당연히
날것으로 먹었다. 따라서 그 안에 들어 있는 식물성 섬유질은 그다지 분해가 되지 않
았고 박테리아의 작용을 받았다. 사람들이 순록의 위에서 식물을 들어내어 상당한 분
량의 섬유질을 섭취하게 된다. 그리고 이누이트족이 카리부 사슴의 똥을 먹은 것을 목
격했다는 기록도 있다(Lalanne, 1967: 10). 순록은 음식물을 제1위로 빠르게 삼킨 다
음에 이것을 분해시키고 잘 섞기 위해서 위의 두 번째 부분인 제2위(bonnet)에서 되
새김질을 하게 되는데, 분해가 어느 정도 되고 쉬고 있을 때 다시 입으로 넘겨서 어금
니로 잘 씹고 침을 섞게 된다. 이로써 한입 분량의 음식물 덩어리는 죽처럼 축소되고,
다시 한 번 삼켜서 엽위(葉胃)[반추동물의 세 번째 위]의 작고 주름이 많은 식도로 바
로 넘어가서 주름위(feuillet 또는 omasus)로 넘어갔다가 마지막 위(caillette Ehsms
abomasus)로 가게 되는데 이곳에서 좁은 의미의 소화가 시작된다(Heck, 1975: 138-

142). 우리가 알고 있듯이, 사슴과 짐승이나 사향소와 소과 짐승(광의의 개념으로 들소·첫소·산양을 포함)처럼 다른 반추동물도 장이 굉장히 긴데, 동물 전체 길이의 30배까지 되기도 한다. 이렇게 장이 길기 때문에 소화액과 발효 박테리아의 작용으로 식물을 잘 소화시킬 수 있도록 도와 주는데 섬유소는 역학적 분해가 되고 세균으로 분해가 된다. 알프스 산양은 구석기시대에는 아직 산으로 대피하지 않았다. 다른 염소과 동물처럼 풀과 선태류를 먹지만 관목과 나뭇가지와 나무껍질도 먹는데, 이를 위해서 턱 반쪽마다 작은어금니가 3개 있고 성장이 늦춰진 큰어금니 3개가 있으며 아래턱에만 앞니가 4개 있다(Couturier, 1962: 299-340). 반추동물이 아닌 다른 초식동물들은 치열 구조가 다르다. 매머드는 식물성 섬유질을 빻는 데 적당하도록 발달된 치열을 갖고 있는데, 큰어금니가 아주 크며 교합면의 표면은 굉장히 두껍고 단단한 사기질로 덮여 있다. 그리고 우툴두툴하게 가로 방향으로 줄이 나 있고, 닳는 정도에 따라서 이빨이 다시 돋을 수 있다. 현생 코뿔소는 잡을 수 있는 윗입술로 나뭇가지를 잡고 커다란 어금니로 부서뜨린다. 말은 초식동물로 영양 섭취를 다른 방식으로 해결했는데 이빨의 특화가 덜 이루어졌다. 말은 순록처럼 어금니뿐만 아니라 앞니와 송곳니도 계속해서 자란다. 순록의 송곳니는 크로마뇽사람들이 수집하던 사슴의 '위송곳니(crache)'처럼 다소 퇴화되었다. 말의 위는 한 개이고 크기가 작은데 말은 한 번에 먹는 양은 적지만 쉬지 않고 풀을 뜯어 먹는다. 내장은 매우 길고 층을 이르면서 좁아진다. 음식물이 내장을 통과하는 데 48시간이 걸린다. 소화를 돕는 미생물은 말이 똥을 먹어서 재투입이 된다(Churchill et al., 1986: 60-61, 143). 해부학자 부르델(E. Bourdelle)은 동굴벽화에 그려진 말 가운데, 3가지 유형이 "프르제발스키(Prjewalski) 말과 아주 비슷한 특징을 보여 주고 있어서 이것은 프르제발스키 말로 판정할 수밖에 없는 듯하다"라고 기술했다(Bourdelle, 1938). 프르제발스키 말은 66개의 염색체가 있지만 현생 말은 64개밖에 없다는 점이 주목할 만하다(Ryder, 1994: 54).

33 곡물을 갈판과 갈돌에 갈아서 먹는 동작을 습관적으로 하는 사람은 척추·무릎·엄지발가락에 손상이 생긴다는 것이 최근에 알려졌는데, 바닥에 무릎을 꿇고 손은 땅에 대는 자세와 관련이 있는 듯하다. 곡물 빻기가 상체의 뼈에 붙은 근육 부착을 팽창시키고 머리로 물건을 이고 다녀서 목등뼈의 변형이 일어난다는 사실도 최근에 밝혀졌다. 그리고 제대로 갈리지 않은 가루와 바구니를 짤 때 입을 보조로 사용하는 것 때문에 치아가 심각하게 손상된다는 것도 최근에 알려졌다. 기원전 9500년에서 기원전 5500

년 무렵에 아부 휘레이라(Abu Hureyra) 유적(시리아)에서 살았던 사람들의 뼈에서 이러한 점들이 많이 나타났다. 이들이 입은 손상은 사냥-채집 경제에서 농업 경제로 전이되는 과정을 입증하는 듯하다(Molleson, 1994: 60-65). 태어날 때는 수직인 허벅지뼈 도르래는 활동에 따라서 최종 각도가 결정되는데, 사냥-채집 집단의 허벅지뼈 각도가 정착생활을 하는 사람보다 훨씬 좁다. 콰프제(Qafzeh) 유적(이스라엘)의 옛유형 현생인류(*Homo sapiens* archaïque)는 허벅지뼈 목의 각도가 근처에 살았던 네안데르탈사람보다는 도시에 사는 사람들과 더 가까운 것으로 나타났는데, 이것은 이들이 네안데르탈사람보다는 훨씬 더 높은 정도의 정착생활에 도달했다는 것을 의미한다(Trinkaus, 1994: 950-951).

34 일부 동물은 지방이 없거나 아주 적게 들어 있어서 구석기시대 등잔에 사용했던 연료가 문제가 될 때도 있다. 우리가 라스코 동굴의 등잔에 대해 실험을 할 때 이러한 매개변수는 고려하지 않았는데, 순록이 대부분의 막달레니안 사람들과 마찬가지로 예술가들의 일반적인 식량에 해당했기 때문이다(Delluc in Leroi-Gourhan Arl. et al., 1979: 121-139).

35 더 정확하게 말하자면 콜레스테롤의 섭취는 A/V(동물성 식량 섭취/식물성 식량 섭취) 비율에 따라서 아주 다양하다(A/V=20%-80%일 때 343mg; A/V=40%-60%일 때 673mg; A/V=60%-40%일 때 991mg; A/V=80%-20%일 때 1,299mg)(Eaton et al., 1995: 287, 표 4).

36 알에는 인지방질, 특히 콜레스테롤이 많은데, 여기서 얻는 지방은 조금 차이가 있기는 해도 대부분이 트리글리세린이다. 트리글리세린은 글리세롤 분자 1개가 3개의 지방산과 결합된 형태로 자연 속에서 20개의 조합이 있다. 이 지방은 천 개까지 조합이 가능한 트리글리세린을 제공한다는 점을 상기해 주기 바란다. 유지·라드·버터·유제품에는 포화지방산이 많이 들어 있는데 상온에서 고체이고 산화속도가 꽤 느리다. 반면에 불포화지방산은 아주 적게 들어 있다. 옥수수 기름과 해바라기 기름에는 불포화지방산이 많이 들어 있으며, 특히 호두 기름과 대구의 간 기름에 불포화지방산이 풍부하다. 이들은 액체이고 아주 빠르게 산패한다(Apfelbaum et al., 1978). 알의 노른자와 골에는 콜레스테롤이 아주 많이 들어 있지만 이들이 구석기시대 식량에서 차지했던 위치는 매우 불분명하다. 버터나 치즈와 같은 오늘날의 유제품들은 우리에게 많은 지방, 특히 대부분의 포화지방산을 제공한다. 불포화지방산이 많이 들어 있는 식물성 기

름이 반드시 필요하다. 그린란드에 사는 이누이트족에 대한 연구로 탄소 20개와 결합하고 5개 구조로 연결되는 E.P.A(에이코사펜타엔산)이 풍부하게 들어 있는 생선기름의 오메가3 불포화지방산에 대해서 알게 되었는데, 혈소판 프로스타글란딘(Prostaglandine plaquettaire) 세포막의 인지질이 인지질 분해효소-A2에 의하여 유리된 아라키돈산(arachidonic acid))의 대사산물 중 사이클로옥시저네이스(cyclooxygenase)에 의하여 형성된 물질의 전구체가 된다. 그러나 포화지방산 혹은 불포화지방산의 비율은 동물에 따라서 다양하다. 물고기와 해양 포유류의 경우 몸통에 있는 지방에는 그 동물이 먹는 플랑크톤의 특성이 반영된다. 그리고 계절에 따라서 지방의 함량과 특성이 변화한다. 그러나 생선 기름은 극도로 불포화되어 있어서 75%의 지방산이 단가지방산이거나 불포화지방산이다. 고기와 알의 경우, 불포화지방산이고 신체 기관에서 합성할 수 없는 필수아미노산(리놀렌산, 리놀렌산과 아라키돈산은 전체 지방산의 5%를 차지한다)과 관련된 것을 제외하면 지방산의 구성은 음식물과 거의 관련이 없다. 그러므로 위장이 1개만 있는 모든 종은 섭취하는 지방의 양에 따라서 구성 비율이 비례할 것이다. 순록처럼 반추동물일 경우는 지방산이 위장에 있는 미생물에 의해서 변형되기 때문에 이 비율은 일정하다(Adrian, 1982: 6).

37 동물들(소과 짐승, 말과 짐승)도 물을 마실 필요가 있고, 우리가 알고 있는 것처럼 뛰어난 사냥꾼은 사냥감을 공격하기 위해 이 순간을 의도적으로 이용했다. 그러나 알프스 산양은 아주 더울 때에만 물을 마시고 사향소와 순록은 눈을 섭취할 수 있다.

38 소금이 빙산에도 들어 있어서 배핀랜드(Terre de Baffin) 거주자들은 얼음의 표면에서 소금을 구하는데, 개들도 소금을 핥으러 여기에 온다(Toussaint-Samat, 1990: 342, 주 1). 그런데 동물도 사람처럼 필요한 소금을 음식물 내에서 완벽하게 충족시킨다. 가축화된 짐승이 먹는 소금의 양은 고기 맛에 영향을 주기 때문에 과다투여를 조장한다. 알프스 산양은 초여름에 천연 소금산지 혹은 선태류를 찾는데, 사냥꾼들도 이것을 잘 알고 있다. 사냥꾼들은 질산칼륨·철분·마그네슘뿐 아니라 염화나트륨이 많이 들어 있는 바위를 핥아 먹고, 이런 것이 없으면 영양들이 하듯이(Couturier, 1938: 501-506) 편암질(片岩質) 바위를 핥아 먹는다(산화알루미늄 규산염)(Couturier, 1962: 1094-1103). 옛사람들은 이것을 우연히 발견했거나 음식물을 익힐 때 약간 짭짤한 재의 맛을 좋아했으리라 생각할 수 있겠다. 사람이 이런 양념에서 느끼는 맛은 소금으로, 사실 이것은 염소의 음이온이다. 이 맛은 염화포타슘으로 어느 정도는 만족

될 수 있다. 다른 종류의 나트륨은 씁쓸한 맛이 난다(Pétrover, 1979: 2344).

39 우리들이 가지고 있는 잠재적인 칼슘의 섭취원과 크로마뇽사람의 그것이 다르다는 것을 숫자 몇 개를 비교하면 느끼게 될 것이다. 하루 평균 1g의 칼슘을 섭취하려면, 6.6kg의 연어, 스테이크 50개, 알 37개, 1.7kg의 녹색 야채, 3.2kg의 오렌지, 요구르트 7개, 100g짜리 염소 치즈 5개, 카망베르 치즈 2.5kg, 빵 4kg, 석회암 지대의 물 10리터, 혹은 간단하게 우유 1리터 중에서 한 종류의 음식이 분량대로 있어야 할 것이다(Doms-Adrian, 1994: 2-3). 청소년기와 폐경기 이후의 여성은 필요량이 이것의 1.5배가 된다. 임신 중인 여성이거나 수유 중인 여성의 경우는 이것이 2배로 늘어난다.

40 그 밖에 신체 활동으로 신장 기능뿐 아니라 근육·심장과 폐·동맥과 정맥 활동의 완성도를 개선시키고, 혈압과 혈당을 낮춰 주며 비축된 것들을 용해시킨다. 사냥-채집 집단이 가지고 있던 이러한 장점은 신석기시대처럼 정착생활이 시작되면서 감소하게 된다. 근육 덩어리와 부착 강도로 짐작할 수 있는 튼튼함, 긴뼈의 막 두께, 관절 부분의 너비, 산소 활용도(ml/kg/분 소비)는 육체 활동의 강도가 높고 고도의 집중력을 필요로 하는 뛰어난 신체 능력이 필요하다는 것을 의미한다. 열량의 소비도 마찬가지이다. 사냥꾼이 농부나 목동보다 훨씬 더 많은 열량을 필요로 한다. 한편 사람은 땀을 발산시키거나 털이 없어서 활동으로 발생하는 열을 분산시킬 수 있는 대단히 훌륭한 장치를 가지고 있는데 다른 동물에는 이런 기능이 없다. 사람은 주변에 있는 공기를 빠르게 다시 들이마실 수 있어서 달리기처럼 빠른 동작에 유리하도록 되어 있는 듯하다(Eaton et al., 1988: 741, 표 II, III; 742).

41 이 책에서 태양에 대한 고찰은 너무 적은 것이 분명하다. 구석기시대 사람들의 식량 생장에 필요한 모든 에너지는 이 항성이 제공하는데, 이것은 수소를 헬륨으로 변형시키는 핵반응으로 만들어진다. 지구 표면 $1m^3$당 1년에 평균 $15.3 \times 10^5 kcal$를 전자기 복사의 형태로 받는다. 이 에너지의 대부분은 열기로 흩어지고 위도와 계절에 따라서 변하는데, $3 \sim 6 \times 10^8 kcal/m^2$($1.25 \sim 2.5 \times 10^9$줄)만 광합성 작용으로 사용될 수 있다. 그러나 식물 자체도 이 에너지의 95~99%를 열의 형태로 분산시킨다. 나머지는 공기 중의 이산화탄소와 토양 내부의 물에서 만들어지는 탄소의 수화작용으로 화학적으로 연결되고 육지와 바다의 식물군에 영양분을 주게 된다. 육지에서는 초식동물(야생동물과 가축)이 사용 가능한 덩어리(사람이 소비하지 않는 생명체의 나머지는 분해되거나 동화된다) 중에서 1/7만 추출한다. 초식동물은 육식동물이나 잡식동물의 식

량이 되는데, 식육류가 이들을 직접 잡아먹거나 잡식동물에게 2차로 소비가 되는데, 각 단계마다 열의 형태로 에너지를 잃어버리게 된다. 어떤 초식동물이 섭취한 식물 1,000kcal는 첫 번째 소비자인 육식동물이나 사람에게는 100kcal는 남게 되고 두 번째 소비자에서는 10kcal만 남게 된다(Jacotot et al., 1992: 72). 따라서 먹이사슬의 끝 부분에서 효율성이 감소되지만 태양에 의해서 열의 형태로 분산된 에너지나 난방으로 인해서 간접적으로 분산된 에너지는 식량을 절감할 수 있게 해 준다. 사람의 경우 유일한 열량원이 식량 이화작용인데, 즉 구성 요소들을 연결하고 있는 화학적 연결을 파괴시키는 것이다. 동물성이건 식물성이건 소비된 식량은 열을 만들고(A.D.S.), 생명체를 만들거나 재생하는 데 사용되며 노동을 제공하는 데 쓰인다. 각각의 단계가 열을 생성하는 데 필수이며, 사람은 항온 동물이기 때문에 열이 비축될 수 없다. 식량에서 발생한 열량은 직접적으로 사용되지 않고, 중간 단계로 전이가 된다(A.D.P; P.Cr; G.T.P., C. T.P. U.T.P et I.T.P; Co.A). 이 단계에서 사용할 수 있는 열량은 처음에 제공받은 열량의 45%에 불과하다. 근육 운동이 식량에서 얻은 에너지의 25%만 갖는다고 한다면, 이것은 인체의 구조를 유지하고 내부의 활동에 사용된다. 인간의 신진대사는 혐기성 단계를 거쳐서 호기성이 된다. 산소는 탄소(CO_2)와 수소(H_2O)의 원자를 가져오는 데 반드시 필요하고, 소변과 더불어 신진대사의 경로가 끝난다. 따라서 소비된 산소량은 식량 소비로 제공되는 칼로리의 숫자에 비례할 것이다. 탄수화물·지방·단백질이 열량적으로 열의 상호교환 가능성이 있는데, 차례대로 1g당 4.1kcal, 9.3kcal, 4.3kcal인데 반올림을 해서 4kcal, 9kcal, 4kcal이다. 단백질은 탄수화물이나 지방으로 치환된 이후에만 열량을 양도할 수 있다. 탄수화물·지방·단백질 사이에서 변형 가능성이 있다. 그러나 탄수화물은 체내에 비축이 가능하고 특히 지방이 몸 안에 비축될 수 있다. 지방산은 열량원밖에 될 수 없다. 글리코겐은 근육이나 간에서 변형되거나 간에 의해서 이동 가능한 당원으로 변형되어 바로 사용된다. 소비량은 키·나이와 성·신체 활동·온도·식량의 특별한 역학 작용(A.D.S)·생리적 조건(임신 등)에 따라서 변화할 수 있다. 생명체가 죽으면 박테리아와 균류에 의해 분해되어서 다시 사용할 수 있는 단순한 물질로 토양에 재구성된다. 빙하의 경우도 결국은 지구에 영향을 주는 주기적인 현상의 변형으로 태양과 연계되는데, 지축의 변동과 지구 자전궤도의 변화 그리고 온실효과로 가스가 변형되어 일어나는 듯하다. 빙하는 유라시아의 고위도와 중위도 지역에 여름철의 일사량을 감소시키고, 5~16℃로 지속되는 추운 기후를 만들고(Lumley et al., 1984: 22) 극지방의 빙하판과 산악 빙하가 자체적으로 유지되면서 발달하도록 한다. 춥고 건조한 기후로 숲이 줄어들고 노출된 지역이 늘어나게 되고 대형 초식류를 발달시킨다. 해퇴 시기는 해수면이 낮아지는 다양한 빙하기에 해당한다. 아프리카에서 관찰된 추운 기후와 우기의 상관관계는 매우 미묘하지만 온도도 저위도 지역에서는 조금 낮아졌다(Jouve, in Leroi-Gourhan et al., 1988: 427, 694, 845).

42 그러므로 몸에 다양한 문제를 일으키는 것으로 알려져 있는 괴혈병은 라 샤펠-오-쌩의 네안데르탈사람이나 크로마뇽의 오래된 사냥꾼들이 치아를 잃어버리는 원인은 아니다. 이것은 치주염 때문에 생긴 것으로, 치주염은 치아를 사용하면서 이뿌리가 완전히 노출되는 치수(齒髓)가 생기는 것인데, 치아가 빠지기도 하고 잇몸에 상처가 생기게 된다. 그러나 "다행히도 옛날 사람은 치주가 두터워서 요즘 사람들이 치석이나 과도한 치아 사용으로 빚어진 교합외상(trauma occlusal)의 치명적인 영향을 받고 있는 것과 달리 훨씬 저항력이 있었다(Fargeaudou, 1984: 90)." 그리고 크로마뇽 유적의 노인은 골소실로 고생을 했는데, 특히 이마와 위턱 안쪽이 심했다. 이것은 최근에는 X 세포조직구증(X histiocytose)으로 분류하지만 예전에는 구강으로 전염되는 방선균증(actinomycose)이라고 생각했었다.

43 민족지 연구로 추운 곳에 사는 사냥-채집 집단과 따뜻한 곳에 사는 사냥-채집 집단의 식량이 밝혀졌다. 여러 탐험가들이 자신들의 여행담을 간추려 놓은 것을 차용한 말로리(J. Malaurie)의 최근 연구는 19세기 북부 그린란드에 살던 이누이트 사람들을 소개하고 있다(Malaurie, 1992). 어쩌면 유럽의 뷔름 빙하기보다 더 혹독한 추위 속에서 살았을 이 사람들의 식량에 대한 묘사는 여기서 언급할 필요가 있는데, 이들이 선사시대 사람들과 동일한 식량원을 부분적으로 가지고 있었기 때문이다. 19세기 동안, 무엇보다도 "에스키모들은 금기가 많다. 보수적이고 신중한데, 그들은 전통에 따라서 인정되는 혁신에만 관심을 갖는다. 그들은 주로 바다표범·바다코끼리·곰을 잡아먹고 특히 신선하거나 숙성시킨 새고기로 삶을 영위한다. 카리부 사슴 사냥과 연어 낚시는 금지되어 있다. 고기는 날것을 먹으며 겨울에는 얼려서 먹는다. 고기들은 얼어붙은 땅을 파고 만든 구덩이 안에 저장된다. 그들은 조개와 해초, 고기 스튜, 알을 먹고 가끔 식물도 먹는다"(앞의 책: 89, 410-411). 그들은 "소금을 친 고기와 선물로 준 비스킷을 뱉어 내고 포도주와 증류주(eau de vie)를 혐오한다. 고기와 기름의 소비는 1인당 5kg 정도이다. 고기 한입과 기름 한입을 곁들이는 그들의 방법에는, 무언가 미

식 행위가 있었다"(Kane, 앞의 책: 99). 이누이트족의 심리 상태는 양호하지만, "이들은 폭력적으로 코피를 내기 좋아한다. 그들의 식량 체계는 본질적으로 육식이다"(앞의 책: 242). 동물성 기름을 넣는 등잔은 사향소의 기름으로 충당된다(앞의 책: 261). 이 동물은 가죽과 털도 제공한다. "사향소 고기는 7개월 동안 우리들의 기본 식량이 되었다. (중략) 이것은 맛있는 음식이었다. 말고기처럼 약간 단맛이 돈다. (중략) 우리는 바깥에 불을 피울 때 뼈를 연료로 사용했다. 기름을 식량뿐 아니라 연료로도 잘 사용했다"(Cook, 앞의 책: 262). 1850년 이후, "순록과 연어에 대한 금기를 버리고 나자 식량은 더 풍성해지고 균형이 잘 맞게 되었다"(Malaurie, 앞의 책: 415). "우리는 그 다음에 순록이나 사향소의 간에서 기름을 획득하고, 이것을 작은 조각으로 자른다. 겨울에 이끼나 풀이 없을 것을 대비해서, 사냥 기간 동안, 원주민들은 사냥한 순록이나 사향소의 내장에서 동물들이 부분적으로 소화시킨 풀을 덩어리로 끄집어내고, 겨울 동안 사용하기 위해서 보존해 둔다. 이것은 얼어붙어서 조각으로 크기가 줄어들지만, 해동해서 익힌 고기 조각과 함께 혼합한 지방을 첨가한다. 이것은 으깨 놓은 과일과 비슷하게 여기저기 점이 박힌 연초록색의 반죽이 된다"(Cook, 앞의 책: 266). "에스키모인들의 음식은 보기보다는 상당히 다양하다. 고기를 날것으로 먹고, 얼려서 먹고, 끓여서 먹고, 약간 숙성시켜서 얼리기도 하고, 알·채소·뿌리·월귤나무 열매·해초류·조개·기름에 숙성시킨 바다오리를 속을 비운 바다표범 안에 넣고 능란하게 다시 꿰매기도 한다. 눈 위에서 수습한 자고새의 묽은 똥과 바다표범의 기름을 섞은 다음에 휘젓고 따뜻하게 해서 먹는 위뤼네(uruner) 같은 조리법이 많이 있지만 거의 연구되지 않았다"(Malaurie, 앞의 책: 267, 주 1). "버려진 마을은 돌로 만든 이글루가 두 채 있었고 6개의 개집과 8개의 새고기와 기름 저장고가 있었다"(Cook, 앞의 책: 268). 이들의 식량은 살코기가 거의 대부분이고 기름기는 아주 소량으로 먹는다. 이들은 고기에서 뽑아낸 피를 반쯤 끓여서 다량으로 마신다. 대부분의 경우 이들은 생식을 한다. 이들은 물을 많이 마시고, 특히 수유 중인 여성이 많이 마신다. 그녀들 중 몇몇이 단숨에 1.5리터의 물을 마시는 것을 보았다"(앞의 책: 270). 그러나 이제는 이러한 내용들은 불완전한 것으로 간주되어야 할 것이다. 카리부 이누이트족의 경우도 마찬가지인데, 이들은 기름으로 덮여 있는 갈비, 등의 비계, 복막의 기름, 골수를 생으로 혹은 주방용 팬에 볶아서 먹고, 골을 즐겨 먹었다. 이들은 입술, 끓인 혀, 잘게 부순 간, 가죽과 피하에 들어 있을 수 있는 기생충과 함께 가죽, 반쯤 발효가 된 지의류에다 동물의 피를 첨가하는 경우가 많이 있으며 위장 속에 들어 있는 내용물을 특히 좋아했는데, 이것은 겨울 음식이었다. 심장과 간은 일부 이누이트족에게는 금기된 음식이어서 개의 먹이로 사용되었다(Rousseau, 1950). 최근까지도 들소의 문화와 함께 살았던 아메리카 인디언들은 구석기시대의 따뜻한 시기의 생활과 좋은 비교가 된다. 들소 고기는 아주 질이 좋은데, 특히 어깨·허벅지·혀가 양질이다. 골·간·허파·내장도 역시 먹었는데, 피를 적셔서 먹었을 것이다. 남자들이 죽인 들소는 여자들이 해체를 해서 살을 발라내고 긴 조각으로 잘라내서 햇볕에 건조시켰다. 페미컨(pemmican)은 말린 고기를 절구에 넣고 가루를 내고 이것을 장과, 기름, 골수와 함께 혼합해서 만든다. 이것으로 내장을 채워서 소시지를 만들면 몇 년을 보관할 수 있었다(Garretson, 1939). 이것은 100g당 500kcal의 열량을 제공한다. 고기를 갈무리하기 위해서 아메리카 인디언들은 북쪽 지역(혹은 카리부 인디언들)에서는 고기 저장고를 이용했고 초원 지역(혹은 들소 인디언들)에서는 페미컨을 이용했다.

44 하나의 사례를 살펴보면 수분이 얼마나 손실되는 지 알 수 있겠다. 사슴 고기는 익히면 열량 가치가 증가하는데 100g당 112kcal에서 145kcal가 된다. 이렇게 높아지는 것은 수분이 손실되고 단백질의 집중이 100g당 20.6g에서 27.8g으로 상대적으로 많아지는 현상과 관련이 있다. 지방의 분량은 100g당 3.3g에서 3.7g으로 거의 변화하지 않는데, 지방은 녹아서 화덕으로 흘러내리기 때문이다. 탄수화물은 함량이 아주 적고 변형되지 않는다. 이와 비슷한 검증이 노루와 산토끼를 익힐 때에도 이루어졌다(Ostrowski-Josse, 1987: 표 참조).

45 실제로 영양분의 사용은 섭취 횟수와 하루 중 섭취하는 순간에 따라서 동일하지 않고 계절성도 여기에 변수로 작용한다. 아직 사회-문화적으로 압박을 받지 않는 4세가량 어린이들의 자연적인 행동을 관찰해 보면 열량과 영양분의 총량을 조절하는 계절적 주기가 있다는 것이 드러나는데, 에너지 소비가 일정하고 보온이 이루어지는 경우에도 마찬가지이다. 자발적으로 가장 중요하게 먹는 식사 시간은 8시와 18시이다. 지방 소비는 봄에 가장 높고 탄수화물과 열량 소비는 여름에 가장 많다. 어른의 경우는 가을과 겨울에 열량이 더 많이 소비되는 듯하다. 식량 공급이 양과 질에서 균형이 잡혀 있다고 하더라도, 신체 조직이 영양분을 사용하는 방식은 24시간 내에 식량을 섭취하는 횟수에 따라서 변한다. 이것은 효소 작용과 호르몬 분출의 생체리듬 변화에 연결되어 있다. 지방 분해·지방 합성·인슐린과 코티졸의 분비는 식사 주기에 영향을

받으며 단백질의 신진대사도 마찬가지이다. 인간이 하루를 24시간 주기로 생활하고, 더 나아가 1년 주기로 생활하는 것은 생식과 종족 보존을 위해 적응된 현상을 나타내는 것으로 대부분 인정하고 있다. 여름철에는 세포조직과 기관들이 에너지의 주된 근원으로 탄수화물을 사용할 준비가 되어 있고 겨울철의 휴식을 위해서 저장될 수도 있다. 겨울에는 신체 기관이 비축된 것을 사용하고 포도당신생성에 유리하게 작용할 수 있다. 낮에는 아침식사로 섭취한 열량이 사용되므로 포도당 분해가 가장 중요하다. 저녁식사로 섭취한 열량은 저장된다(Reinberg et al., 1984: 1-10; Debry et al., 1975: 91-99; Debry in Dupin et al., 1992: 67-83). 신생아는 본능적으로 필요량을 섭취하는데, 90분 간격으로 영양을 섭취한다. 1개월이 되면 이 주기가 3시간으로 늘어나고 나중에 6시간으로 된다. 동굴에 15일 동안 고립된 건장한 청년은 활동기에는 하루 3회로 식사를 배분한다(Debry, 앞의 책: 77-78). 이러한 검증은 계절에 따라서 주기가 결정되는 슬기사람의 생활방식과 사냥-채집 집단의 하루 일과 방식(사냥에서 돌아와서 저녁식사를 중요하게 여기는)을 생각한다면 아주 흥미롭다. 시간과 공간에서 변수가 아주 많다는 것을 고려한다면, 이것은 우리가 구석기시대의 영양에 대한 연구가 필연적으로 중간적인 위치에 놓여 있다는 것을 재차 말할 수 있는 기회이기도 하다.

46   일부 연구자들은(Zimmet, 1989) 인슐린 저항성이 고인슐린증에 부차적인 현상으로 생각한다. 이들 집단에서 고인슐린증은 포도당 부작용 반응보다 먼저 여러 해 동안 진행된다. 이러한 개념에서(Passa, 1994: 16), 일차적인 유전적 이상이 생기면 고인슐린증이 되는 것인데, 이것은 지방이 비축되는 원인이다. 또한 태아의 영양실조는 췌장의 발달을 저해해서 인슐린비의존성 당뇨병 발생과 심혈관 합병증을 조장한다(Guillausseau, 1992). 마지막으로 인슐린 과당증을 증명하는 일상적인 용량이 인슐린 분량만 정하는 것이 아니라면, 인슐린의 생화학적 활동이 없는 전조 증세들, 특히 프로-인슐린(pro-insuline)[전구 인슐린으로도 부른다. 인슐린의 전구체. 분자량 8,000~1만으로 생물 활성은 낮으나, 시험관 내에서 trysin으로 소화시키면 인슐린이 생긴다. 처음 사람의 도세포 선종에서 분리되었으나 그 후 정상인의 혈액, 요 중에서 또는 성인의 당뇨병 환자의 혈장 중에서도 발견되었다]과 상대적 고인슐린증(hyper-insulinisme relatif)은 인슐린비의존성 당뇨병의 진행에서 꽤 빠르게 나타나는데 서구화된 사냥-채집 집단에서도 비슷한 빈도수로 발병한다(Passa, 1994: 15).

현재 유럽에서 자라고 있는 식용 식물과 독성 식물

꽃가루 연구 덕분에 이 식물들 중 일부는 뷔름 빙하기 또는 현세에 확인된다. 다른 식물들이 프랑스 지역에 나타난 것은 뷔름 빙하기 동안인 것 같지만 증거가 없다. 시료가 여러 개 있으면, 꽃가루 연구로 드물기는 하지만 종을 특정할 수 있다.

식물의 분포는 시간과 장소에 따라서 변화했다. 이들 대다수의 피난처는 알려져 있지 않다. 버섯이나 해초에 대해서는 전혀 알지 못한다.

이 목록에 추가된 관찰은 아를레트 르루와–구르앙(Arlette Leroi-Gourhan)의 호의로 이루어진 것이다.

I. 식용 식물

1. 과일, 야생 장과, 식용 야생 아몬드

과/속	종	프랑스 이름	한국 이름	관찰
Vacciniées			산앵도나무속	
Oxycoccos	vulgaris	Canneberge	덩쿨월귤	가능함
Vaccinum	myrtillus	Myrtillier	유럽월귤	가능함
Vaccinum	vitis-idaea		호자덩굴	가능함
Ericinées			진달래과	

과/속	종	프랑스 이름	한국 이름	관찰
Arbustus	unedo	Arbousier	딸기나무	현세에 가능함
Arbustus	uva-ursi	Raisin d'ours	웅과	현세에 가능함
Grossulariacées			까치밥나무과	
Ribes	nigrum	Cassissier	까막까치밥나무	뷔름 빙하기에 있었음
Ribes	rubrum	Groseillier	까치밥나무	뷔름 빙하기에 있었음
Ribes	uva-crispa	Groseillier maquereau	구즈베리나무	뷔름 빙하기에 있었음
Rosacées			장미과	
Rosa	canina	Eglantier	들장미나무	뷔름 빙하기에 있었음
Sorbus	aucupari	Sorbier des oiseleurs	마가목	뷔름 빙하기에 있었음
Aria(Sorbus?)	torminalis	Alisier torminal	체커나무	?
Fragaria	vesca	Fraisier des bois	산딸기나무	뷔름 빙하기에 있었음
Rubus	idaeus	Framboisier	복분자나무	뷔름 빙하기에 있었음
Rubus	fructicosus	Mûrier des haies	뽕나무	뷔름 빙하기에 있었음
Rubus	sp	Roncier	산딸기나무	뷔름 빙하기에 있었음
Cerasus	avium	Merisier	벚나무	?(혹은 현세에 있음)
Mespilus	germanica	Néflier	서양모과나무	?
Malus	sylvestris	Pommier sauvage	야생 능금나무	뷔름 빙하기에 있었음
Prunus	spinosa	Prunellier	야생 자두나무	뷔름 빙하기에 있었음
Amygdalus	communis	Amandier	아몬드나무	?
Amelanchier	vulgaris	Amélanchier	채진목	레반트 지방
Cotoneaster	tomentosa		섬개야광나무	?
Cotoneaster	interrima		둥근잎개야광나무	?
Ficacées			무화과나무과	
Ficus	carica	Fuguier	무화과나무	뷔름 빙하기에 없었음
Caprifoliacées			인동덩쿨과	
Sambucus	nigra	Sureau commun	딱총나무	뷔름 빙하기에 있었음
Sambucus	racemosa	Sureau rameux	붉은 딱총나무	?
Fagacées			참나무과	
Castanea	vulgaris	Châtaignier	밤나무	뷔름 빙하기에 있었음
Fagus	sylvatica	Hêtre	너도밤나무	뷔름 빙하기에 있었음
Quercus	robur	Chêne rouvre	참나무	뷔름 빙하기에 있었음
Juglandacées			호두나무속	
Juglans	regia	Noyer	호두나무	뷔름 빙하기에 있었음
Betulacées			자작나무과	
Corylus	avellana	Noisetier	개암나무	뷔름 빙하기에 있었음
Pinacées			소나무속	

과/속	종	프랑스 이름	한국 이름	관찰
Pinus	pinea	Pin parasol	이탈리아 석송	뷔름 빙하기에 있었음
Berberidées Berberis	vulgaris	Epine-vinette	**매자나무과** 매자나무	뷔름 빙하기에 있었음
Celtidées Celtis	occidentalis	Micocoulier	**박과** 팽나무	뷔름 빙하기에 없었음
Cornacées Cornus	mas	Cornouiller mâle	**층층나무과** 층층나무	뷔름 빙하기에 있었음
Empétrées Empetrum	nigrum	Camarine noire	**시로미속** 시로미	뷔름 빙하기에 있었음
Empetrum	hermaphoditum	Raisin des corneilles	꼬르네이의 포도	?
Eleagnacées Hippophae	rhamnoïdes	Argousier	**보리수나무과** 산자나무	뷔름 빙하기에 있었음
Cupressacées Juniperus	communis	Genévrier	**측백나무과** 노간주나무	뷔름 빙하기에 있었음
Terebinthacées Pistacia	terebinthus	Pistachier	**옻나무과** 테레빈나무	뷔름 빙하기에 있었음
Vitacées Vitis	vinifera sylvestris	Vigne	**포도나무과** 포도나무	현세에 있음
Solanées Physalis	alkekendi	Amour en cage	**가지속** 꽈리나무	뷔름 빙하기에 있었음

2. 먹을 수 있는 야생식물

과/속	종	프랑스 이름	한국 이름	관찰
Liliacées Allium	porrum	Ail poireau	**백합과** 야생 부추	?
Allium	ursinum	Ail des ours	야생 마늘	?
Allium	oleraceum	Ail potager	야생 양파	?
Allium	vineale	Ail des vignes	야생 종마늘	?
Allium	schoenoprasum	Ciboulette	골파	가능함
Asaparagus	acutifolius	Asperge à feuilles aiguës	야생 아스파라거스	?
Asaparagus	officinalis	Asperge officinale	아스파라거스	현세에 남부지방에 있음

과/속	종	프랑스 이름	한국 이름	관찰
Asaparagus	fistulosus		대롱 아스파라거스	?
Borraginacées			**지치과**	
Symphytum	officinale	Consoude officinale	컴프리	?
Oenotheracées			**바늘꽃과**	
Epilobium	angustifolium	Epilobe en épi	분홍바늘꽃	뷔름 빙하기에 있었음
Ombellifères			**미나리과**	
Heracleum	spondilium	Berce spondile	돼지풀	?
Angelica	sylvestris	Angélique sauvage	야생 안젤리카	?
Angelica	archangelica		야생 샐러리	?
Daucus	carota	Carotte sauvage	야생 당근	가능함
Carum	carvi	Cumin des prés	캐러웨이	가능함
Conopodium	majus (denudatum)	Noix de terre	히코리	?
Aegopoduim	podagraria	Egopode podagraire	왜방풍	?
Pastinaca	sativa	Panais cultivé	파스닙	?
Myrrhis	odorata	Cerfeuil musqué	미나리	?
Composées			**국화과**	
Arctium	lappa	Bardane	대형 우엉	?
Arctium	minus	Bardane	소형 우엉	?
Cirsium	sp.	Cirses	엉겅퀴	?
Onopordum	sp.	Onopordons	유라시아 엉겅퀴	?
Carduus	sp.	Chardons	깃털없는 엉겅퀴	가능함
Carlina	sp.	Carlines	엉겅퀴	?
Cirsium	oleraceum	Cirse des endroits cultivés	시베리아 엉겅퀴	?
Cirberbita	alpina		알프스 방가지똥	?
Lactuca	perennis	Laitue	멧상추	가능함
Lactuca	scariola	Laitue	가시상추	?
Chicorium	intestybus	Chicorée sauvage	치커리	뷔름 빙하기에 있었음
Leucanthenum	vulgare	Marguerite	프랑스 국화	?
Bellis	perennis	Pâquerette vivace	영국 국화	가능함
Taraxacum	dens-leonis	Pissenlit	민들레	뷔름 빙하기에 있었음
Tragopogon	pratensis	Salsifis des prés	노랑보리패랭이꽃	?
Carlina	acaulis	Carline à tige courte	왜엉겅퀴	?
Rosacées			**장미과**	
Geum	urbanum	Benoîte commune	허브베니트	?
Sanguisorba	officinalis	Grande pimprenelle	구슬오이풀	뷔름 빙하기에 있었음

과/속	종	프랑스 이름	한국 이름	관찰
Sanguisorba	minor	Petite pimprenelle	서양오이풀	?
Crataegus	azarolus	Aubépine azerolier	아자롤	뷔름 빙하기에 있었음
Crucifères			**십자화과**	
Alliaria	officinalis	Alliaire officinale	알리아리아	가능함
Capsella	Bursa-pastoris	Capselle bourse à pasteur	냉이	가능함
Cardamine	pratensis	Cresson des prés	황새냉이	가능함
Nastutium	officinale	Cresson de fontaine	물냉이	가능함
Brassia	napus	Navet sauvage	유채	?
Raphanus	raphanistrum	Radis ravenelle	무아재비	?(바닷가)
Salsolacées			**비름과**	
Chenopodium	polyspermum	Chénopode polysperme	명아주	?
Chenopodium	bonus-henricus	Chénopode bon-henri	명아주	가능함
Beta	vulgaris	Bette sauvage	비트	?
Borraginacées			**지치과**	
Berberis	vulgaris	Epine vinette	유럽 매자나무	뷔름 빙하기에 있었음
Aceracées			**단풍나무속**	
Acer	campestre	Erable champêtre	헤지단풍나무	뷔름 빙하기에 있었음
Hypolepidacées			**고사리과**	
Pteris	aquilina	Fougère aigle	왕고사리	뷔름 빙하기에 있음
Cannabinacées			**삼과**	
Humulus	lupulus	Houblon	홉	가능함(현세에 있음)
Labiées			**꿀풀과**	
Lamium	album	Ortie blanche	광대수염	?
Mentha	aquatica	Menthe aquatique	물박하	?
Mentha	arvensis	Menthe des champs	들박하	?
Mentha	pulegium	Menthe Pouliot	페니로열민트	?
Thymus	vulgaris	Thym	백리향	?(현세에 있음)
Thymus	serpyllum	Serpolet	버클랜드 백리향	?
Rosemarinus	officinalis	Romarin	로즈마리	?(현세에 있음)
Onagrariés			**바늘꽃과**	
Oenothera	biennis	Onagre bisannuelle	달맞이꽃	아메리카 대륙

과/속	종	프랑스 이름	한국 이름	관찰
Urticacées			**쐐기풀과**	
Urtica	dioica	Ortie dioïque	쐐기풀	뷔름 빙하기에 있었음
Polygonacées			**마디풀과**	
Rumex	acetosa	Oseille	수영	가능함
Rumex	arifolius	Oseille	산수영	가능함
Polygonum	bistorta	Serpentaire	범꼬리	가능함
Plantaginacées			**질경이과**	
Plantago	major	Plantain majeur	넓은잎 질경이	가능함
Plantago	lanceolatum	Plantain lancéolé	창질경이	가능함
Caryophyllacées			**석죽과**	
Silene	vulgaris	Silène	끈끈이장구채	?
Tiliacées			보리수과	
Tilia	cordata	Tilleul	작은잎 보리수	뷔름 빙하기에 있었음
Légumineuses			**콩과**	
Trifolium	repens	Trèfle rampant	토끼풀	?
Trifolium	patens	Trèfle étalé	붉은 토끼풀	?
Sophra	japonica		회화나무	?
Violacées			**제비꽃과**	
Viola	odorata	Violette	제비꽃	?
Viola	sylvestris	Violette	제비꽃	가능함
Traphacées			**마름과**	
Trapa	natans	Châtaigne d'eau	마름	뷔름 빙하기에 있었음
Typhacées			**부들과**	
Typha	angustifolia	Massette à feuille étroite	부들	뷔름 빙하기에 있었음
Campanulacées			**초롱꽃과**	
Campanula	rapunculus	Raiponce	초롱꽃	가능함
Alismacées			**택사과**	
Sagittaria	sagittaefolia	Sagittaire	벗풀	?
Césalpinacées			**실거리나무아과**	
Cercis	siliquastrum	Arbre de Judée	유다나무	뷔름 빙하기에 없었음
Portulacées			**쇠비름속**	
Portulaca	oleracea	Pourpier	쇠비름	? 남부

과/속	종	프랑스 이름	한국 이름	관찰
Scrofulariacées Veronica	beccabunga	Cresson de cheval	**현삼과** 개불알꽃	?
Lythracées Peplis	portula	Pourpier des marais	**부처꽃과** 까치수염	?
Valérianacées Valérianelle	olitora	Mâche, Doucette	**마타리과** 콘샐러드	?
Papilionacées Lathyrus	montanus	Gesse des montagnes	**콩과** 산연리초	?

3. 껍질을 먹을 수 있는 나무

과/속	종	프랑스 이름	한국 이름	관찰
Ulmacées Ulmus	rubra	Orme d'Amérique	**느릅나무과** 붉은 느릅나무	아메리카 대륙
Betulacées Betula Betula Betula	 pendula papyrifera utilis	 Bouleau Bouleau Bouleau	**자작나무과** 자작나무 북미자작나무 히말라야 자작나무	 뷔름 빙하기에 있었음 ? ?
Pinacées Tsuga Larix Pinus	 sp laricina sp	 Mélèze Pins	**소나무과** 솔송나무 아메리카 낙엽송 소나무	 아메리카 대륙 ?(현세에 있음) 뷔름 빙하기에 있었음
Salicacées Populus Salix	 nigra sp	 Peuplier Saules	**버드나무과** 검은 포플러나무 버드나무과	 뷔름 빙하기에 있었음 뷔름 빙하기에 있었음
Acéracées Acer	saccharum	Erable	**단풍나무과** 단풍나무	아메리카 대륙

4. 바닷가 식물

과/속	종	프랑스 이름	한국 이름	관찰
Salsolacées Salicornia Beta	 sp maritima	 Salicornes Bette maritime	**비름과** 퉁퉁마디 갯비트	 뷔름 빙하기에 있었음 가능함

Atriplex	crassifolia	Arroche à feuilles épaisses	가는갯는쟁이	?
Crucifères			**십자화과**	?
Cakile	maritima	Roquette de mer	갯겨자	?
Crambe	maritima	Chou marin	갯배추	가능함
Cochlearia	officinalis	Cranson officinal	양고추냉이	?
Cochlearia	danica	Cranson de Danemark	덴마크고추냉이	?
Ombellifères			**미나리과**	
Eryngium	maritimum	Panicaut maritime	갯호랑나무가시	?
Ligusticum	scotium		스코트랜드미나리	?
Smyrnium	olusatrum	Gros persil de Macédoine	구리때	?

II. 유독 식물

1. 유독성 장과류(漿果類)

과/속	종	프랑스 이름	한국 이름	관찰
Loranthacées			**꼬리겨우살이과**	
Viscum	album	Gui	겨우살이	가능함
Ilicinées			**일시네과**	
Ilex	aquafolium	Houx	호랑가시나무	?
Taxus	aquifolium	If	주목	?
Aracées			**천남성과**	
Arum	maculatum	Gouet	패모	가능함
Solanacées			**가지과**	
Atropa	belladona	Belladone	벨라도나	?
Solanum	dulcamara	Morelle douce-amère	비터스위트	가능함
Cucurbitacées			**박과**	
Bryona	dioïca	Navet du diable	브리오니아	?
			일시네과	
Liliacées			**백합과**	
Polygonatum	multiforum	Sceau de Salomon	죽대	?

과/속	종	프랑스 이름	한국 이름	관찰
Ruscus	acuelatus	Fragon	루스쿠스 아쿨레아투스	?
Convallaria	majalis	Muguet	은방울꽃	가능
Paris	quadrifolia	Raisin de renard	여우포도	가능
Célastrinées			**노박덩굴과**	
Evonymus	europaeus	Fusain d'Europe	화살나무	뷔름 빙하기에 있었음
Dioscoréacées			**마속**	
Tamus	communis	Herbe aux femmes battues	마	?
Caprifoliacées			**인동과**	
Lonicera	periclimenum	Chèvrefeuille	인동	뷔름 빙하기에 있었음
Viburnum	opulus	Viorne Obier	백당나무	뷔름 빙하기에 있었음
Sambuscus	ebulus	Sureau Yéble	딱총나무	뷔름 빙하기에 있었음
Ericacées			**진달래과**	
Vaccinium	uliginosum	Airelle des marais	들쭉나무	뷔름 빙하기에 있었음
Coriariées			**코리아리속**	
Coriaria	myrtifolia	Corroyère feuilles de Myrte	르둘	?(지중해)
Cornées			**층층나무과**	
Cornus	sanguinea	Cornouiller sanguina	층층나무	가능함
Rhamnacées			갈매나무과	
Rhamnus	catharica	Nerprun purgatif	갈매나무	?

2. 맹독성 꽃을 가진 식물

과/속	종	프랑스 이름	한국 이름	관찰
Renonculacées			**미나리아재비과**	
Aconitum	napellus	Aconit	투구꽃	가능함
Actaea	spicata		노루삼	?
Adonis	vernalis		복수초	없음
Amaryllidacées			**수선화과**	
Amaryllis	bella-donna		아마릴리스	아프리카 대륙
Cucurbitacées			**박과**	
Citrullus	colocynthis	Coloquinte	콜로신스	중동 지역

과/속	종	프랑스 이름	한국 이름	관찰
Papillonacées			**콩과**	
Cytisus	laburnum	Cytise Aubour	금작화	지중해 지역
Apocynacées			**협죽도과**	
Nerium	oleander	Laurier rose	협죽도	지중해 지역
Caryophillacées			**석죽과**	
Lychnis	githago	Nielle	동자꽃	?
Euphorbiacées			**대극과**	
Ricinus	communis	Ricin	피마자	아프리카 대륙
Solanacées			**가지과**	
Nicotiana	sp	Tabac	담배	아메리카 대륙
Datura	stramonium	Datura stramoine	독말풀	근동 지역
Liliacées			**백합과**	
Urginea	maritima	Scille maritime	해총	?
Colchicum	autumnale	Colchique	개사프란	?
Ombellifères			**미나리과**	
Aethusa	cynapium	Petite ciguë	독파슬리	?
Conium	maculatum	Ciguë tachetée	독당근	?
Cicuta	virosa	Ciguë aquatique	독미나리	?
Scrophulariacées			**현삼과**	
Digitalis	purpurea	Digitale pourpre	디기탈리스	가능함

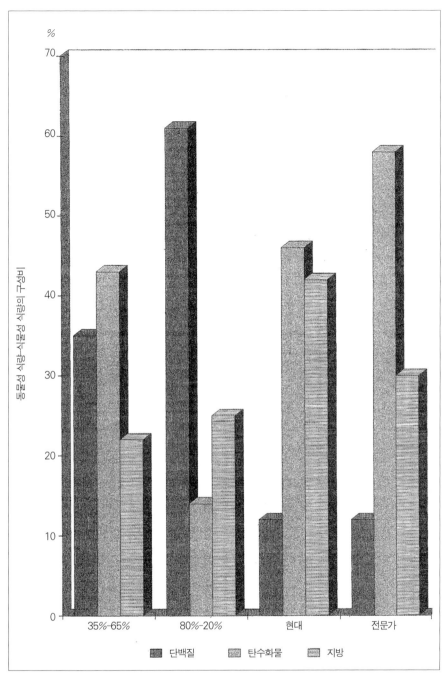

도표 1 선사시대와 현재의 식량 구성 비교

온대 기후와 매우 추운 기후 유형의 선사시대 식량 구성, 현대 서구인들의 식량 구성과 영양학 전문가들이 권장하는 식량 구성을 비교한 표이다. 현대인은 지방이 너무 많은 음식을 먹고 있다(이튼S. Boyd Eaton에 따름).

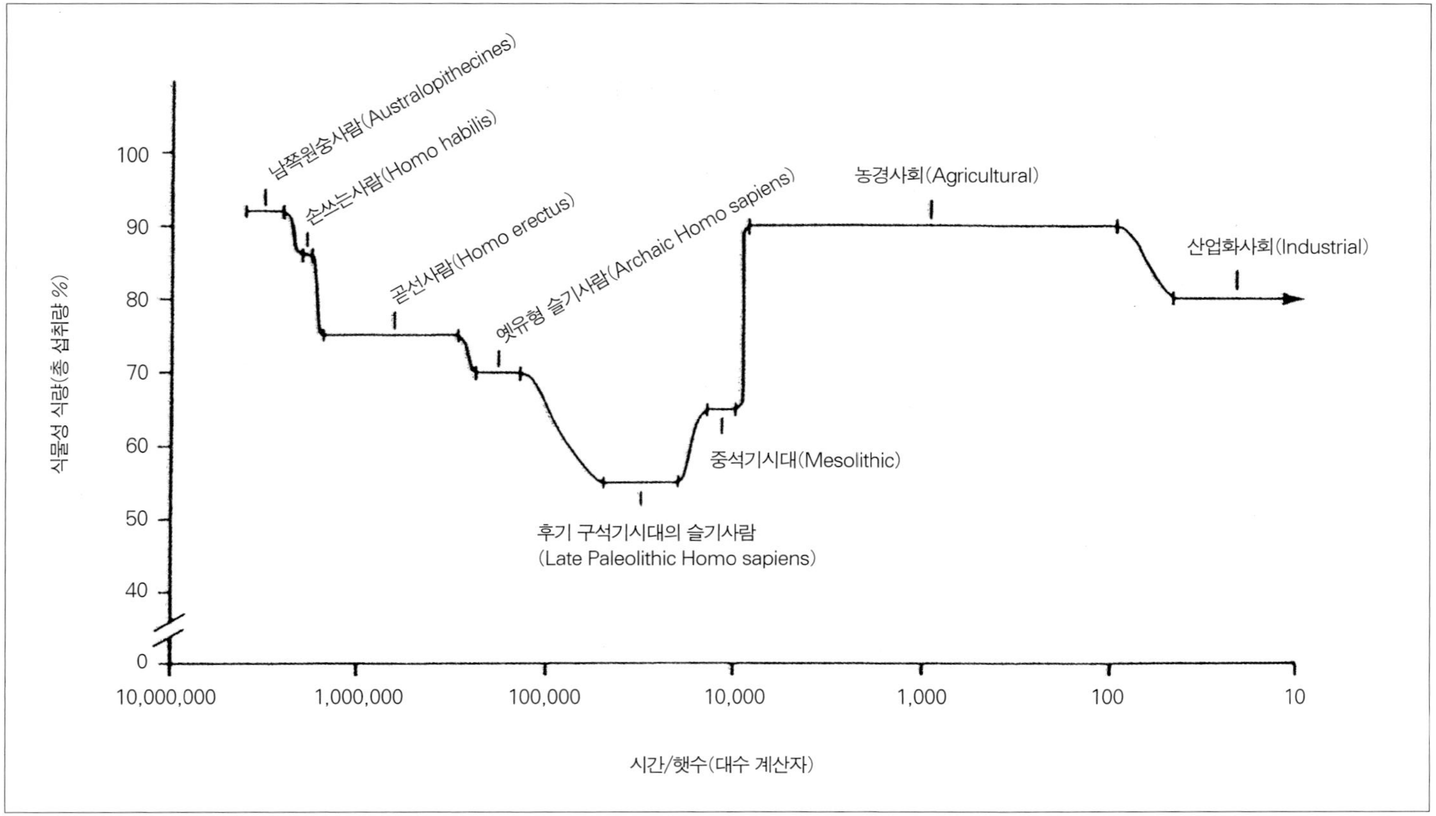

도표 2 다양한 인류 진화 단계에서 본 식물성 식량의 섭취

하루 섭취량에서 식물이 차지하는 비율은 열량의 50~90% 사이에서 변화한다(이트S. Boyd Eaton, 1990에 따름).

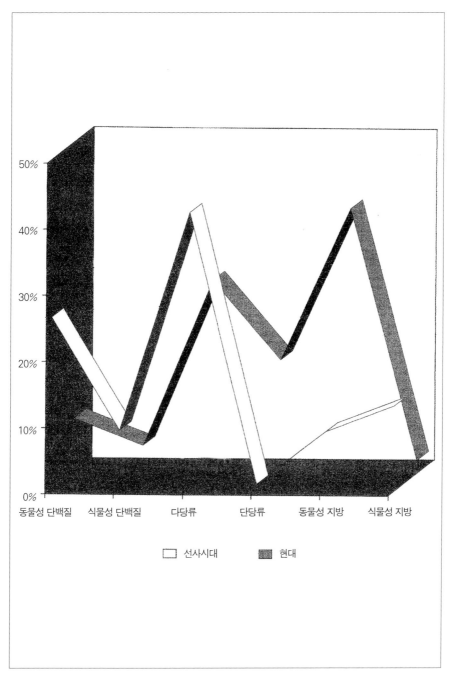

도표 3 식량의 변화

선사시대 이래 우리의 식량은 식물성 섬유질의 손실은 말할 것도 없고 다당류와 식물성 지방을 점점 적게 먹게 되었다. 반대로 단당류와 동물성 지방은 많이 증가하였는데, 나트륨 함유량도 마찬가지였다(이튼S. Boyd Eaton에 따름).

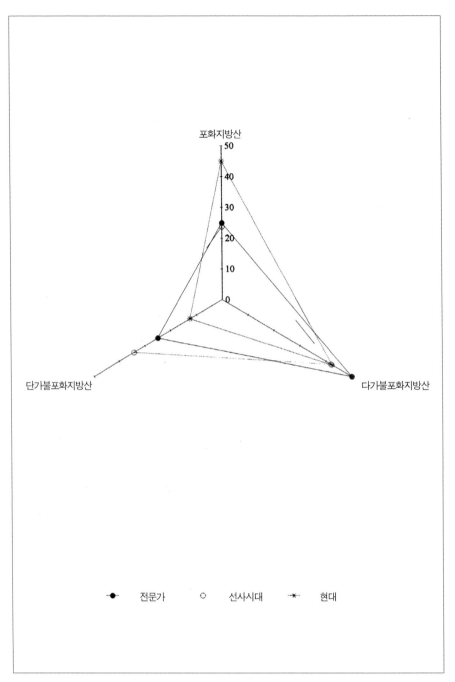

도표 4 지방산

영양학 전문가들이 추천하는 '몸에 좋지 않은' 포화지방산과 불포화지방산의 비율은 현대인이 먹는 것보다는 선사시대 사람들이 먹었던 분량에 더 가깝다. 오늘날 심혈관질환이 증가하고 심각해진 것은 모두 이와 관련이 있다(이튼S. Boyd Eaton에 따름).

용어해설

곧선사람(*Homo erectus*)

150만 년 전 무렵에 아프리카에 처음으로 등장하는 인류과의 한 종이다. 두 발로 걷고 불을 다룰 줄 알았으며 생활 영역을 아프리카에서 유라시아 지역으로 확대시켰다.

그라베티안 문화(le Gravettien)

후기 구석기시대 문화 단계의 하나이다. 후기 구석기 문화 중 가장 넓은 지역에 걸쳐서 발달했으며, 석기 문화뿐 아니라 예술 활동도 활발했는데 구석기시대의 비너스가 집중적으로 만들어진 시기이기도 하다.

포도당신생성(néoglucogenèse)

글리코겐이 탄수화물 이외의 물질에서 생성되는 과정.

남쪽원숭사람(Australopithèque)

아프리카의 남쪽과 동쪽 지역에 살던 화석인류이다. 지금까지 7종류가 알려져 있다. 뼈대 모양으로 보았을 때 두 발로 걸었던 것으로 생각되고, 주로 채식을 했다.

레이노병(Raynaud)

추위와 스트레스로 인하여 신체 말단부에 혈액 순환이 원활하지 않아서 생기는 질병.

루돌프 피르호(Rudolf Virchow)

독일의 병리학자. 세포설에 근거하여 병적 조직의 현미경 연구를 창시하고 종양, 화농물 등의 연구를 발전시켜 세포병리학의 체계를 수립했다.

막달레니안 문화(le Magdalénien)

후기 구석기시대의 마지막 문화 단계이다. 프랑스의 라 마들렌느(La Madeleine) 유적에서 이름을 가져온 것으로 크기가 작은 석기를 사용하고, 특히 예술이 발달한 시기이다.

마이야르 반응(réaction de Maillard)

식품의 가열처리, 조리 혹은 저장 중 일어나는 갈변이나 향기의 형성에 관여하는 반응으로 갈변작용으로 불리기도 한다.

무스테리안 문화(le Moustérien)

유럽과 근동지역의 중기 구석기시대를 대표하는 문화이다. 르발루와 떼기로 알려진 독특한 방법으로 미리 구상된 석기를 만든 것으로 유명하다.

방선균증(actinomycose)

방선균은 세균과 진균(곰팡이)의 중간적 위치에 있는 종으로 구강 혹은 장 내에 정상 세균총으로 존재하지만 특수한 상황에서 원래의 위치를 벗어나 질병을 일으키기도 한다.

세포조직구증(histiocytose X)

백혈구 중 조직구가 과다 생산되어 다양한 조직과 장기에 축적되는 희귀질환. 요즘은 랑게르한스 세포조직구증(Langerhans cell histiocytosis)으로 불림.

손쓰는사람(Homo habilis)

인류과에서 처음으로 등장한 화석인류로 250만 년 전에 아프리카 지역에서 처음 출현했다. 최초로 도구를 만들어서 쓴 사람들이고 돌 더미를 쌓아서 바람을 막을 수 있는 구조물도 만들었다.

솔뤼트레안 문화(le Solutréen)

후기 구석기시대의 문화 단계 중 하나이다. 프랑스의 남서부와 스페인의 북쪽 지역을 중심으로 발달했다. 나뭇잎처럼 생긴 창 종류의 석기가 유명하고 창을 멀리 던질 수 있는 투창기를 발명했으며, 뼈로 만든 바늘도 사용했다.

슬기사람(Homo sapiens)

현생 인류의 원형이다. 기원전 10만 년을 전후한 시기에 처음 등장했다. 아프리카에서 발생해서 전 세계로 퍼져 나갔다는 이론도 있고, 세계 각지에서 동시다발적으로 발생했다는 이론도 있다.

슬기슬기사람(Homo sapiens sapiens)

현생 인류이다. 3만 5,000년 전을 전후한 시기에 등장하며 인류의 생활 영역이 지구 전체로 확장되었다. 돌날떼기를 이용해서 가성비가 높은 석기제작방법을 이용하고 뼈연모와 뿔연모를 발달시켰으며, 예술품을 만들었다.

신석기(le Néolithique)

9,000년 전에 중동지역을 중심으로 등장한 생산경제문화이다. 인류는 농사를 짓고 동물을 가축화시키게 되며 훗날 문명발달의 기틀이 되었다.

아넘랜드(Terre d'Arnhem)

오스트레일리아 북쪽에 있는 지역으로 1623년에 이 지역을 탐험했던 네덜란드의 선원 아르헴에서 이름을 가져왔다.

아슐리안 문화(l'Acheuléen)

전기 구석기시대이다. 프랑스의 생 아슐(Saint-Acheul) 유적에서 이름을 가져왔으며, 좌우대칭을 이루는 양면석기로 대표된다. 아프리카를 비롯해서 유라시아 대륙에 넓게 퍼져 있었다.

아이누(Aïnou)**족**

오늘날의 일본 홋카이도와 혼슈의 동북 지방, 러시아의 쿠릴 열도, 사할린 섬, 캄차카 반도에 정착해 살던 선주민이다. 역사적으로 개별적인 부족국가 형태를 지녔으며, 독자적인 언어인 아이누어를 가지고 있다.

알라카루프(Alakaluf)**족**

칠레의 동쪽 지역에 사는 원주민 집단. 카웨스콰(Kawésqar)로 부르기도 한다.

앙드레 르루와-구르앙(André Leroi-Gourhan, 1911-1986)

프랑스의 고고학자이자 민족지학자이다. 선사시대의 기술 발전에 많은 관심을 가졌고 동굴 예술을 철학적 관점에서 이해하려고 노력했다. 그는 정밀한 발굴법으로 유명했으며, 대표적인 연구 유적으로는 뼁스방 유적, 아르시-쉬르-퀴르 유적이 있다. 라스코 동굴에 대한 연구에도 크게 기여했다.

오리냐시안 문화(l'Aurignacien)

후기 구석기시대의 첫 번째 문화 단계이다. 돌날을 이용해서 석기를 만들었고, 뼈와 뿔을 이용한 연모를 발달시켰으며 예술 활동을 시작했다.

이누이트(Inuit)**족**

그린란드와 아메리카 대륙의 북쪽 지역에 거주하는 원주민 집단이다. 날고기를 먹는다는 의미의 에스키모(Eskimo)로 불리기도 하는데, 자신들을 비하하는 말이라 생각해서 사용하지 않는다.

이베로-모뤼지안 문화(Ibéro-Maurisien)
북아프리카의 구석기 문화 단계로 유럽의 중기 구석기 문화에 해당된다. 슴베찌르개(tanded point)가 대표적인 유물이다.

중석기(le Mésolithique)
제4기 빙하기가 끝나고 기후가 따뜻해지면서 1만 년 전 무렵에 등장하는 문화이다. 작은 석기를 만들어서 사용하고 사냥과 물고기잡기, 채집으로 생활했으며 반정착생활을 한 것으로 여겨진다. 출현 시기는 지역에 따라서 다르고 문화 내용도 다르다.

타사다이(Tasaday)족
필리핀의 민다나오 섬에 거주하는 부족이다. 1970년대에 선사시대의 문화를 그대로 간직한 부족으로 발견되어 화제가 되었다.

티에라델푸에고(Terre de Feu)
남아메리카 대륙 끝에 있는 마젤란 해협의 남쪽에 위치한 군도.

표피성 기관(phanère)
손톱, 발톱, 머리카락, 치아를 가리킨다.

하드자(Hadza)족
탄자니아 동부에 사는 주민.

참고문헌 및 인용자료 출처

Abramova, Z. A. 1962. *L'Art Paléolithique en U.R.S.S.*, Akad. Nauk SSSR. Inst. archeologii, Moscou-Leningrad.

Adrian, J. 1982. Les aliments, in: *Encyclopédie Médicine de la Chirurologie*, Paris, Glandes-Nutrition, 10301 A10, 3-1982.

Albertik, G. M. M. 1994. Quelques problèmes posés par la définition et l'épidémiologie du diabète de type 2 (non insulineodépendant) dans le monde; *Diabète et Métabolisme* (Paris), 20, pp. 315-324.

Allaux, J.-P. 1984. Les Pyrénéens ont-ils été les premiers à avoir domestiqué le cheval? (à propos des travaux de J.-D. Larribau à Oxocelhaya), *Journal Sud-Ouest*, lundi 3 janvier 1984.

Alter, A. 1994. Y-a-t-il des justifications scientifiques à la surconsommation de hamburgers? *L'Evènement du Jeudi*, 17 au 23 mars 1994, p. 81.

Altuna, J. 1989. Subsistance d'origine animale pendant le Moustérien dans la région cantabrique(Espange), *L'Homme de Néandertal*, vol. 6(La subsistance), pp. 31-37.

Apfelbaum, M. et al. 1978. *Les Lipides dans l'équilibre alimentaire*, Soc. des Publication essentielles.

Apfeldorfer, G. (sous la dir. de). 1994. *Traité de l'alimentation et du corps*, Edit. Médicale internationle, Cachan.

Audouze, F. 1987. Des modèles et des faits: les modèles de A. Leroi-Gourhan et de L. Binford confrontés aux résultats récents, *Bulletin de la Société Préhistorique Française*, 84, pp. 343-352, ill.

Audouze, F. 1994. L'implantation humaine, Verberie, in: *Environnement et habitats magdaléniens dans le centre du Bassin parisien*, Documents d'Archéologie Française, pp. 162-172.

Auguste, P., Patou-Mathis, M. 1994. L'aurochs au Paléolithique, *Aurochs, le retour*, Centre jurassien du Patrimoine, Lons-le-Saunier, pp. 13-26, illi.

Baales, M. 1992. "Head'em-off-at-the-pass", *Ökologie und Ökonomie der Ahrensburger Rentierjäger im Mittelgebirge*, Inaugural Dissertation an der Universität zu Köln, WS 1992/93.

Bahn, P. 1978. Water Mythology and the distribution of Palaeolithic Parietal Art, *Prehistoric society*, 44, pp. 125-134, 1 fig.

_____. 1982. Homme et cheval dans le Quaternaire des pays de l'Adour, *Le Pays de l'Adour, royaume du cheval*, guide-catalogue, Musée pyrénéen, Lourdes.

_____. 1984. Preneolithic control of animals in western Europe: the faunal evidence, *Animals and archaeology: 4. Husbandry in Europe*, B.A.R., Oxford, pp. 27-34.

_____. 1985. Utilisation des ressources végétales dans le Paléolithique et le Mésolithique des Pyrénées françaises, *Hommentage al Josep Ma Corominas*, Quaderns del Centre d'Estudis Comarcals de Banyoles, 1, pp. 203-212.

Bahn, P., Butlin, R. K. 1990. Les insectes dans l'art paléolithique : quelques observations nouvelles sur la sauterelle d'Enlène(Ariège), *L'Art des objets au Paléolithique*, Actes du colloque de Foix-Le-Mas d'Azil 1987, Ministère de la Culture, 1, pp. 247-252, illi.

Barusseau, J.-P., Klingerbiel, A., Latouche, C. 1976. Les fonds du proche Atlantique, *La Préhistoire française*, éditions du C.N.R.S, I, 1, pp. 348-351.

Begouen, R., Clottes, J. 1984. Grotte du Tuc d'Audouert, *L'Art des Cavernes*, Ministère de la Culture, pp. 410-415.

Begouen, R., Clottes, J., Giraud, J.-P., Rouzaud, F. 1989. Les foyers de la caverne d'Enlène (Montesquieu-Avantès, Ariège), in : *Nature et fonction des foyers préhistoriques*, Mémoire du Musée de Préhistoire d'Ile de Fracne, Actes du colloque de Nemours 1987, pp. 165-179, ill.

Belier, C., Cattelin, P, 1990. *La Chasse dans la Préhistoire*, Edit. du CEDRAC, Treignes, Belgique.

Bernard, A., Patou-Mathis, M., Pajot, M. 1992. *La cuisine préhistorique*, Fanlac, Périgueux.

Binant, P. 1991. *La Préhistoire de la mort*, éditions Errance, Paris.

Blakely, R. L. 1989. Bone striontium in pregant and lactating females from archaeological samples, *Amercian Journal of the Physical Antrbopology*, 80, pp. 173-185.

Bocherens, H., Mariotti, A. 1994. Défense isotopique, *Pour la Science*, n° 202, pp. 18-20, ill.

Bocquet, A. 1994. Les ressources alimentaires, in : *Charavines il y a 5000 ans. Les Dossiers d'Archéologie*, n° 199, pp. 58-71.

Boone, Y. 1976. Le ramasssage des coquillages, *La Préhistoire française*, éditions du C.N.R.S., I, n° 2, pp. 703-707.

Boone, Y., Renault-Miskovsy. 1976. La cueillette, *La Préhistoire française*, éditions du C.N.R.S., I, n° 2, pp. 684-687.

Bosinski, G. 1981. *Gönnersdorf. Eiszeitjäger am Mitterlrhein*, Rhenanaia Verlag GMBH.

_____. 1990. *Homo sapeins. L'histoire des chasseurs du Paléolithique supérieur en Europe (40,000-10,000 avant J.-C.)*, édition Errance, Paris.

_____. 1995. Entretiens à Monrepos, janvier 1995.

Bosinski, G., Bosinski, H. 1991. Robbendarstellungen von Gönnersdorf, *Sonderveröffentlichungen*, Geologisches Institut der Universität zu Köln.

Bouchud, J. 1967. L'alimentation carnée des hominidés fossiles, *Bulletin de la Société d'études et de recherches préhistoriques des Ezyies (S.E.R.P.E.)*, 6, pp. 77-83.

_____. 1967. La chasse, *La Préhistoire française*, éditions du C.N.R.S., I, n° 1, pp. 688-696.

Bour, H. 1975. La ration alimentaire. Ses bases chez l'homme normal, *la Revue du Practicien*, 25, pp. 4313-4331.

Bourdelle, E. 1938. Essai d'une étude morphologique des Equidés préhistoriques de France d'après les gravures rupestres, *Mammalia*, II, n° 1, 11p.

Bouvier, J.-M. 1971. *Les mandibules humaines du Magdalénien français*, thèse de doctorat de l'Université de Bordeaux, 2 tomes, 322p., 85 fig.

_____. 1987. L'homme confronté aux variation du climat et de son environnement. Approche astronomique, *Géologie de la Préhistoire* (sous la dir. de J.-C. Miskovsky), Association pour l'Etude de l'Environnement Géologique de la Préhistoire, Paris, pp. 1145-1157.

_____. 1989. Des astres aux climats des préhistoriques, *Le Temps de la Préhistoire*, Société préhistorique française, éditions Archéologia, pp. 34-35.

_____. 1993. Les climats préhistoriques en Périgord, *Le Périgord préhistorique*, Reflets du Périgord, pp. 18-23.

Braud-Miller, J.-C., Colagiuri, S., 1994. The carnivore connection: dietary carbonhydrate in the evolution of NIDDM, *Diabetologia*, 37, pp. 1280-1286.

Bremond, J. et al., 1983. *Sciences économiques et sciences sociales*, Hatier, Paris (classe terminale).

Breuil, H. 1952. *Quatre cents siècles d'art pariétal*, Centre d'études et documentation préhistoriques, Montignac.

Breuil, H., Jeannel, R. 1955. La grotte ornée du Portel à Loubens (Ariège), *L'Anthropologie*, 59, pp. 197-204, 27pl. h.-t.

Breuil, H., Saint-Perier, R. de 1927. *Les poissons, les batraciens et le reptiles dans l'art quaternaire*, Archives de l'Institut de Paléontologie Humaine, n° 2, Paris.

Brothwell, 1969. *Food in Antiquity: a survey of the diet of early peoples*, Thames and Hudson, London (cité par Farb et Armelagos, 1980).

Camps, G. 1982. *Intorduction à la préhistoire. A la recherche du paradis perdu*, Librairie académique Perrin.

Capitan, L., Breuil, H. 1902. La grotte des Combarelles, *Revue de l'Ecole d'Anthropologie*, pp. 31-46, 7 fig.

Capron, L. 1993. Hulles marines et prévention des maladies cardio-vasculaire, *la Revue du Practicien*, n° 2, pp. 164-170.

Chamla, M.-C. 1971. *L'Anthropologie biologique*, Que sais-je n° 1023, Presses Universitaires de France.

Chasteland, J.-C. 1994. Prendre en compte les changements de la démographie mondiale, *Le Quotidien du Médicin*, lundi 5 septembre 1994, p. 24.

Cheynier, A. 1967. *Comment vivaient l'homme des cavernes à l'âge du renne*, éditions Robert Arnoux, Paris.

Chiarelli, B., Stanyon, R. 1981. A comparison of human and ape karyotypes, *Les processus de l'hominisation*, Colloque international du C.N.R.S., n° 599, pp. 313-317.

Churchill, P. et al. 1986. *Grande encyclopédia du cheval*, Bordas, Paris.

Cleyet-Merle J.-J. 1987: Les figurations de poissons dans l'art paléolithique, Bulletin de la Société préhistorique française, 84, pp. 394-402.

_____. 1984/1985. A propos de la pêche au Paléolithique supérieur en France: apport des représentations réalisées de poissons dans l'art mobilier, premiers résultats, *Antiquités nationales*, 16/17, pp. 49-63, ill.

_____. 1989. La pêche préhistorique, *Le temps de la Préhistoire*, Société préhistorique française, éditions Archéologia, pp. 69-71.

_____. 1990. *La Préhistoire de la pêche*, éditions Errance, Paris.

Clottes, J. 1985. Conservation des traces et des empreintes, *Les Dossiers Histoire et archéologie*, n° 90, pp. 40-49.

Clottes, J., Courtin J. 1992. *La grotte Cosquer*, éditions du Seuil, Paris.

Clottes, J., Rouzaud, F., Wahl, L. 1984. Grotte de Fontanet, *L'Art des Cavernes*, Ministère de la Culture, pp. 433-437.

Cohen, C. 1994. *Le Destin du mammouth*, Seuil Paris.

Collectif. 1982. La Mort dans la Préhistoire, *Les Dossiers Histoire et archéologie*, n° 66, 97p, ill.

_____. 1985. Les Maladies de nos anctres, *Les Dossiers Histoire et archéologie*, n° 97, 88p.

Concil on Scientific Affairs, American Medical Association Chicago. 1989. Le traitement de l'obéistié de l'adulte, *The Journal of the American Medical Association*, 14, pp. 193-199.

Coppens, Y. 1983. *Le singe, l'Afrique et l'homme*, Fayard.

_____. 1995. Préface, in: *Préhistoire de l'Art occidental*, 3e édition, éditions Mazenod-Citadelles, Paris.

Coue, J. 1991. *Kopoli, le renne guide*, Gallimard (collection folio junior).

Couplan, F. 1985. *Plantes sauvages comestibles*, Hatier, Paris.

Couturier, M. A. J. 1938. *Le Chamois*, chez l'auteur, Grenoble.

_____. 1954. *L'ours brun*, ursus arctos L., chez l'auteur, Grenoble.

_____. 1962. *Le bouquetin des Alpes, capra aegagrus ibex ibex L.*, chez l'auteur, Grenoble.

Dams, L. 1983. Abeilles et récolte du miel dans l'art rupestre du Levant espagnol, *Homenaje al Prof. Martin Almagro Basch*, ministerio de cultura, Madridm pp. 363-369, 4 fig.

Dastugue, J. 1988. Nutrition (maladies de la), *Dictionnaire de la Prèhistoire*, Presses Universitaires de France, Paris.

Dastugue, J., Gervais, V. 1992. *Paléopathologie du squelette humain*, Société nouvelle des éditions Boubée, Paris.

Dastugue, J., Lumley, M.-A. de 1976. Les maladies des hommes préhistoriques du Paléolithique et du Mésolithique, *La Préhistoire française*, éditions du C.N.R.S., I, pp. 612-622, 6 fig., 2 tabl.

Dastugue, J., Lumley, M.-A. de 1976. Les maladies des hommes préhistoriques, *La Préhistoire française*, éditions du C.N.R.S., II, pp. 153-164, 8 fig.

Dauphine, T. C. Jr. 1976. *Biology of the Kaminuriak population of barren-ground caribou, Part 4: Growth, reproduction and energy reserves*, Canadian Wildlife Service, 38, pp. 1-69, ill.

Davenport, H. W. 1971. *ABC de l'équilibre biochimique acidobasique*, Masson, Paris.

David, F. 1994. Ressources et exploitation. La faune de Pincevent et Verberie, in: *Environnements et habitats magdaléniens dans le centre du Bassin parisien*, Documents d'Archéologie Française, pp. 105-110.

David, F., Orliac M. 1994. L'implantation humaine. Pincevent, in: *Environnements et habitats magdaléniens dans le centre du Bassin parisien*, Documents d'Archéologie Française, pp.

154-166.

Debry, G. 1992. Evolution des concepts en nutrition humaine, in: *Alimentation et Nutrition humaine*, Par H. Dupin et alii, ESF éditeur, pp. 67-83.

_____. 1993. Prophylaxie alimentaire des caries dentaires, *La Revue des Practicien*, n° 2, pp. 160-163.

Debry, G. et col. 1991. Nutrition et diététique, *la Revue du Practicien*, 41, n° 11, pp. 955-997.

Debry, G., Bleyer, R., Reinberg, A. 1975. Circadian, circannual and other rythms in spontanenous nutrient and caloric intake of healthy four-years-olds, *Diabète et Métabolisme*, I, pp. 91-99, Paris.

Delcourt, A. 1967. Alimentation de l'homme préhistorique, *Bulletin de la Société d'études et de recherches préhistoriques des Eyzies*, 6, pp. 77-83.

Delluc, B., Delluc, G. 1974. La grotte ornée de Villars (Dordogne), *Gallia Préhistoire*, 17, pp. 1-67, 63 fig.

_____. 1979. *Les chasseurs de la Préhistoire*, Hachette (collection En savoir plus), Paris (autre édition en 1985).

_____. 1979. L'accès aux parois, *Lascaux inconnu*, XIIe supplément à Gallia Préhistoire, pp. 175-184.

_____. 1979. L'éclairage, *Lascaux inconnu*, XIIe supplément à Gallia Préhistoire, pp. 121-142.

_____. 1985. De l'empreinte au signe, *Les Dossiers Histoire et archéologie*, n° 90, pp. 56-62, ill.

_____. 1989. Le sang, la souffrance et la mort dans l'art paléolithique, *L'Anthropologie*, 83, pp. 389-406.

_____. 1990. Le décor objets utilitaires du Paléolithique supérieur, *L'Art des objets au Paléolithique*, Actes du colloque de Foix-Le Mas d'Azil 1987, Ministère de la Culture, 2, pp. 39-72, ill.

_____. 1991. *L'art pariétal archaïque en Aquitaine*, XXVIIIe supplément à Gallia Préhistoire, 393p., 235 fig., 5 tabl.

_____. 1992. Les poissons gravés de l'abri Pataud aux Eyzies (Dordogne), *Bulletin de la Société historique et archéologique du Périgord*, CXIX, pp. 439-454, 4 fig.

_____. 1993. Images de la main dans notre préhistoire, *Les Dossiers d'Archéologie*, n° 178, pp. 32-45, ill.

_____. 1993. La bipédie? Oui mais···, *Le Périgord préhistorique*, Reflets du Périgord, pp. 46-49.

_____. 1994. Inventaire iconographique des figures féminines schématiques du Périgord, *Bulletin de la Société historique et archéologique du Périgord*, CXXI, pp. 131-137, 2 pl.

_____. 1995. Les figures féminines schématiques du Périgord, *L'Anthropologie*, 99, pp. 236-257.

_____. 1993. Les figures féminines shcématiques de la Roche de Lalinde et de la Gare de Couze (Lalinde, Dordogne), *Les Cahiers du la vallée de la Couze*, n° 4, pp. 41-56, 4 fig.

Delort, R. 1993. *Les animaux ont une histoire*, Edition du Seuil (Points Histoire).

Delpech, F. 1983. *Les Faunes du Paléolithique supérieur dans le sud-ouest de la France*, Cahiers du Quaternaire, n° 6, éditions C.N.R.S., Paris.

_____. 1989. L'évolution du renne, *Le temps de la Préhistoire*, Société préhistorique fraçaise, éditions Archéologia, pp. 50-51.

Delpech, F., Rigaud, J.-P. 1974. Etude de la fragmentation et de la répartition des restes osseux dans un niveau d'habitat paléolithique, *Premier colloque international sur l'industrie de l'os dans la Préhistoire* (Sénanque 1974), éditions de l'Université de Provence.

Delporte, H. 1978. Eléments pour une écologie de l'homme préhistorique, *Antiquités Nationales*, 10, pp. 5-13.

_____. 1984. *Archéologie et réalité. Essai d'approche épistémologique*, Picard, Paris.

_____. 1993. *L'Image de la femme dans l'art préhistorique* (nouvelle édition augmentée), Picard, Paris.

Delteil, J. 1990. *La cuisine paléolithique*, Arlea, Presses du Languedoc.

Deputte, B. 1987. L'évitement de inceste chez les primates, *La Recherche*, n° 193, pp. 1332-1342.

Desbrosse, R., Koslowski, J. 1988. *Hommes et climats à l' âge du mammouth. Le Paléolithique supérieur d'Eurasie centrale*, Masson; Paris.

_____. 1994. *Les habitats préhistoriques. Dès Australopithèques aux premiers agriculteurs*, édition du Comité des Travaux historiques et scientifiques, Université Jagellon de Cracovie, Cracovie, Paris.

Desse, G., Desse, J. 1976. La p̂eche, *La Préhistoire française*, éditions C.N.R.S., I, 1, pp. 697-702.

Diem, K. 1963. *Tables scientifiques*, Edition Geigy, Départment pharmaceutique (Documenta Geigy), 845p.

DOMS-ADRIAN (laboratoire) s.d. (1994?). *Apports calciques quotidiens recommendés selon l'âge*, dépliant 2p.

Dowse, G. K., Zimmet, P. Z. 1993. The thrifty genotype in non-insulin dependant diabetes. The hypothesis survives, *British Medical Journal*, 306, pp. 532-533.

Dowsc, G. K., Zimmet, P. Z., Finch, C. F., Collins, V. R. 1991. Decline in incidence of epidemic glucose intolerance in Nauruans: Implications for the "thrifty genotype", *American Journal of Epidemiology*, 133, pp. 1093-1104.

Dronneau, C., Demaison, C., Manière, M., Madier, M. 1991. Le boeuf musqué, *Vie sauvage (Encyclopédia Larousses des animaux)*, Larousse, Paris.

Duhard, J.-P. 1989. *Le réalisme physiologique des figurations féminines du Paléolithique supérieur*, Thèse de doctorat, Université de Bordeaux, 622p., 112pl., 24 tabl.

_____. 1993. *Le réalisme de l'image féminine Paléolithique*, Cahiers du Quaternaire n° 19, éditions C.N.R.S., 242p., 59pl.

_____. 1994. L'identité physiologique, un élément d'interprètation des figurations féminines paléolithiques, *Trabajos de Prehistoria*, 51, pp. 39-51, ill.

Dupin, H. 1978. *L'Alimentation des Français*, les éditions ESF, Paris.

_____. 1991. Les besoins nutritionnels de l'adulte et les apports conseilés pour la satisfaction de ces besoins, *La Revue du Practicien*, n° 11, pp. 957-962.

Dupin, H. et al. 1992. *Alimentation et Nutrition humaine*, ESF éditeur.

Eaton S. B. Nelson D. A. 1991. Calcium in evolutionary perspective, American Journal of Clinical Nutrition, 54, pp. 2815-2875.

_____. 1990. Fiber intake in prehistoric times, in: *John Libbey and co Ldt*, London, pp. 27-40.

_____. 1990. Letters to the editor. What did our late paleolithic (preagricultural) ancestors eat? *Nutrition Review*, 48, n° 5, pp. 227-229.

_____. 1991. Primitive health, *Journal of the Medical Association of Georgia*, pp. 137-140.

_____. 1992. Humans, lipids and evolution, *Lipids*, 27, n° 10, pp. 814-820.

Eaton, S. B., Konner, M. 1985. Paleolithic nutrition. A consideration of its nature and current implications, *The New England Journal of Medecine*, 312, n° 5, pp. 238 -288.

Eaton, S. B., Konner, M., Shotak, M. 1988. Stone Agers in the Fast Lane: Chronic Degenerative Diseases in Evolutionary Perspective, *The American Journal of Medecine*, 84, pp. 739-749.

Emperaire, J. 1955. *Les Nomades de la mer*, NRF, Gallimard, Paris.

Farb, P., Armelagos, G. 1980. *Anthropologie des coutumes alimentaires*, Denoël, Paris.

Fargeaudou, F. 1984. *Rôle de la dent au Paléolithique supérieur en Europe occidentale*, thèse de doctorat en chirurgie dentaire, Toulouse III, 99p.

Farizy, C., David, F. 1987. Chasse et alimentation carnée au Paléolithique moeyn, l'apport des gisements de plein air, *L'Homme de Néandertal*, vol. 6 (La subsistance), pp. 59-62.

Farizy, C., David, F., Jaabert, J. et col. 1994. *Hommes et bisons du Paléolithique moyen à Mauran (Haute-Garonne)*, XXXe supplément à Gallia Préhistoire, 267p., 129 fig., 34 tabl.

Favier, A. 1993. Actualités sur la place du zinc en nutrition, *La Revue du Practicien*, n° 2, pp. 146-151.

Ferembach, D. 1979. Filiation paléolithique des hommes du Mésolithique. Evolution morphologique et milieu, in: *La Fin des temps glaciaires en Europe*, Colloques internationaux du C.N.R.S., n° 271, Talence 1977, éditions du C.N.R.S., Paris, pp. 179-190.

Fliche, P. 1907. Note sur un charbon quaternaire de châtaignier, *Bulletin de la Société Botanique de France*, 54, pp. 132-136.

Floss, H. 1991. Die Adlerquelle. Ein Fundplatz des Milteren Jungpaläolithikums im Stadtgebiet von Wiesbaden, *Archäologisches Korrespondezblatt*, 21, pp. 187-201, ill.

Foley, R. A., Lee, P. C. 1991. Ecology and energetics of encephalization in hominid evolution, *Philosophical Transaction of the Roayl Society of London (Biology)*, 334, pp. 223-231.

Fornaciari, G., Mallegani, F. 1987. Palaenutritional studies on skeletal remains of ancient populations from the Mediterranean area: an attempt to interpretation, *Anthropologischer Anzeiger*, 45, pp. 361-370.

Fourman, P., Royer, P. 1970. *Calcium et tissu spongieux (biologie et pathologie)*, éditions médicales Flammarion (pour les Laboratoires Sandoz), Paris.

Frisch, R. 1988. La maigreur, une cause of stérilité féminine, *Pour la Science*, n° 127, pp. 22-30.

Garn, S. M., Leonard, W. R. 1990. Letters to the editor, Reply: What did our late paleolithic (preagricultural)ancestors eat?, *Nutrition Review*, 48, n° 5, pp. 229-230.

Garretson, M. S. 1939. *Les bisons d'Amérique*, Payot (Bibliothèque géographique), Paris.

Gaulin, S. J. C., Korner, M. 1977. On the Natural diet of Primates, including Humans, *Nutrition and the Brain*, Raven Press, New-York(cité par Farb et Armelagos, 1980).

Geigy, 1963. *Tables scientifiques*, éditions Geigy, département pharmaceutique.

Gessain, R. 1981. *Ovibos. La grande aventure des hommes et des boeufs mousqués*, Robert Laffont (Société des explorateurs et voyageurs français).

Glob, P. V. 1966. *Les hommes des tourbières*, Fayard (Résurrection du passé), Paris.

Glory, A. 1957. Portion d'os paléolithique mâchurée par l'homme moustérien, *Revue française d'odonto-stomatologie*, 4, p; 216-220.

Gowlett, J. A. J., Harris, J. Z. K., Walton, D., Wood, B. A. 1981. Early archaeological sites, hominid remains and traces of fire from Chesowanga, Kenya, *Nature*, 294, pp. 125-129.

Grouchy, J. de 1981. Les facteurs génétiques de l'évolution humaine, *Les Processus de l'hominisation*, Colloque international du C.N.R.S., n° 599, pp. 282-293.

Grmek, M. 1994. Les maladies à l'aube de la civilisation occidentale, Paris, éditions Payot.

Grzimek, B. 1975. Le boeuf musqué, *Le Monde animal*, éditions Stauffacher, Zurich, tome XIII, pp. 470-475.

Guillausseau, P.-J. 1992. *Le Diabète non insulinodépendant: nouvelles acquisitions*, L'Institut Servier du diabète.

_____. 1992. Diabète non insulinodépendant: conséquence d'une malnutrition foetale?, *STV*, n° 2, 4, pp. 137-138.

Guillen, Y. 1977. Croissance du renne et chasse paléolithique, *Approche écologique de l'homme fossile*, supplémentaire au Bulletin de l'Association Française pour l'Etude du Quaternaire, pp. 157-159.

Hales, C. N., Barker, D. J. P. 1992. Type 2 (non-insulin-dependent) diabetes mellitus: the thifty phenotype hypothesis, *Diabetologia*, 35, pp. 595-601.

Hall, J., Hall, K., Worthington, S., 1980. *Les Indiens des plaines* (collection Gens de mon pays), Fitzhenry and Whiteside, Ontario.

Heck, L. 1975. Sous-famille des Rangiférinés, *Le Monde animal*, éditions Stauffacher, Zurich, tome XIII, pp. 223-229.

Heinemann, D. 1975. Les ruminants, *Le Monde animal*, éditions Stquffacher, Zurich, tome XIII, pp. 138-139.

Helmer, D. 1992. *La domestication des animaux par les hommes préhistoriques*, Masson (collection préhistoire).

Hérodote, 1985. *L'Enquête, Livre I à IV* (texte présenté par A. Bargeut), Gallimard Folio, Paris.

Hoffman, W. J. 1895. The graphic art of the Eskimo, *Annual report of the Board of regents of the Smithsonian institution*, pp. 749-967, ill.

Hornaday, W. 1887. The extermination of the american bison, in: *Annual report of the Board of regents of the Smithsonian institution*, pp. 367-548.

Howell, F. C., Clark, J. D. 1963. Acheulian hunter-gathers of sub-Saharan Africa, in: Howell F. C., Bourliere F. *African ecology and human evolution*, Aldine, Chicago, pp. 458-553.

Hublin, J.-J. 1982. Cannibalisme et archéologie, La mort dans la Préhistoire, *Les Dossiers Histoire et Archéologie*, n° 66, pp. 24-27.

_____. 1988. Les populations, in: *De Néandertal à Cro-Magnon*, Musée de Préhistoire d'Ile de France, Nemours, pp. 25-42, ill.

Hughes, J. 1980. *Les Aborigènes*, Flammarion (éditions du Chat Perché).

Issac, G. L. I., Crader, D. C. 1981. To what extent were early hominids carnivorous?: an archaeological perspective, in: Harding, R. S. O., Teleki, G. *Omnivorous primates: gathering and hunting in human evolution*, Columbia University Press, New-York, pp. 37-103.

Jacotot, B., Le Paro, J.-C. 1992. *Nutrition et alimentation*, Masson, Paris.

Jacquin, P. 1987. *La Terre des Peaux-rouges*, Gallimard (collection Découverte Gallimard Histoire).

Jamin, C. 1992. Pourquoi les graisses se localisent-elles au niveau des cuisses chez les femmes?, *Le Quotidien du Médecin*, 26 mars 1992, pp. 26-27.

Jaubert, J., Lorblanchet, M., Laville, H., Slott-Moller, R., Turq, A., Brugal, J.-P. 1990. les chasseurs d'aurochs de la Borde. Un site du Paléolithique moyen, Livernon-Lot, *Documents d'archéologie française*, n° 27, 157p., ill.

Jelinek, J. 1975. *Encyclopédie illustrée de l'homme préhistorique*, Gründ, Paris.

Juhan-Vague, I., Alessi, M. C., Vague, P. 1991. Increased plasma plasminogen activator inhabitor I levels. A possible link between insulin resistance and atherothrombosis, *Diabetologia*, 34, pp. 457-462.

Kallen, R. J. 1991. Paleonephrology and reflux nephropathy. From the "big bang" to end-stage renal disease, *American Journal of Diseases of Children*, 145, pp. 860-864.

Katzenberg, A. 1988. La paléonutrition, une approche à l'étude de l'alimentation dans la Préhistoire, suivie d'un exemple du sud de l'Ontario, *Recherches amérindiennes au Québec*, 18, pp. 39-48, 98-99.

Key, C. E. 1937. *Les explorations du XXe siècle*, Payot, Paris.

Kriska, A. M., Bennet, P. H. 1992. An epidemiological perspective of the relationship between physical activity and NIDDM: from activity assessment to intervention, *Diabetes-Metabolism Research and Reviews*, 8, pp. 355-372.

Labeyrie, J. 1993. *L'Homme et le climat*, éditions Denoël (Points sciences).

Lafontan, M. s.d. (1990?). *Régulation neurohormonale de la lipolyse: pharmacologie de la mobilisation des lipides*, Précis de nutrition et diététique, Ardix médical.

Lafontan, M., Galitzky, J., Berlan, M. 1989. La physiopathologie de l'adipocyte humain, *Le Quotidien du Médecin*, 28 novembre 1989, pp. 21-23, 26, 31-33 (bibliographie).

Lalanne, R. 1967. *L'Alimentation humaine*, Presses Universitaires de France (collection Que sais-je?), Paris.

Laloy, J. 1980-81. *Recherche d'une méthode pour l'exploitation des témoins de combustion préhistorique*, Cahiers du Centre de Recherches préhistoriques de Paris I, n° 7, 167p.

Langaney, A. 1988. *Les Hommes, passé, présent conditionnel*, Armand Colin, Paris.

Laval, L. 1954. *La caverne peinte de Lascaux*, éditions du Périgord Noir, Montignac.

Le Gall, O. 1984. *L'ichtyofaune d'eau douce dans les sites préhistoriques. Ostéologie, paléoécologie, palethnologie*, Cahiers du Quaternaire n° 8, éditions du C.N.R.S., 196p., ill.

Le Gall, O. s.d. (1993). La pêche et les poissons pendant le Paléolithique en Périgord, *Le Périgord préhistorique*, Reflets du Périgord, pp. 61-65.

Le Mort, F. 1988. Cannibalisme ou rite funéraire?, *Dossiers Histoire et archéologie*, n° 124, pp. 46-49, ill.

Le Mouel, J.-F. 1978. *Ceux des mouettes. Les Eskimo naujâmiut. Groënland-Ouest*, Mémoire de l'Institut d'ethnologie du Muséum National d'Histoire Naturelle, n° XVI, 322p., ill.

Leclerc, H. 1927. *Les Légumes de France*, Masson, France.

Leroi-Gourhan, A. 1936. *La Civilisation du renne*, Gallimard, Paris, 176p., ill.

_____. 1943. *L'Homme et la matière*, Albin Michel, Paris.

_____. 1945 (nouvelle édition, 1950). *Milieu et techniques*, éditions Albin Michel (collection Sciences d'aujourd'hui), Paris.

_____. 1955. *Les Hommes de la Préhistoire. Les chasseurs*, Edition Bourrelier, Paris, 128p., ill.

_____. 1957. La galerie moustérienne de la grotte du Renne (Arcy-sur-Cure, Yonne), *Congrès préhistorique de France*, XVe session Poitiers-Angoulême 1956, pp. 676-691, ill.

_____. 1964 (nombreuses éditions). *Les Religions de la préhistoire*, Presses Universitaires de France, Paris (collection: Mythes et religions) 156p., ill.

_____. 1967. Les mains de Gargas. Essai pour une étude d'ensemble, *Bulletin de la Société préhistorique française*, LXIV, pp. 107-122, ill.

_____. 1970. Préhistoire (résumé des cours de 1969-70), *Annuaire du Collège de France*, pp. 367-378.

_____. 1974. Préhistoire (résumé de cours 1973-74), *Annuaire du Collège de France*, pp. 381-393.

_____. 1976. Les habitats magdaléniens de Pincevent, La Grande-Paroisse (Seine-et-Marne), *IXe Congrès de l'U.I.S.P.P., livret-guide de l'excursion A1, Sud du Bassin parisien*, pp. 59-71, ill.

_____. 1984. *Introduction à l'art pariétal paléolithique*, Jaca Book.

_____. 1984. *Pincevent. Campement magdalénien de chasseurs de rennes*, Guides archéologiques de la France, Ministère de la Culture, Paris.

_____. 1984. Le réalisme de comportement dans l'art paléolithique de l'Europe de l'Ouest, in: *La Contribution de la zoologie et de l'éthnologie à l'interprétation de l'art des peuples chasseurs préhistoriques*, 3e colloque de la Société Suisse des Sciences Humaines 1979, éditions

Universitaires de Fribourg, pp. 75-90.

Leroi-Gourhan, A. et al. 1988. *Dictionnaire de la Préhistoire*, Presses Universitaires de France, Paris.

Leroi-Gourhan, A., Brézillon, M. 1966. L'habitation magdalénienne n° 1 de Pincevent près Montreau (Seine-et-Marne), *Gallia Préhistoire*, 9, pp. 263-365, 92 fig.

Leroi-Gourhan, A., Brézillon, M. 1972. *Fouilles de Pincevent. Essai d'analyse ethnographique d'un habitat magdalénien (la section 36)*, VIIe supplément à Gallia Préhistoire, 331p., 199 fig., plan h.-t.

Leroi-Gourhan, Arl. (sous la direction de) 1977. La reconstitution du paysage végétal, *Approche écologique de l'homme fossile*, supplément au Bulletin de l'Association Française pour l'Etude du Quaternaire, pp. 139-142.

Leroi-Gourhan, Arl. 1959. Résultats de l'analyse polliniques de la grotte d'Isturitz, *Bulletin de la Société préhistorique française*, LVI, pp. 619-624.

_____. 1989. Faune et flore, *Le Temps de la Préhistoire*, Société préhistorique française, éditions Archéologia, pp. 54-59.

_____. 1992. Bois et pollen: étude complémentaire, *Bulletin de la Société Botanique de France*, 139, pp. 273-280.

Leroi-Gourhan, Arl. et al. 1979. *Lascaux inconnu*, XIIe supplément à Gallia Préhistoire, éditions du C.N.R.S, Paris, 381p., ill.

Leroi-Gourhan, Arl., Girard, M. 1979. Analyses pollinique de la grotte de Lascaux, *Lascaux inconnu*, XIIe supplément à Gallia Préhistoire, pp. 75-80.

Leroi-Gourhan, Arl., Leroi-Gourhan, A. 1989. *Un voyage chez les Aïnous. Hokkaïdo-1938*, Albin Michel, Paris.

Lévi-Strauss, C. 1964. *Le Cru et le cuit*, Librairie Plon (Mythologiques), Paris.

Lewis, R. 1960 (nouvelle édition 1990). *Pourquoi j'ai mangé mon père*, Actes sud, Presses Pocket.

Lindner, K. 1950. *La Chasse préhistorique*, Payot, Paris, 480p., 143 fig., 24 pl. h.-t.

Lorblanchet, M. 1989. Art préhistorique et art ethnographique, in: *Le Temps de la Préhistoire*, tome 1, Société préhistorique française, éditions Archéologia, pp. 60-63, ill.

_____. 1993. La Préhistoire, in: *Histoire du Quercy*, sous la direction de J. Lartigaut, éditions Privat (Univers de la France), pp. 19-52.

Lumley, H. de (sous la direction). 1982. *Origine et évolution de l'Homme*, Laboratoire de Préhistoire du Musée de l'Homme, Paris.

Lumley, H. de (sous la direction), 1984. *Art et civilisations des chasseurs de la Préhistoire*, Laboratoire de Préhistoire du Musée de l'Homme, Paris.

Lumley, H. de 1994. L'impossible en paléontologie humaine, *La Vie dans l'univers*, n° spécial de Pour la science, décembre 1994, pp. 10-14.

Lumley, M.-A. de 1993. Les Cro-Magnons en Périgord, *Le Périgord préhistorique*, Reflets du Périgord, pp. 39-45, ill.

Malaurie, J. 1976. *Les derniers rois de Thulé, Plon* (collection Terre humaine).

_____. 1992. *Ultima Thulé*, Bordas Presses Pocket (collection Terre humaine/Poche).

Manson, J. F., Nathan, D. M., Krolenski, A. S. et al. 1992. A prospective study of exercise and incidence of diabetes among U. S. male physicians, *Jounal of the American Medical Association*, 268, pp. 63-67.

Marceau, C. 1975. Chenilles et glands, *Historia hors série*, n° 'é, pp. 18-24, ill.

Marshack, A. 1976. Use versus style in the analysis and interpretation of upper paleolithic image and symbol, *Les courants stylistiques dans l'art mobiler au Paléolithique supérieur*, prétirage des actes du colloque XIV du IXe congrès de l'U.I.S.P.P., Nice 1976, pp. 118-145.

Martin, H. 1911. Sur le tiquage du cheval à l'époque moustérienne, *Congrès préhistorique de France de Nîmes*, pp. 73-77.

Masset, C. 1975. *La mortalité préhistorique*, Cahiers du Centre de Recherches préhistorique de Paris I, n° 4, pp. 63-90.

_____. 1989. La démographie préhistorique, *Le Temps de la Préhistoire*, Société Préhistorique Française, éditions Archéologia, pp. 30-32.

Maurizio, A. 1932. *Histoire de l'alimentation végétale depuis la Préhistoire jusqu'à nos jours*, Payot, Paris.

Mauss, M. 1967 (1e édition 1947). *Manuel d'ethnographie*, Petite bibliothèque, Payot.

May, F. 1986. *Les sépultures préhistoriques*, éditions du C.N.R.S., Paris.

Meniel, P. 1987. *Chasse et élevage chez les Gaulois*, éditions Errance (collection des Hespérides), Paris.

Meyer, P. 1982. *L'Homme et le sel*, Fayard (Le Temps des sciences).

Minvielle, P., 1972. *Sur les chemins de la Préhistoire*, Denoël, Paris.

Molleson, T. 1994. The eloquent bones of Abu Hureyra, *Scientific American*, 271, n° 2, pp. 60-65.

Monnier, J.-L. 1988. L'environnement, in: *De Néandertal à Cro-Magnon*, Musée de Préhistoire d'Ile de France, Nemours, pp. 14-24, ill.

Morris, D. 1970 (1e édition 1968). *Le Singe nu*, Grasset.

Mourer-Chauvire, C. 1979. Les oiseaux, *La Préhistoire française*, éditions du C.N.R.S., I, 1, pp. 430-434.

Nanty, M.-L., Crozier, F., 1987. La cueillette, une activité majeure, *Dossiers Histoire et archéolgie (Les Bushmen, derniers chasseurs-cueilleurs)*, n° 115, pp. 28-37.

Neel, J. V. 1962. Diabetes mellitus: a thrifty genotype rendered detrimental by progress, *American Journal of Human Genetics*, 14, pp. 353-362.

Nicolle, C. 1990. Le Bison, *Vie Sauvage (encyclopédie Larousse des animaux)*, n° 30.

Nougier, L.-R. 1970. *L'économie préhistorique*, Presses Universitaires de France, Paris (Que sais-je?).

Ogilvie, M. D., Curran, B. K., Trinkaus, E. 1989. Incidence and patterning of dental enamel hypoplasia among the Neandertals, *American Journal of Physical Anthropology*, 79, pp. 25-41.

Olive, M. 1987. Le feu apprivoisé. Le feu dans la vie quotidienne des hommes préhistoriques, *Archéologia*, n° 225, pp. 16-25, ill.

Olivier, R. s.d. vers 1965. *Fiches de recettes de cuisine préhistorique*, Laboratoire Sandoz.

Orliac, C., Wattez, J. 1989. Un four polynésien et son interprétation archéologique, in: *Nature et fonction des foyers préhistoriques*, Mémoires du Musée de Préhistoire d'Ile de France, Actes du colloque de Nemours 1987, pp. 69-75, ill.

Ostrowski-Josse, 1978. Les aliments. Tables des valeurs nutritives, *Association Européenne pour l'étude de l'alimentation et du développement de l'enfant*, Lanore, Paris.

Otte, M., Patou-Mathis, M. 1992. Comportements de subsistance au Paléolithique moyen en Europe, *Paléo*, n° 4, pp. 29-34.

P. M.-F. 1993. Cannibalisme au Néolithique en Charente, *Le Quotidien du Médecin*, n° 5053 (1er décembre 1993), p. 49.

Paillet, P. 1993. *Les traitements magdaléniens de l'image du bison dans l'art pariétal et mobilier du Périgord. Nouvelle approche d'un thème du bestiaire paléolithique*, thèse du Muséum National d'Histoire Naturelle, Paris, 2 tomes.

Pales, L. 1930. *Paléopathologie et pathologie comparative*, Masson, Paris.

Pales, L. avec la collaboration de M. Tassin de Sainte-Pereuse et M. Garcia. 1976. Les empreintes de pieds humains dans les cavernes. *Les empreintes du réseau nord de la caverne de Niaux (Ariège)*, Archives de l'Institut de Paléontologie Humaine, Paris, n° 36.

Pales, L., Tassin de Sainte Pereuse, M. 1966. Un cheval-prétexte: Retour de chevêtre, *Objets et Mondes*, la revue du Musée de l'Home, VI, pp. 187-206, ill.

Pales, L., Tassin de Sainte Pereuse, M. 1967. Ces dames de la Marche, *Objets et Mondes*, la revue du Musée de l'Home, VII, pp. 307-320, ill.

Pales, L., Tassin de Sainte-Pereuse, M. 1969. *Les gravures de la Marche*. I, Félins et ours, éditions Ophrys.

Pales, L., Tassin de Sainte-Pereuse, M. 1969. *Les gravures de la Marche*. II, Les humians, éditions Ophrys.

Pales, L., Tassin de Sainte-Pereuse, M. de 1981. *Les Gravure de la March.*, III. *Equidés et bovidés*, éditions Ophrys.

Pales, L., Tassin de Sainte-Pereuse, M. de 1989. *Les Gravure de la Marche*. IV. *Cervidés, mammouths et divers*, éditions Ophrys.

Passa, P. 1994. *Diabète et insulinorésistance*, Laboratoire Biopharma, Neuilly-sur-Seine.

Passarello, P., Manzi, G., Salvadei, L. 1988. Osteo-dental indicators of stress in the study of the human-environment interaction: perspectives and limits in physical anthropology and prehistoric archaeology, in: *Rivista di Antropologia*, 66 suppl. pp. 273-280.

Patou, M. 1989. Subsistance et approvisionnement au Paléolithique moyen, *L'Homme de Néandertal*, vol. 6 (La subsistance), pp. 11-18.

Patou, M. et al. 1987. Les Bushmen, derniers chasseurs-cueilleurs, *Dossiers Histoire et archéologie*, n° 115, 82p., ill.

Patou-Mathis, M. s.d. (1993). La chasse en Périgord aux temps préhistoriques, *Le Périgord préhis-torique*, Reflets du Périgord, pp. 57-60.

Patou-Mathis, M., Condemi, S 1995. *Stress biologique et comportement de subsistance au Paléo-lithique moyen et supérieur en Europe*, Liège.

Perier-Scheer, M. 1979. *L'Alimentation de l'enfant à Kinshasa de la naissance à trois ans*, thèse de doctorat de 3e cycle de nutrition de l'Université Paris VI, ronéotée.

Perlès, C. 1976. Le feu, *La Préhistoire française*, éditions du C.N.R.S., I, 1, pp. 679-683.

_____. 1977. *Préhistoire du feu*, Masson, Paris.

_____. 1988. Chasse, *Dictionnaire de la Préhistoire*, Presses Universitaires de France, pp. 224-225.

Petrover, M. 1979. La place du sel dans l'alimentation, Diététique et nutrition, *La Revue du Prac-ticien*, n° 29, pp. 2341-2360.

Pfizenmayer, E. W. 1939. *Les Mammouths de Sibérie*, Payot (Bibliothèque scientifique), Paris.

Piette, E. 1891. *Notion nouvelle sur l'âge du renne*, éditions Leroux, Paris.

Pitte, J.-R. 1986. *Terre de castanide*, Fayard, Paris.

Pitts R. F. 1970. Physiolgie du rein et du milieu intérieur, Masson, Paris.

Plisson, H., Geneste, J.-M 1989. Analyse technologique des pointes à cran solutréennes du Placard (Charente), du Fourneau du Diable, du Pech de la Boissière et de Combe Saunière (Dor-dogne), *Paléo*, n° 1, pp. 65-106.

Poplin, F. 1994. Ressources et exploitation. La faune d'Etiolles: milieu animal, milieu tapho-nomique, milieu humain, in: *Environnements et habitats magdaléniens dans le centre du Bassin parisien*, Documents d'Archéologie Française, pp. 94-104.

Poulain, T. 1976. La faune sauvage et domestique en France du Néolithique à la fin de l'Age du fer, *La Préhistoire française*, éditions du C.N.R.S., II, pp. 104-115, ill.

Prud'homme, S. 1989. *L'Art pariétal préhistorique des grottes d'Isturitz, d'Oxocelhaya et d'Erberua (Pays basque)*, mémoire pour le doctorat du Muséeum National d'Histoire Naturelle (Préhis-toire), Paris, 2 tomes.

Puech, P.-F. 1976. Recherche sur le mode d'alimentation des hommes du Paléolithique par l'étude microscopique des couronnes dentaires, *La Préhistoire française*, éditions du C.N.R.S., I, 1, pp. 708-709.

_____. 1979. L'alimentation. L'homme de Tautavel d'après l'usure des surfaces dentaires, *Les Dos-siers de l'archéologie*, n° 36, pp. 84-85.

_____. 1980. L'alimentation de l'homme préhistorique, *Archéologia*, n° 140, pp. 6-12.

_____. 1983. *Etude de l'usure des dents chez les hommes fossiles*, thèse de doctorat de 3e cycle, Aix-Marseille.

_____. 1994. Usure des dents et sédentarisation, *Pour la science*, n° 195, p. 24.

Rabot, C. 1987. Les carnets d'outre-tombe de l'expédition Andrée. 13 décembre 1930, *Les Grands*

Dossiers de l'Illustration. La conquête des pôles, Le Livre de Paris, Sefag et l'Illustration, pp. 65-73, ill.

Randoin, L. et alii. 1993. *Table de composition des aliments*, éditions Jacques Lanore.

Reaven, G. M. 1988. Role of insulin resistance in human disease, *Diabetes*, 37, 1595-1607.

Reinberg, A., Levi, F., Debry, G. 1984. Chronobiologie et nutrition, *Encyclopédie Méd. Chr.*, Paris, Glandes endocrines-Nutrition, 10390 A10.

Renaud, S., Attie, M.-C. 1989. *La composition des aliments revue et corriége*, Astra Calvé Information, Paris.

Renault-Miskovsky, J. 1986. *L'Environnement au temps de la Préhistoire. Méthodes et modèles*, Masson, Paris.

Renault-Miskovsky, J., Moigne, A.-M. 1989. La réponse des faunes et des flores aux variations climatiques, *Le Temps de la Préhsitoire*, Société Préhistorique Française, éditions Archéologia, pp. 60-64.

Richet, G., Ardaillou, R., Amiel, C., Paillard, M. 1971. *Equilibre hydro-électrolytique normal et pathologique*, éditions Baillière, Paris.

Ricour, C. et al. 1993. *Traité de nutrition pédiatrique*, éditions Maloine, Paris.

Riou, B. 1994. Vieille, la châtaigne, La Vie dans l'Univers, n° spécial de *Pour la science*, décembre 1994, p. 27.

Rodriguez, P. 1994. Climats et paysages. La malacologie: contribution à la palécologie et la chronologie des habitats magdaléniens, in: *Environnements et habitats magdaléniens dans le centre du Bassin parisien*, Documents d'Archéologie Française, pp. 39-58.

Rollin, S., Vial-Andru, M., Madier, M. 1991. Le caribou, *Vie sauvage (Encyclopédie Larousse animaux)*, Larousse, Paris.

Rousseau, J. 1950. Le caribou et le renne dans le Québec arctique et hémiarctique, *Revue canadienne de Géographie*, IV, pp. 60-89.

Roussot, A. 1978. *Aspects de la Préhistoire en Aquitaine, Musée d'Aquitaine*, Bordeaux.

Roussot-Larroque, J. 1990. Mésolithique et Néolithique, in: *Connaître la Préhistoire en Périgord*, pp. 83-101, ill.

Rouvière, H. 1924. *Anatomie humaine descriptive et topographique*, 2 tomes, 1011 et 664p., Masson, Paris.

Rowley-Conwy, P. 1993. Mighty hunter or marginal scavenger? in: *The first Humans*, American Museum of natural History, vol. 1, pp. 60-64, ill.

Rozoy, J.-G. 1978. *Les Derniers Chasseurs. L'Epipaléolithique en France et en Belgique*. Essai de synthèse, éditions de la Société Archéologique Champenoise, n° spécial du Bulletin.

Rutherford, J. G. et alii. 1992. *Reindeer and musk-ox. Report of the royal commission upon the possibilities of the reindeer and musk-ox industries in the arctic and sub-arctic regions*, Departmet of the interior, Ottawa.

Ryder, O. A. 1994. A horse of a different chronosome?, *Natural History*, October 1994, p. 54.

Sahlins, M. 1972. *Age de pierre, âge d'abondance. L'économie des sociétés primitives*, éditions Gallimard (Bibliothèque des sciences humaines).

Sahly, A. 1966. *Les mains mutilées dans l'art préhistorique*, Presses du Ministère des Affaires Culturelles, 319p., ill.

Schneider, K. N., Blakeslee, D. J. 1990. Evaluating residence patterns among prehistoric populations: clues from dental enamel composition, *Human Biology*, 62, pp. 71-83.

Schwartz, J.-C. et al. 1994. A propos de l'anadramide, *Nature*, repris par Nguyen M. 1994. Des français découvrent le mode d'action de cannabis endogène, *Le Quotidien du Médicin*, 15 décembre 1994.

Sealy, J. C., Patrick, M. K., Morris, A. G., Alder, D. 1992. Diet and dental caries among later stone age inhabitants of the Cape Province, South Africa, *American Journal of the Physical Anthropology*, 88, pp. 123-134.

Sillen, A. 1994. L'alimentation des hommes préhistoriques, *La Recherche*, n° 264, pp. 384-390, ill.

Simon, C. 1989. Le tissu adipeux brun, *Impact Médecin* (congrès européen d'Oxford. Les surcharges pondérales), 39, pp. 13-15, du tiré-à-part.

Sonneville-Bordes, D. de (sous la direction de) 1979. *La Fin des temps glaciaires en Europe*, Colloques internationaux du C.N.R.S. n° 271, Talence 1971, éditions du C.N.R.S., Paris.

Sonneville-Bordes, D. de 1989. Foyers paléolithiques en Périgord, in: *Nature et fonction des foyers préhistoriques*, Mémoires du Musée de Préhistoire d'Ile de France, Actes de colloque de Nemours 1987, pp. 225-237, ill.

Sonneville-Bordes, D. de, Laurent, P. 1983. Le phoque à la fin des temps glaciaires, *La Faune et l'homme préhistoriques*, Mémoires de la Société Préhistorique Française (Hommage à Jean Bouchud), pp. 69-80, ill.

Soubeyran, F. 1991. Nouveau regard sur la pathologie des figures pariétales, *Bulletin de la Société Historique et Archéologique du Périgord*, CXVIII, pp. 523-560, ill.

Sourd, C., Cherisey, T. de., Madier, M. 1990. Le bison, *Vie sauvage (encyclopédie Larousse des animaux)*, Larousse, Paris.

Sourd, C., Tranier, M., Boringe, B., Madier, M. 1990. L'ours brun, *Vie sauvage (encyclopédie Larousse des animaux)*, Larousse, Paris.

Speth, J.-D. 1987. les stratégies alimentaires des chasseurs-cueilleurs, *La Recherche*, n° 190, pp. 894-903, 5 fig.

Staden, D. 1990. *Nus, féroces et anthropophages 1557*, éditions A. M. Métailié.

Stuart-Macadam, P. 1992. Porotic hyperostosis: a new perspective, *American Journal of the Physical Anthropology*, 87, pp. 39-47.

Surmely, F. 1993. *Le mammouth, géant de la préhistoire*, éditions Solar.

Taborin, Y. 1979. Les coquillages de Lascaux, in: *Lascaux inconnu*, XIIe supplément à Gallia Préhsitoire, pp. 143-145, ill.

_____. 1993. *La parure en coquillage au Paléolithique*, XXIXe supplément à Gallia Préhsitoire,

531p., 120 fig., 14 tabl.

_____. 1994. Ressources et exploitation. Les coquillages marins, in: *Environnement et habitats magdaléniens dans le centre du Bassin parisien*, Documents d'Archéologie Française, pp. 70-77.

Tattersall, I. 1993. *The human odyssey. Four million years of human evolution*, New England Publishing Associates, New-York.

Terberger, T. 1991. *Die Siedlungbefunde des Magdalenien-Fundplatezes Gönnersdorf. Konzentragtion III und IV*, thèse de doctorat de l'Université de Köln.

Testard, A. 1985. *Le Communisme primitif*, éditions de la maison des sciences de l'homme, Paris.

_____. 1986. *Essai sur les fondements de la division sexuelle du travail chez les chasseurs-cueilleurs*, éditions de l'Ecole des Hautes Etudes en Science Sociale, Paris (Cahiers de l'Homme).

Thevenin, A. 1990. Les derniers prédateurs, in: *Archéologie de la France*, Réunion des Musées Nationaux, Flammarion, Paris.

This, H. 1993. *Les secrets de la casserole*, Belin.

Tillier, A.-M., Arensbrug, B., Vandermeersch, B., Rak, Y. 1991. L'apport de Kebara à la palethnologie funéraire des Néandertaliens du Proche-Orient, in: *Le Squelette moustérien de Kébara 2, Cahiers du Paléoanthropologie*, éditions du C.N.R.S., pp. 89-95, ill.

Toussaint-Samat, M. 1990. *Histoire naturelle et morale de la nourriture*, Bordas (Cultures), Paris.

Trinkaus, E. 1994. Le col du fémur: un indicateur social pour les anthropologues, *La Recherche*, n° 268, pp. 950-951.

Tyldesley, J. A., Bahn, P. 1983. Use of plants in the european paleolithic: a review of the evidence, *Quaternary Science Reviews*, 2, pp. 53-81, ill.

Ulijaszek, S. J. 1990. Human dietary change, *Philosophical Transactions of the Royal Society of London(Biology)*, 334, pp. 271-278.

Vague, J. 1956. The degree of masculine differentiation of obesities, a calculous disease, *American Journal of Clinical Nutrition*, 4, pp. 20-30.

Vague, J., Vague, P., Jubelin J., Barre, A. 1988. Les surcharges pondérales, *Tempo Médical*, n° 302, pp. 9-24.

Vague, P., Raccah, D. 1990. Histoire naturelle de la résistance à l'insuline dans le diabète non insulinodépendant, *Journal Annuaire de Diabètologie*, Hôtel-Dieu, Paris, pp. 201-209.

Vencl, S. 1985. Utilisation alimentaire de glands de chêne, *Archeologicke Rowhledy Praha*, 37, pp. 516-565.

Vialou, D. 1991. *La Préhistoire*, Gallimard (L'Univers des Formes).

Victor, P.-E. 1938. *Boréal*, éditions Bernard Grasset.

Vilette, P. 1987. Oiseaux, *Géologie de la Préhistoire*, A.E.E.G.P., Paris, pp. 765-773.

Villa, P., Courtin, J., Helmer, D. (avec la collaboration de Shipman P.). 1987. Cannibalisme dans la grotte de Fontbregoua, *Archeologia*, n° 223, pp. 45-52, ill.

Von Endt, D. W., Ortner, D. J. 1982. Amino acid analysis of bone from a possible case of prehistoric iron deficiency anemia from American southwest, *American Journal of the Physical Anthropology*, 59, pp. 377-385.

Walker, P. L., De Niro, M. J. 1986. Stable nitrogen and carbon isotope rations in bone collagen as indices of prehistoric dietar dependence on marine and terrestrial ressources in southern California, *American Journal of the Physical Anthropology*, 71, pp. 51-61.

Walker, P. L., Teaford, M. 1989. Inference from quantitative analysis of dental microwear, *Folia Primatologica* (Bâle), 53, pp. 177-189.

Watt, B. K., Merrill, A. L. 1975. *Composition of foods, raw, processed, prepared*, Agriculture Handbook n° 8, Agricultural Research Service, United States Department of Agriculture, Washington.

Weiss, C. 1993. *Le Guide du robinson*, Nathan, Paris.

Wiseman, J. 1993. *Aventure et survie dans la nature*, Hachette, Paris.

X. 1994. Tableau montrant les représentations de la femme selon les époques, *L'Evénement du Jeudi*, numéro du 24-30 mars 1994.

Zimmet, P. 1989. Non-insulin-depedent (type 2) diabetes mellitus: does it really exist?, *Diabetic Medicine*, 6, pp. 728-735.

옮긴이의 글

바야흐로 먹거리의 시대이다. 현대인들은 자신들이 무엇을 먹는지, 무엇을 먹어야 건강하게 지낼 수 있는지에 대해 지대한 관심을 가지고 있다. 직장인들은 업무 외에 '오늘 점심에 무엇을 먹지?'를 사장 많이 고민하지 않을까? 이를 반영하듯이, 음식과 섭생에 대한 정보가 방송 매체와 간행물을 통해서 쏟아지고 있다.

『선사시대의 식탁』은 이러한 현대인들의 고민에 해답을 줄 수 있는 안내서라 할 수 있겠다. 어떻게 우리보다 생활 여건이 열악했고 문화 발달도 높지 않았던 구석기시대 사람들의 식단에서 해답을 찾을 수 있을까? 처음에 이 책을 접했을 때 정말 깜짝 놀랐다. 일반적으로 고고학자들은 유적 조사에서 찾은 유물을 가지고 당시 사람들의 생활과 행동 양식을 재구성한다. 예를 들어, 유적에서 동물뼈가 많이 출토되었다면 먼저 해부학적으로 분류를 해서 동물종의 구성을 밝히고 특별히 많이 잡힌 동물이 있는지, 혹은 동물 나이 구성이 부자연스러운지 등을 살펴보고 이 유적에 살았던 당시 사람들의 사냥 기술과 전략을 재구성한다. 석기의 경우도 마찬가지로, 석기 중에서 준비 단계에 해당하는 것들이 많은지 혹은 완성된 것들이 많은지, 돌감은 어떤 것들을 사용했는지 등을 가지고 그 유적이 석기를 만들던 유적인지 사냥을 위해 잠시 머무르던 유적인지, 행동반경은 얼마나 되었는지 재구성할 수 있다. 그런데 이 책에서는 동일한 자료를 전혀 다른 차원에서 해석하고 있다. 지금까지의 연구에서 한 발 너 나아가 고고학 유물을 영양학과 인체생리학적 관점에서 해석하여 당시 사람들의 생활 모습을 아주 새로운 각도에서 보여 주고 있다. 지금까지 선사학 관련 연구에서 전혀 시도되지 않았던 아주 참신한 관점이었고 결론을 이끌어 내는 과정에서 논리적인 비약이 개입된 것이 아니라 객관적 자료와 수치를 바탕으로 검증되면서 대단히 촘촘하게 엮여 있었다.

그래서 이 책을 널리 알릴 기회가 있으면 좋겠다는 생각을 막연하게 하고 있었는데, 마침 한강문화재연구원에서 우리나라에 소개될 만한 좋은 책을 추천해 주었으면 한다는 제안을 받게 되었다. 정말 한 치의 망설임도 없이 이 책을 내밀었다. 이 자리를 빌어서 이 책을 번역할 수 있는 좋은 기회를 주신 신숙정 원장님께 깊은 감사를 드린다.

이 책이 이렇게 독특한 관점을 갖게 된 것은 저자들의 전공과 관련이 있다. 질 들뤽(Gilles Delluc)은 프랑스 남서부에 있는 페리괴 병원의 의사이면서 선사고고학을 연구하는 학자이기도 하다. 브리지트 들뤽(Brigitte Delluc)은 선사학 박사로 구석기시대의 다양한 분야를 연구하고 있는데 특히 구석기시대 예술 분야의 대가이다. 3번째 저자인 마르틴 로크(Martine Roques)는 페리괴 병원의 의사이자 영양학자이다. 세 사람의 다양한 전공 분야가 교차되면서 구석기시대 사람들의 삶을 지금까지와 전혀 다른 시각에서 분석할 수 있게 된 것이다.

이 책에서 여러 차례 강조되고 있는 것처럼, 선사시대 사람들은 만화책이나 공상과학영화에서 흔히 볼 수 있는 것처럼 털이 무성하고 닥치는 대로 살던 원시인들이 아니다. 이들은 끊임없이 변화하는 자연 환경에 적응을 해 나갔고 자신들의 주변에 있는 자원을 잘 활용해서 내일을 계획하고 준비했던 사람들이고, 오늘날 우리가 누리고 있는 발달된 문화를 만들어 낸 사람들이다. 이 책을 통해서 인류문화의 기원이 된 선사시대 사람들의 식생활 면모를 제대로 이해하고 오늘을 살아가는 사람들의 건강한 식생활에 대한 가르침을 얻을 수 있었으면 하는 바람이다. 저자들이 결론 부분에서 말했던 것처럼 이 책이, 아니 어쩌면 구석기시대 사람들이 현대인에게 전하고자 하는 메시지는 과식하지 말고 몸을 많이 움직이면 우리에게 주어진 시간을 건강하고 의미있게 지낼 수 있다는 것이 아닐까 한다.

질 들뢱과 브리지트 들뢱 선생님은 번역하는 과정에서 질의한 내용에 대해 빠짐없이 답을 주시고 원본 사진도 제공해 주셨다. 그리고 한국어판을 위해서 서문을 써 주셨을 뿐 아니라 최근 연구결과를 추가로 주셨다. 두 분은 이제 모두 70세가 넘은 노학자들이지시만 학문 연구에서는 젊은 학자들 못지않은 뜨거운 가슴을 가지고 계신다. 식사를 하는 자리에서도 구석기시대에 대한 논의가 빠지지 않는 분들이다. 언제나 올바른 학자의 모습을 보여 주시는 두 분 선생님께 깊이 감사를 드린다. 그리고 이 책의 간행을 위해 물심양면으로 도와 주신 한강문화재연구원의 권도희 선생님께도 감사를 드린다.

2016년 5월
조태섭·공수진

찾아보기